관계의 불안은
우리를 어떻게 성장시키는가

관계의 불안은
우리를 어떻게 성장시키는가

에드 트로닉, 클로디아 M. 골드
정지인 옮김

하버드 심리학자와 소아정신건강전문의가 밝혀낸
불화에 대한 혁명적 통찰

북하우스

매사추세츠 보스턴대학

유아-부모 정신건강프로그램의

교직원들과 연구원들을 위해

차례

서문

출발점

이 책은 사람에 대한, 그리고 사람의 관계에 대한 새로운 사고방식을 제안한다. 우리 두 저자는 수십 년에 걸친 연구와 임상 경험을 통해 품게 된 몇 가지 근본적인 의문을 좇아 이 책을 쓰게 되었다. 세상에는 만족스럽고 친밀한 인간관계를 영위하는 사람이 있는가 하면 단절감과 외로움 같은 고통스러운 감정에 시달리는 사람이 있는데, 이런 차이는 어째서 생기는 것일까? 왜 누군가는 슬프고 위축되고 자존감이 부족한데, 누군가는 늘 분노에 차 있고 산만하고 성마를 정도로 자기주장이 강하며, 또 누군가는 행복하고 호기심 많고 다정하고 자신감이 넘치는 걸까? 소속감과 타인에 대한 애착을 느끼는 능력은 자기감각을 발달시키는 방식과 어떤 연관이 있을까? 어쩌면 가장 중요한 질문은 이것인지도 모른다. 이런 궁금증들에 대해 우리가 함께 연구하여 밝혀낸 답이, 누구나 한 번은 경험하기 마련인 외로움과 상실감의 순간에 연결과 친밀감을 찾도록 도울 수 있을까? 우리가 알아낸 것들을 이야기하기 전에, 먼저 우리 두 저자가 각자 어떤 배경을 갖고 있으며 어떻게 이 책을 함께 쓰게 되었는지 소개하고자 한다.

클로디아의 이야기: 관리에서 경청으로

2004년이었다. 나는 이른바 '행동 전문가'로 인정받으며 분주한 소도시의 소아과 진료실에서 일하고 있었지만, 내가 받은 소아과 교육도, 스무 해 가까운 임상 경험도 진료실을 찾아오는 환자들의 다양한 문제를 해결하는 데 그리 쓸 만한 도구가 못 된다는 것을 점점 절실히 느끼고 있었다. 아무리 애써 질문하고 지도하고 충고하고 행동 관리를 해봐도, 나와 환자와 가족 모두에게 좌절감과 패배감만 안기는 일이 잦았다. 그러다 어느 '반항적인' 10대 소년과 '산통'•으로 내원한

• 신생아나 생후 2~3개월 된 아기가 신체에 병이 없는데도 발작적으로 심하게 계속 우는 증상.

생후 3개월 여아와의 만남이 모든 것을 바꿔놓았다.

나는 '주의력결핍과잉행동장애ADHD 검사'에 할당된 진찰 시간 30분 중 약 20분에 걸쳐 열다섯 살 소년 앨릭스와 단둘이 이야기를 나눈 뒤, 앨릭스의 부모 카먼과 릭을 검사실로 들였다. 앨릭스는 코트로 몸을 감싼 채 진찰대 귀퉁이에 웅크리고 앉아 아무 말 없이 바닥만 응시했고, 카먼과 릭은 서로 최대한 멀리 떨어져 가슴 앞으로 팔짱을 끼고 서 있었다. 세 사람의 그런 모습에서는 작은 진찰실 공간에 다 담기지도 않을 정도의 분노와 단절감이 뿜어져 나왔다.

앨릭스의 가족을 처음 만난 그날, 나는 ADHD 표준 진단 검사법의 전형적인 절차에 따라 그들의 지난 이력에 관한 이야기를 들었다.[1] 소아과 임상에서 사용하는 ADHD 평정 척도에 그들의 대답을 맞춰보면 앨릭스는 분명 ADHD 진단 기준에 부합하는 것 같았다. 우리는 더 자세한 검사와 치료에 대한 논의를 위해 추가 진료 일정을 잡았다.

그러나 몇 주 뒤 우리가 두 번째로 만났을 때는 나의 접근법이 달라져 있었다. 나는 그해 새로 생긴 버크셔정신분석 연구소에 합류해 연구를 시작한 참이었다. 연구소는 정신분석 교육 프로그램의 일환으로 정신보건 임상의는 아니지만 관련 분야에서 일하는 나 같은 사람들에게 지원금과 연구 기회를 제공했다. 나는 소아과 교육을 받을 때는 들어본 적도 없는 새로운 개념을 처음으로 접하고 있었다. 놀랍게도 소아과 의사들은 성장과 발달에서 인간관계가 차지하는 결정적이고 근본적인 역할에 관해 거의 교육받지 못한다.

그때부터 줄곧 나의 사고에 가장 중대한 영향을 끼친 것은 소아과 의사였다가 정신분석가가 된 D. W. 위니콧의 연구다. 위니콧은 이차대전 이후 잉글랜드에서 자신의 사상을 발전시켰다. 당시 대부분의 서구 사회에서 그랬듯, 잉글랜드에서도 어머니라는 존재는 주로 먹이고 씻기고 입히는 기본적인 돌봄의 제공자로만 여겨졌다. 어머니와 자녀의 관계 자체에는 거의 아무런 가치도 부여하지 않았다. 이차대전 시기 런던에서는 폭격 위협으로부터 안전하게 보호한다는 명목으로 앞으로 닥칠 결과는 전혀 고려하지 않은 채 아이들을 가족에게서 떼어놓는 일이 예사였고, 그렇게 병원으로 가게 된 아이들은 오랜 기간 부모와 떨어져 지내야 했다. 위니콧은 이런 사조에서 벗어나 다른 생각을 한 최초의 인물 중 한 사람이다.

앨릭스 가족을 두 번째로 만난 무렵, 나는 '참 자기'에 관한 위니콧의 논문[2]을 읽고 있었다. 자녀가 실제로 어떤 사람이며 자녀의 행동이 전달하는 의미가 무엇인지에 관한 시각을 부모 자신의 문제가 어떻게 흐려놓는지를 설명하는 내용이었다. 나는 그 충격적인 실례를 또 다른 환자의 엄마에게서 목격했다. 이 엄마는 큰아들이 늘 자기를 우선시해주기를 원한다며 몹시 심란해했다. 다섯 살과 두 살인 두 아이를 데리고 외출하는 일도 점점 더 버거워진다고 했다. 그러다 몇 차례 내원한 뒤, 이 엄마는 울면서 자기가 어렸을 때 죽은 오빠 이야기를 털어놓았다. 가족은 슬픔에서 도망치듯 다른 먼 지역으로 이사했고, 그 상실의 문제를 전혀 다독이지 않은 채 묻어두었다. 그렇게 한참 시간이 흘러, 당시 오빠와 자신과 비슷한 나이의 자녀를 양육하게 되자 그때 묻어둔 슬픔이 홍수처럼 몰려온 것이다. 이야기가 이어지는 동안 바닥에서 조용히 그림을 그리고 있던 아들은 엄마 무릎 위로 기어 올라가더니 들판에 한 사람이 서 있는 그림을 건넸는데, 그러면서 아이가 한 말은 그야말로 '아기의 입에서 진실이 나온다'라는 격언의 훌륭한 예라 할 만하다. "이건 엄마예요, 내가 아니라." 사실 아들의 행동은 전형적인 형제자매 간의 경쟁에서 나온 것일 뿐인데도, 엄마는 미처 처리되지 않은 자신의 슬픔 때문에 시각이 흐려져 과도하게 반응하며 상황을 악화시키고 있었던 것이다. 안전한 진료실에서 자신의 이야기를 털어놓은 이후 엄마는 아들의 '참 자기'에 응답하며 침착하게 아이의 행동을 제어할 수 있게 되었고, 그러자 아이들 사이의 경쟁도 사라졌다.

접근법이 달라진 것은 내 의도보다는 우연이 만들어낸

결과였지만, 내가 곧 살펴볼 앨릭스 가족의 경우와 같은 변화의 순간들을 이해할 새로운 틀을 갖추게 된 것은 정신분석을 공부한 덕분이었다. 그리고 나중에는 내가 발견한 것들을 의도적으로 반복하여 적용할 수 있었다. 이 첫걸음이 내 일의 주요 목표를 '관리'에서 '경청'으로 바꿔가는 여정의 출발점이었다. 나는 행동 문제가 부모와 자녀가 다양한 이유에서 연결되지 못할 때—에드의 용어를 빌리자면 불일치 상황에서—일어난다는 것을 깨달아갔다.

아이들뿐 아니라 부모의 말에도 찬찬히 귀를 기울이다 보면 부모는 자녀의 참 자기를 보지 못하게 막고 있던 자신의 감정에 접근할 수 있었고, 대개 그것은 수치심과 분노, 슬픔이 뒤섞인 감정이었다. 나는 진단에서 곧바로 치료로 넘어가는 대신 호기심을 갖고 차분히 귀 기울이는 법을 배워갔다. 그들의 문제가 무엇인지, 이제 어떻게 해야 할지 답을 찾아주는 대신 "임신 기간은 어땠나요?" "아이가 더 어릴 땐 어땠어요?" "혹시 아이를 보면 떠오르는 다른 가족이 있나요?" 같은 질문을 더 많이 던지게 되었다. 이렇게 스스로 이야기를 풀어내도록 유도하면 부모들은 마음을 열기 시작했고, 곧 이런저런 사연들이 흘러나왔다. 나는 위니콧 등에게 배운 교훈을 염두에 둔 채 부모의 말에 귀를 기울이며 아이의 문제 행동에 담긴 의미를 알려줄 실마리를 찾았다. 어떻게 하면 아이가 전달하고자 하는 의미를 파악할 수 있을까? 환자 가족과 내가 재연결이라는 감격적인 순간을 함께할 때면, 관계와 행동에서 극적인 변화가 일어났다. 앨릭스 가족도 바로 그러한 순간을 함께 경험했다.

두 번째 상담이 시작되고 몇 분이 지났을 때, 앨릭스의 엄마는 남편이 한 어떤 말에 마음이 상해서 거칠게 대기실로 나가버렸다. 아이 엄마가 나가고 문이 닫히자 남편 릭은 방금 벌어진 소동에 아랑곳없이 아들에 대한 불평을 장황하게 쏟아내기 시작했다. "애가 게을러요. 남의 말은 도통 듣지 않고요. 자기 자신 외에는 아무에게도 신경 쓰지 않습니다." 나는 아버지의 격한 분노로부터 앨릭스를 보호하는 한편, 릭의 괴로움을 이해하고자 그의 일상에 관한 사소한 질문들로 대화의 방향을 돌렸다. 그가 하는 일은 무엇이며 보통 언제쯤 집에 들어가는지, 가족과 보내는 시간은 얼마나 되는지 하는 질문이었다. 자신의 이야기를 들려줄 기회가 생기자 릭은 마음을 가라앉히고 솔직하게 말을 이어갔다. 조용한 진료실 공간이 평가용 질문들이 아닌 경청의 시간으로 채워졌다. 아버지와 아들의 긴장이 풀리는 게 확연히 느껴졌다. 그들의 자세에서도 초조함과 분노가 빠져나갔다. 부자는 처음으로 서로를 바라보았다. 내가 계속 침묵을 지키는 동안 두 사람은 서로 얼굴을 마주 보고 대화를 나누기 시작했다. 이제 자기 마음을 솔직히 알려도 될 만큼 안전하다고 느낀 듯, 릭은 앨릭스를 향한 공격을 거두고 가족들 사이가 점점 멀어지는 것에 대한 슬픔과 이제 10대에 들어선 앨릭스와 연결되고 싶다는 바람, 그럴 수 없어서 느끼는 막막한 감정에 관해 이야기했다. 앨릭스도 다르지 않았다. 부모가 싸우는 소리, 그것도 주로 자기 문제로 싸우는 소리를 듣는 게 무서웠다고 털어놓는 앨릭스의 어조에는 간절함과 안도감이 배어 있었다. 심란한 생각들이 머릿속에 가득해 학교 수업에 집중하기가 어려웠다고 했다. 그제야 나는 그들이 처한 상황을 파악할 수 있었다. 놓친 신호와 잘못된 소통이 빚어낸 악순환이었다. 부모는 게으르고 반항적인 아이만을 보았고, 아이는 항상 자신에게 실망하고 화를 내는 부모만 보았다. 앨릭스의 행동이 부모에겐 싸움의 구실이 되면서 가족을 더욱 깊은 단절의 구덩이로 몰아넣었다.

아들에 대한 릭의 적대적인 태도를 보며 끓어오르던 나의 비판적인 감정은 호기심으로 바뀌었고, 드러난 상황이 어떻든 부모는 자기 자식을 사랑하며 바르게 대해주길 원하는 법이라는 점을 되새겼다. 이렇게 내 태도를 바꾸니 릭에게 공감할 수 있었고, 그러자 릭도 아들의 행동을 새로운 관점에서 봄으로써 아들과 다시 연결된 듯했다.

대기실에 있다가 돌아온 카먼은 급격히 달라진 분위기에

놀란 기색이었다. 나는 앨릭스와 둘이 나눈 대화에 대해서는 비밀을 지킬 의무가 있다고 설명한 다음, 몇 주 뒤 카먼과 릭만 따로 만나자고 제안했다. 다음에 만났을 때 부부는 앨릭스의 문제 행동이 상당히 줄어들었다고 말했다. 전에는 아들의 행동을 적대적이라고 묘사했지만, 이제는 집 안의 긴장감과 학교에서 받는 스트레스에 대한 반응임을 알게 되었다고 했다. 그들은 앨릭스의 행동을 일종의 소통 방식으로 받아들이고 있었다. 자신들의 결혼 생활에 불편한 긴장이 있음을 인정했으나, 이제 그 긴장의 강도도 서서히 낮아지고 있었다. 카먼과 릭은 나란히 앉아 있었고, 아들과의 관계 변화에서 느끼는 기쁨과 안도감을 이야기할 때면 고개를 돌려 서로 얼굴을 마주 보았다. 아버지와 아들의 관계가 치유되면서 부부 사이를 연결하는 길도 열린 것이다. 단절의 혼란을 딛고 맺은 연결이 가족 전체의 성장과 변화의 순간으로 이어졌다. 이는 대단한 해석이 필요한 일도 아니다. 내가 한 일은 그저 그들이 스스로 돌아보며 생각할 수 있도록, 무슨 일이 벌어지고 있는지 알아내고 싶은 마음이 생기도록 차분한 공간을 마련해준 것뿐이었다.

이어지는 몇 년 동안 나는 버크셔정신분석연구소에서 공부하며 정신분석과 아동발달 분야의 다른 훌륭한 사상가들이 해온 연구에 대해서도 알게 되었다. 런던안나프로이트센터의 정신분석가이자 지금은 나의 가까운 동료이기도 한 피터 포나기가 전해준 심오한 통찰은 내가 임상 경험을 이해해온 방식에 큰 변화를 일으켰다. 타인이 자신과 다른 동기와 의도를 지니고 있음을 인식하는 능력을 포나기는 정신화라고 명명했고, 이 능력이 아동기 초기 관계에 뿌리를 둔 발달상의 성취라고 말했다. 한편 에드 트로닉의 연구에 대해 처음 알게 되었을 때 나는 그가 위니콧이 임상 연구를 통해 깨달은 심오한 진실들, 내게도 큰 영향을 준 그 개념들에 대한 과학적 증거를 제시하고 있다는 생각이 들었다.

나는 신뢰란 바로 내가 릭과 앨릭스 사이에서 보았던 과정에 의해 만들어지는 것임을 알게 되었다. 우리는 오해를 풀고 서로 이해하면서 단절을 수리하여 연결을 복구하는 과정을 통해 더 큰 사회적 세계 안에서 더 깊은 애착을 형성한다. 두 번째 만남에서 나와 릭 사이에 신뢰의 길이 트인 것은, 내가 그의 분노를 보고 그를 비판하거나 그의 행동을 바꾸려 하는 대신 그의 경험을 인정해주었기 때문이다. 내가 그렇게 하자 릭 또한 아들을 이해하려는 마음의 문을 열었다. 우리 모두 함께 분노와 비판의 자리에서 호기심과 경청의 자리로 옮겨간 셈이다.

이러한 역학 관계는 내 임상 실무의 전형적 과정으로 자리 잡았다. 일단 부모와 내가 함께 아이의 행동이 지닌 의미를 발견하기만 하면, 그때부터 어떻게 해야 하는지는 부모가 스스로 깨닫게 되며 그에 따라 행동 문제도 해결되었다.

앨릭스 가족과 함께한 시간은 내게 깨달음을 안겨주었을 뿐 아니라 더 깊이 알고 싶은 열망을 불러일으켰다. 소아과 분야에서 ADHD 진단과 새롭게 발견된 소아양극성장애 진단이 폭발적으로 증가하던 그 시기에, 나는 가족들이 단절에서 재연결로 넘어갈 수 있는 공간을 만드는 실험을 꾸준히 이어갔다. 이 변화의 일부는 구체적인 차원에서 일어났다. 나는 진단에 표준 시간인 30분이 아니라 50분을 할애하기 시작했고, 더 크고 편안한 진료실에서 가족들을 만났다. 그러면서 넉넉한 시간과 안전함을 느낄 수 있는 물리적 공간이 결정적 역할을 한다는 걸 깨닫게 되었다. 한편 질문과 충고를 건네던 방식에서 그냥 이야기를 듣는 쪽으로 방향을 바꾸자(더 어린 아이들을 대할 땐 종종 함께 바닥에 앉아 이야기를 들었다), 가족들이 분노와 단절로부터 때로는 깊은 슬픔을 거쳐 재연결의 순간으로 넘어가는 모습을 볼 수 있었다. 아이들은 도중에 스스로 일어나 엄마 품에 안기고는 했다. 그렇게 다시 찾은 기쁨과 사랑을 지켜볼 때면 종종 몸에서 찌릿한 전율이 일고 눈에는 눈물이 가득 고였다. 이런 순간들이 지닌 힘은 나의 깨달음을 환자 부모들과 소아과 동료들에게도 알려야겠다는 의욕을 불어넣었고, 그러기 위해 나는 글을 쓰기 시작했다. 그렇게 부모와 전문가 모두를 위한 나의 첫 책 『항상 당신의 아이를 생각하세요』[3]가 나왔다.

나의 일에 대한 생각과 접근법을 근본적으로 바꿔놓은 또 하나의 계기는 산통 치료를 위해 내원한 생후 3개월 아기 알리야를 진료한 경험이었다. 내가 힘들어하는 가족들을 돕는 새로운 방법에 몰두하고 있다는 사실을 알고 있던 우리 진료소의 한 소아과 의사가 알리야의 가족을 내게 보냈다. 알리야의 경우 산통 해결법을 알려주는 조치 이상이 필요하다는 것을 그도 직감했던 것이다. 많은 부모에게 걱정을 안기는 산통은 병이나 장애가 아니라 심하게 울어대는 행동을 가리키는 말이다. 산통은 흔히 3의 법칙으로 정의된다. 즉 한 주에 사흘 이상, 하루에 세 시간 이상 우는 증상이 석 주 이상 지속되는 경우다. 알리야에게는 안아주기, 백색소음, 다양한 물약, 엄마의 섭식 변화 등 산통 치료의 표준적 방법들이 다 듣지 않았다.

알리야의 엄마 재클린은 얼마 전 산후우울증 진단을 받은 참이었다. 산과 의사가 항우울제 복용량을 늘릴 것을 제안했지만 재클린은 내키지 않았다. 그 약을 먹은 뒤로 자기가 자기 같지 않다는 느낌을 받던 터라, 용량을 늘리면 아기를 제대로 보살피기가 더 어려워질 거라는 두려움이 들었던 것이다.

재클린은 아내인 케일라와 함께 진료소에 왔다. 상근직 일터에 복귀한 케일라도 갈수록 깊어지기만 하는 재클린의 슬픔을 해결할 방법을 찾으려 애쓰고 있었다. 케일라가 들려준 생생한 일화 하나가 현재 그들이 놓인 세상 속 분위기를 충분히 짐작하게 했다. 우리가 만난 날 아침 재클린은 차에서 장바구니를 들고 들어오던 중 사과 한 알을 떨어뜨렸는데, 그 순간 바닥에 주저앉아 흐느껴 울었다는 것이다.

일반적인 산통 대처법을 알려주는 대신, 나는 재클린과 케일라와 함께 바닥에 앉아 아기의 행동을 관찰했다. 임신 36주째에 태어난 알리야는 '후기 조산아'에 해당했는데 병원에서 특수 치료실이 아닌 일반 신생아실에 있었다. 의사도 간호사도 알리야의 엄마들에게 특이한 일이 일어날 수 있다고 말해주지 않았다. 하지만 소아과 의사들은 겨우 1~2주 차이라 해도 일찍 태어난 아이들은 상대적으로 신경계가 덜 성숙해 있으므로 행동 신호를 읽기 어려울 수 있다는 사실을 잘 안다. 셋이 앉아서 아기를 관찰하고 있는데 케일라가 재채기를 했다. 그러자 조용히 자고 있던 알리야는 두 팔을 머리 위로 올리고 그 즉시 세상이 떠나갈 듯 울기 시작했다. 재클린이 곧바로 아기를 안아 올려 힘차게 흔들어주며 방 안을 걸어 다녔다. 케일라가 애원하는 표정으로 나를 보았다. "보셨죠?"

"네." 나는 대답했다. 평온히 잠들어 있다가 순식간에 울음을 터뜨리는 아기를 지켜보며 이것이 그들에게 얼마나 힘든 일인지 함께 경험한 것이다. 우리는 가만히 앉아서 기다렸고 1~2분 정도 지나자 알리야는 다시 조용해졌다. 그렇게 함께 찬찬히 지켜본 후 내가 입을 열었다. 알리야가 조산아여서인지 대부분의 아기보다 감각 입력에 더 예민하니, 엄마들이 더 잘 뒷받침해줄 필요가 있다고. 특히 혼란이나 변화에 대처해야 할 때 많은 도움이 필요하다고. 두 엄마 모두 잘 알겠다는 듯 고개를 끄덕였다. 그제야 재클린은 알리야의 행동은 물론 자신의 죄책감이나 자괴감을 새로운 방식으로 이해하게 되었다. 자기가 모자란 엄마라서 아기가 우는 것이라는 생각에서 놓여나기 시작했고, 걱정과 자기 회의의 손아귀에서 풀려난 느낌을 받았다.

다음번 만남 때 재클린은 활짝 웃는 얼굴로 알리야를 바라보며 진료실에 들어왔다. 내게는 좀 놀라우면서도 정말 기쁜 일이었다. 알리야는 카시트에 앉아 사랑스럽게 엄마를 올려다보고 있었다. 모녀가 서로에게 느끼는 기쁨이 뚝뚝 묻어났다. 재클린은 100퍼센트 나아진 느낌이라고 말했다. 산통 치료법을 알려주는 대신 그저 귀를 기울이고 이해하는 시간과 공간을 마련한 일이 알리야의 행동과 재클린의 기분, 그들의 관계 모두에 변화를 일으킨 것 같았다. 알리야는 여전히 울음을 터뜨리곤 했지만, 그럴 때도 이제 재클린은 자신이 충분히 대처할 수 있다고 느꼈다. 내가 약물로만 우울증 치료를 하고 있던 재클린에게 심리치료사를 소개하자 재클린은 심리치료 대신 요가 수업을 받겠다고 했다. 며칠 동안 항우울제 용량을 늘려봤지만 그럴 필요가 없다는 판단이 서서 다시 용량을 줄였다고도 덧붙였다.

“무엇이 이런 변화를 만들었다고 생각하세요?” 내가 물었다. 재클린은 지난 진료 때 나와 케일라가 자신의 이야기를 온전히 다 들어준 느낌이었다고 말했다. 케일라가 자신의 경험을 이해하고 실질적이지만 부담스럽지 않은 방식으로 자신을 도울 수 있다는 것도 느꼈다고 했다. 또한 재클린은 알리야의 심한 울음이 자기 잘못 때문이 아니며, 자신의 실패를 의미하는 것도 아님을 알게 됐다. 자기 회의가 줄어든 데다 케일라도 자신의 고생을 인정해주니 알리야에게 더 잘 반응해줄 힘이 생겼고, 그러자 알리야도 차분해진 듯 심하게 우는 빈도가 줄었다는 것이다.

“마치 알리야가 이제 막 태어난 느낌이에요.” 재클린은 자신들의 관계가 완전히 달라졌다고 말했다. 얼마 전까지 다시 일터로 돌아갈까 생각했는데, 자신과 알리야가 정말로 연결되어 있다는 것을 처음으로 느낀 지금은 그 계획을 재고하고 있다고 했다.

나는 유아부터 청소년까지, 감정과 행동에 얽힌 온갖 문제를 겪는 아이들을 만나오면서 발달 초기부터 어긋나버린 관계에 관한 이야기를 수도 없이 들었다. 그리고 문제의 뿌리가 얼마나 깊든, 아이의 나이가 얼마나 됐든, 경청과 재연결의 시간을 충분히 들이면 치유가 가능하다는 것도 알게 되었다. 모든 아이의 행동 문제는 그 아이의 삶에서 중요한 사람과의 관계에 뿌리를 둔다. 행동을 바꾸기보다 관계를 치유하는 일에 초점을 맞추면 발달의 경로를 바꿀 수 있다.

문제 행동에 관계가 중요한 영향을 미친다는 사실을 인정하는 것이 부모에 대한 비난으로 이어지는 안타까운 일이 종종 있다. 물론 아이의 행동이 서투른 양육의 결과가 아닐까 의문을 가질 수는 있다. 하지만 더 건설적인 접근법은 관계가 휘청이면 그 관계에 속한 사람들 모두가 힘들어진다는 사실을 인정하는 데서 시작하는 것이다. 미숙아로 태어나 좀처럼 안정감을 느끼지 못한 알리야처럼 아이에게 특정한 문제가 있다 해도, 그 문제에 대한 양육자의 반응 역시 관계를 이루는 한 부분이 된다. 어느 관계에서나 사람에겐 각자의 역할이 있고, 그 역할을 통해 서로 영향을 주고받는다. 어릴 때만이 아니라 평생 어느 시기든, 비판하거나 비난하는 대신 관계의 맥락에서 문제를 살피는 일은 상호 연결과 성공적인 관계를 꾸려나가는 과정에 큰 도움이 된다.

알리야를 만나고 얼마 후, 버크셔정신분석연구소의 한

교수가 내게 유아 정신건강에 관한 새로운 프로그램을 알려 주었다. 이는 발달심리학과 신경과학, 유전학의 접점에서 얻은 연구와 지식을 통합하여 예방, 개입, 치료의 모델을 만드는 새로운 성장 분야였다. 그 프로그램의 웹사이트[4]를 보자마자 꼭 참여해야 한다는 생각이 들었다. 서해안 지역에서 에드 트로닉과 임상 전문 간호사 크리스티 브랜트가 이끄는 비슷한 프로그램을 모델 삼아 동해안 지역에서 새롭게 시작하는 프로그램으로, 이 역시 에드가 이끌고 있었다. 나는 몇 년 전 에드의 강연을 들은 적이 있었고, 얼마 전에는 버크셔 정신분석연구소 강의에서 에드의 무표정 실험에 관해 배운 터였다. 2010년 가을, 나는 그 프로그램의 연구원으로 지원했다. 그렇게 1년 동안 매달 주말을 낀 사흘간의 과정에 참여해 전 세계의 선구적 연구자들에게서 직접 배울 수 있었다. 간호학, 정신의학, 초기 개입, 사회복지, 작업치료, 물리치료, 초기 아동교육 등 다양한 분야에서 일하는 전 세계의 동료 연구자 서른 명과의 긴밀하고도 집중적인 토론을 통해, 나는 내가 직접 경험하며 알아낸 사실들과 임상 경험을 이해할 새로운 방법을 발견해나갔다. 더하여 1970년대부터 시작된 에드의 연구 결과를 깊이 파고들며 새로운 발달 모델에 대해 배우게 되었으니, 그것이 이 책의 집필로 이어진 협업의 시작이었다.

에드의 이야기: 무표정 실험

1분 30초

짙은 갈색 머리의 젊은 엄마가 11개월 된 딸을 안고 방으로 들어온다. 방 안을 둘러보던 엄마는 높은 의자를 발견하고 다가가, 이제 칭얼대기 시작한 아이를 의자에 앉힌 뒤 하늘색 띠를 채워준다. 그런 다음 아이를 마주하고 앉아서 아이와 눈을 맞춘 채 두 손으로 아이 머리의 양옆을 쓰다듬으며 다정하게 노래하듯 말한다.

"우리 딸 착하지?"

이제 차분해진 아기가 눈썹을 치올리며 동의하듯 옹알댄다. 그런 다음 엄마의 어깨 너머를 가리키며 단호하게 "저!" 하고 소리를 낸다. 엄마는 딸이 가리키는 방향으로 고개를 돌렸다가, 미소 띤 얼굴로 다시 딸을 마주하며 자신도 그것을 보았음을 알려준다.

엄마는 아기의 발을 잡고 간지럼을 태운다. 이어 아이의 다리 위에서 손가락으로 거미 걸음을 흉내 내자 딸은 미소를 짓는다. 이번에는 아기의 손을 잡고 혓소리를 내어 주의를 끈다. 엄마와 딸이 함께 상호작용이라는 우아한 춤을 추고 있다.

그러다 엄마가 옆으로 고개를 돌린다. 아기에게는 엄마

의 갈색 곱슬머리만 보인다. 이윽고 고개를 다시 아기에게 돌렸을 때 엄마의 얼굴은 로봇처럼 아무 표정이 없다.

아기의 표정이 곧바로 걱정스럽게 변한다. 엄마한테 미소를 지어 보이지만 엄마는 반응하지 않는다. 아기는 다시 손가락으로 뭔가를 가리켜 엄마의 반응을 유도하려 한다. 이번에는 엄마가 흥미로운 게 있는 쪽으로 고개를 돌리지 않는다. 엄마의 표정은 납처럼 무겁다. 이따금 눈만 깜빡일 뿐 미동도 없다.

엄마가 반응을 멈춘 지 16초가 지났다.

의자의 띠에 묶인 채로 아기가 몸을 앞으로 굽혀 엄마를 향해 두 손을 뻗는다. 엄마는 그런 아기에게 손을 내밀어주지도 표정을 바꾸지도 않는다. 이제 너무 괴로워진 아기는 다시 한번 미소를 지어보지만, 아까만큼 밝은 미소는 아니다. 아기가 손뼉을 쳐본다. 반응이 없다.

1분 18초가 지났다.

엄마가 계속 무표정하게 쳐다보자 아기가 날카로운 소리를 내지른다. 아기는 두 손을 입에 넣고 불안해하며 다른 곳을 살피다가, 다시 고개를 돌려 애원하는 몸짓으로 엄마에게 팔을 뻗는다. 엄마의 얼굴은 여전히 무표정하다.

마침내 아기가 포기하고 울기 시작한다. 감당할 수 없는 충격에 등을 뒤로 젖히고 고개를 돌린다.

이때 엄마의 얼굴에 생기가 돌아온다. 미소에 사랑을 가득 담아 다시 아기를 바라본다. 아기를 향해 손을 뻗으면서 아까처럼 노래하는 듯한 어조로 "엄마 여기 있네, 여기 있어" 하고 말한다.

아기는 여전히 조심스러운지 잠시 망설인다. 그러다가 불안하게 미소를 지으며 손을 뻗는다. 엄마와 아기가 다시 하나가 된다.

1분 하고도 30초가 지난 시점이다.

이는 '무표정 실험'으로 알려진 심리 실험을 기록한 영상의 한 장면이다.[5] 당시 나는 알지 못했지만 이 실험은 이후 하나의 이정표가 되었다. 이를 시작으로 무표정 실험 패러다임은 유아 발달 연구에서, 나중에는 더 광범위한 인간관계 연구에서 널리 활용된다.

우리는 매일 자기도 모르는 사이에 가족과 친구, 적, 낯선 사람에게 불쾌감을 표현하거나 그들과의 연결을 차단하기 위해 여러 차례 무표정한 얼굴을 보이고, 다른 사람들에게서도 그런 얼굴을 본다. 물론 실험에서만큼 극적인 경우는 드물다. 우리가 남에게 무표정을 보이는 일도, 남의 무표정을 보는 일도 대개 인지하지 못하는 상태에서 일어나는 무의식적 경험이다. 그렇다 해도 무표정은 모든 사람의 표정 레퍼토리에 들어 있다.

처음 무표정 실험을 진행했던 1972년, 그 실험에서 밝혀진 사실은 가히 혁명적이었다. 당시 나는 하버드 의과대학원 신임 교수로 실험실을 꾸려 그때까지 쌓은 경험에 의거해 하나의 개념을 잡아가고 있었고, 사람들이 보통 생각하는 것보다 아기들이 훨씬 더 적극적으로 부모-자녀의 관계에 참여한다는 가설을 세웠다. 그 시기 정신의학자들과 심리학자들은 아기가 1차 양육자에게 깊은 유대감을 갖고 있다는 것을 알고 있었고, 그 관계에 결손이 생기면 아이에게 부정적인 영향을 미칠 수 있다는 사실도 알고 있었다. 하지만 그 모든 초점은 엄마의 행동에만 맞춰져 있었다.[6] 엄마의 반응이 일관적이었나? 엄마가 다른 데 정신이 쏠려 아기와 정서적으로 단절되어 있었나? 엄마가 혼란스럽거나 예측할 수 없는 방식으로 행동했는가? 관계에서 아기가 하는 역할에는 아무도 주목하지 않았다. 연결은 한 방향, 즉 엄마에게서 아기에게로만 향한다고, 아기는 주어지는 대로 받기만 할 뿐이라고 가정했다. 그러나 소아과 의사 T. 베리 브래즐턴과 함께한 연구에서 신생아들의 상당한 사회적 역량을 관찰한 뒤로 나는 그러한 관점이 잘못된 게 아닌가 하는 의구심을 품게 되었다.

이어 실험심리학자로서 자연스레 이 가설을 검증하는 실험을 꾸리기로 마음먹고 여러 가능성을 생각해보았다. 엄마가 아기에게서 고개를 돌리면 어떨까? 인상을 찌푸리면? 말을 하지 않으면? 하지만 모두 너무 불분명한 방법 같았다. 그러다가 어머니가 아기에게 전혀 반응하지 않게 해보자는 아이디어가 떠올랐다. 무응답만큼 사람을 불안하게 만드는 것도 없지 않은가. 그 판단은 옳았다. 아기들이 무표정에 극적이고 강렬한 반응을 보인 것이다. 나는 아기들이 자신에게 벌어지는 일에 대해 얼마나 많은 것을 표현하고 싶어 하는지를 보고 놀라지 않을 수 없었다. (우리의 첫 연구는 엄마들과 함께했지만, 이 책에서 앞으로 계속 보게 되듯이 이 연구의 내용은 아빠들에게도, 그리고 다른 모든 가족 구성원에게도 해당한다.)

내가 그때까지 배운 모든 것에 의하면, 무표정 실험 중 엄마들이 반응을 멈추면 아기들은 단순히 엄마가 이끄는 대로 따라야 했다. 애원하지도, 반응을 유도하려고 엄마를 구슬리지도, 분노를 표현하지도 않을 터였다. 말하자면 아기들은 아무것도 하지 않아야 했다.

나는 동료들과 함께 최초의 무표정 실험을 설계했다.[7] 실험 대상은 생후 1개월부터 4개월까지의 아기와 엄마 일곱 쌍이었다. 일곱 쌍 모두에게 똑같은 결과가 나타났다. 엄마가 반응을 '꺼버리면' 아기는 미소를 짓거나 목을 울려 소리를 내거나 손으로 뭔가를 가리키거나 날카로운 소리를 지르거나 울음을 터뜨리는 등 갖은 방법을 동원해 엄마의 반응을 다시 끌어내려 했다.

아기들의 월령을 생각하면 그것이 배워서 하는 행동일 리 없었다. 아기들은 그런 방법을 배울 시간이 없었다. 서두에 언급한 아기, 즉 유튜브에서 가장 많이 조회된 무표정 실험에 등장하는 아기는 생후 11개월이었다. 최초의 실험 이후 이뤄진 후속 연구들에서는 생후 1개월 된 어린 아기들도 비슷한 반응을 보였고, 일부 실험에서는 심지어 신생아들도 그런 반응을 보였다. 이 아기들은 사교 기술을 배운 적이 없었다. 연결에 대한 욕구는 사람이 태어날 때부터 갖고 있는 것으로, 생애 최초의 관계들에서 이미 작동할 준비가 갖춰져 있다. 실험 중 엄마와 아기가 서로 반응하는 모습에서 알 수 있듯이, 아기들은 상호 연결을 요구하도록 배선되어 있다.

아기들의 반응은 최소한 두 가지 사실을 의미한다. 먼저, 엄마가 상호작용을 조절하고 아기는 수동적 상태를 유지한다는 심리학 분야의 기본 가정이 틀렸다는 점이다. 오히려 아기들은 엄마의 반응을 다시 이끌어내기 위해 엄청난 노력을 기울이는 대단히 적극적인 존재로 밝혀졌다. 당대 심리학에서 가장 널리 받아들여지던 믿음 하나가 단 하나의 실험으로 무너진 것이다. 그 가정을 바탕으로 한 이론들 모두를 완전히 재고해야 할 터였다. 다음으로, 아기들의 반응은 심리학자들이 인간 발달을 구성하는 거대한 조각 하나를 완전히 놓치고 있었을 뿐 아니라 그 존재조차 전혀 모르고 있었음을 시사했다.

또한 이 실험은 많은 의문점도 낳았다. 그들의 상호작용 중에 도대체 무슨 일이 벌어진 것인가? 엄마와 아이 사이에 연결이 너무 약하거나 너무 강하면 어떤 결과가 생기는가? 아기는 끊어진 연결을 어느 정도까지 견딜 수 있는가? 아기는 언제 연결을 다시 이으려는 노력을 포기하게 되는가? 5분 뒤? 10분 뒤? 초인종 소리를 듣고 현관으로 가 문을 열어주는 데 걸리는 시간만큼? 어느 정도가 정상적인 시간인가? 당시 우리는 이 질문들의 답을 알지 못했다.

나의 무표정 연구는 하버드에서 몇 년 더 이어졌다. 동료들과 나는 실험을 확장하여 더 나이 든 아이들, 나아가 성인들을 대상으로도 연구했다. 실험에서 벌어지는 과정에 대한 통찰을 얻기 위해 성인 한 쌍에게 아기와 엄마 역할을 맡기고 무표정 실험을 재현했는데,[8] 여기서도 우리는 엄청나게 많은 것을 배울 수 있었다. 아기 역할을 맡은 성인들은 초조함, 분노, 무력감을 느꼈다고 말했고, 엄마 역할을 맡은 성인들은 죄책감과 불안을 느꼈다고 답했다. 몇 사람은 실제로 '아기'에게 사과를 하기도 했다.

이 성인 실험을 통해 사회적 연결의 근본적 중요성이 드러났다. 타인과 연결되려는 욕구는 우리 감정의 핵심부에 담겨 있다. 실험 참가자들은 무슨 일이 벌어지는지 알고 있었음에도(연구자들은 아무것도 속이지 않았고, 두 피험자는 한자리에서 실험에 관한 안내를 받았다) 감정적으로 강렬하게 반응했다. 아기 역할을 맡아 완강한 거부를 경험한 성인들은 막막한 감정을 표현했고, 이는 실제 아기들이 내비친 감정과 다르지 않았다. 엄마 역할을 맡은 성인들 역시 불편해하기는 마찬가지였다. 그들은 아기 역을 맡은 참가자들에게 실험자인 나를 가리키며 "저 사람이 시켜서요"라고 변명하듯 말했다. 한편 실험에 참가한 실제 엄마들은 자기 아기의 반응을 매우 흥미롭게 관찰하고 "애가 벌써 나를 알아볼 줄 몰랐어요"라고 말하는 이들도 간혹 있었지만 이 실험 자체는 싫어했다. 어쨌든 역할을 연기한 성인들과 달리 이 엄마들은 자신이 그렇게 행동한 이유를 아기들에게 설명할 수도 없었으니 말이다.

1975년까지도 나는 이 모든 게 무엇을 의미하는지 완전히 이해하지 못했지만 뭔가 중요한 것을 알아냈다는 확신은 있었다. 그래서 대중에 알리기로 마음먹고 임상 아동심리학자들과 연구자들이 모이는 아동발달연구회의 연례 학회에서 발표할 준비를 시작했다. 두려움도 없지는 않았다. 내가 발견한 사실에 그들은 어떻게 반응할까?

큰 용기가 필요한 일이었으니, 불안하지 않았다고 하면 거짓말이다. 나는 서른두 살이었고, 그때까지 아동발달 분야에서 무난한 경력을 이어오던 터였다.

거인들에게서 배우다

1965년, 나는 운 좋게도 발달심리학계를 주도하는 학자 중 한 사람인 해리 할로의 연구실에서 연구 경력을 시작했다. 당시 할로는 반쯤 은퇴한 상태라 새로운 소장이 연구소를 이끌었지만, 할로의 영향력은 여전히 모든 방면에 미치고 있었다. 그는 위스콘신대학 심리학 교수로 일하던 1950년대에 사랑을 연구할 계획이라고 선언하여 약간의 논란을 일으키며 이름을 알렸다.[9] 그는 먼저 지크문트 프로이트 이후 정신의학과 심리학을 사로잡아온 주제, 바로 어머니와 아기의 관계라는 주제에서 시작했다. 당시 이 분야에서는 존 볼비라는 영국 심리학자의 연구에 기초한 애착 이론이 널리 받아들여지고 있었다. 볼비는 아기와 어머니 사이에 강력한 정서적 애착이 있어야 아기가 심리적으로 건강하며 적응력이 뛰어난 아이로 자란다고 결론지었다. 그에 따르면 그 반대 역시 마찬가지였다. 즉 어머니와 아기 사이에 깊은 애착이 생겨나지 않으면 아이가 힘들어진다는 말이었다.

할로는 애착 개념을 연구하며 사람 어머니와 아기 대신

붉은털원숭이를 실험 대상으로 삼았다. 일단 사람과 붉은털 원숭이가 여러 측면에서 비슷하게 행동한다는 것을 확인한 다음 그를 유명하게 만든 실험을 시작했다. 새끼 원숭이들을 엄마 원숭이에게서 떼어놓고, 철사나 헝겊으로 만든 엄마 원숭이 모형을 준 것이다. 그는 이 원숭이들이 진짜 엄마와 자란 원숭이들에 비해 훨씬 더 불안해하고 관계를 잘 형성하지 못할 뿐 아니라, 성장한 뒤 자신이 낳은 새끼를 양육하는 데도 서툴다는 사실을 알게 되었다.[10] 이제 하나의 고전이 된 이 실험으로 그는 사랑(이 경우에는 어머니의 사랑)이 아기의 정서와 심리의 안녕에 필수적이라는 자신의 주장을 통렬하고도 고통스럽게 증명해냈다. 하지만 이 모든 것은 엄마와 아기의 관계에서 엄마가 무엇을 하는가에 관한 이야기였다. 여기서 아기의 역할을 주의 깊게 살펴본 이는 없었다.

내가 할로에게 배운 것, 늘 원숭이 냄새가 배어 있던 그 연구소에서 목격한 것은 생애 초기에 경험한 엄마의 사랑 혹은 사랑의 결여가 세대 간에 대물림되며 장기적 영향을 입힌다는 사실이었다. 가짜 엄마와 함께 자라난 원숭이들은 비정상적인 또래 관계와 성 행동을 내보였다. 또한 그렇게 자란 암컷 원숭이가 자라서 새끼를 낳으면 매우 불안정한 양육 행동을 보였다. 새끼를 질질 끌고 돌아다니거나 새끼를 모르는 체하거나 멀리 밀어버리거나 위협을 하기도 했다.

나는 부모와 아기의 관계가 불러일으키는 영향을 이해하기 위해 아기의 지각을 연구하기 시작했다. 아기들이 자신의 경험을 어떻게 이해하는지 전부터 궁금함을 느끼던 터였다. 아기들이 위험 지각 능력을 타고난다는 것을 밝혀낸 유명한 심리학자 제임스 깁슨의 연구에서 영감을 얻어, 아주 단순한 실험을 설계했다.[11] 공을 수레에 실은 뒤 줄로 당겨 광원 쪽으로 이동시켜서 아기 앞에 있는 투명한 스크린에 공의 그림자가 비치게 하는 방식이었다. 공이 자기를 향해 다가온다고 느낀 아기들은 손을 얼굴 앞으로 가져가는 방어 반응을 보였다. 물론 실제로 위험한 상황은 아니지만, 이를 위험한 상황으로 파악한 것이다.

이 일이 있기 전, 위스콘신대학원에서 보낸 첫해인 1965년에 또 하나의 행운이 나를 찾아왔다. 하버드 심리학과에서 온 초빙교수 제롬 브루너의 강연에 참석했을 때였다. 브루너는 언어를 공부한 사람으로 아기들이 주변 세계를 이해하는 과정에 흥미를 갖고 있었다.[12] 그는 아기가 세계를 이해하는 과정을 의미 만들기라고 불렀다.(이후 나도 내 연구에서 이 용어를 사용했다.) 브루너의 강연이 끝난 뒤 나는 그와 몇 시간 동안 이야기를 나누었다. 이제 와 돌이켜보면 말을 너무 많이 했던 것 같은데, 놀랍게도 다음 날 나의 지도교수가 브루너의 말을 전해주었다. 위스콘신대학원을 졸업한 뒤 보스턴으로 와서 자신의 연구실에서 일하면 좋겠다는 이야기였다. 이제 막 경력을 시작하는 시점에 벌써 하버드에 자리를 얻다니!

무표정 실험을 구상할 수 있기까지는 한 명의 스승이 더 필요했다. 바로 T. 베리 브래즐턴이라는 소아과 의사였다. 우리는 1960년대 말 하버드인지연구센터에서 연구원으로 일하며 처음 만났다. 그곳의 연구소장이자 멘토였던 브루너의 지원에 힘입어 우리는 1972년 보스턴어린이병원에 아동발달부를 만들 수 있었다.

당시 브래즐턴은 미국의 소아과 의사 중 가장 존경받는 인물이자 영향력이 큰 사람 중 하나였다. 동료 소아과 의사인 D. W. 위니콧이 그랬듯, 그도 소아과 진료실에서 아기들과 부모들의 삶을 위해 전념하는 동시에 정신분석 연구를 병행하며 자신의 아이디어를 발전시켰다. 토요일마다 매사추세츠주 케임브리지의 마운트오번병원 산부인과 병동을 함께 돌며 내게 신생아들이 지닌 능력을 깨닫게 해준 사람도 바로 베리였다.

오늘날 신생아들은 보통 엄마와 한 방에 입원하지만,• 당시에는 엄마가 회복하는 동안 보통 닷새 정도 신생아실에서

• 오늘날 미국 병원에서는 출산 후 산모와 신생아가 회복실에서 함께 지낸다.

지냈다. 매주 토요일 나는 베리와 함께 신생아실에 갔는데, 브루너가 함께하는 경우도 많았다. 생후 몇 시간부터 닷새까지의 신생아들은 분홍과 파랑 줄무늬 담요에 감싸인 채 덮개가 달린 요람에 눕혀져 넓은 창 앞에 나란히 줄지어 있었다. 베이비파우더와 목욕 비누, 기저귀 냄새가 뒤섞인 시큼하고 달큼한 냄새가 공기 중에 가득했다.

베리는 신생아실에 갈 때마다 세면도구 가방을 챙겼다. 가방에는 손전등 하나, 옥수수알로 채워 딸랑이로 쓸 수 있는 가벼운 플라스틱 상자, 각종 도구들이 담겨 있었다.

신생아실에 들어가면 나는 베리의 뒤를 따라다니며 그가 하는 일을 지켜보았다. 베리는 줄지어 잠자는 아기들을 살피다가 그중 집중적으로 살펴볼 한 명을 골랐다. 그런 다음 아기에게서 반응을 이끌어내기 위해 부드러운 소리로 말을 걸거나, 커다란 두 손으로 아기를 들어 올리거나, 아기의 자세를 바꾸거나, 귀 근처에서 딸랑이를 흔들거나, 얼굴 위로 손전등을 비추었다. 움켜잡기 반사를 촉발하는 손바닥 반사점과 먹이 찾기 반사를 촉발하는 뺨 반사점을 건드리기도 했는데, 그러면 아기는 젖가슴이나 젖병을 찾으려고 접촉의 근원이 있는 쪽으로 고개를 돌리곤 했다.

베리가 한 일 대부분은 표준 소아과 검사에 포함되는 것들이었다. 그러나 그는 여기에 자기만의 색깔을 더했다. 아기가 사람의 얼굴과 목소리에 반응하는 방식, 스스로 달래고 진정시키는 능력 등을 관찰하며 이들의 사회적 역량을 평가한 것이다. 베리의 독특한 점을 또 하나 들자면, 그가 아기들에게 완전히 집중해 관찰하는 방식이었다. 베리는 아기들에게 전적인 주의를 기울였다. 나는 그 모습을 지켜보며 아기들이 사물이나 얼굴을 시각적으로 따라가며 움직임을 추적한다는 사실을 알게 되었다. 보고 있는 것이 사물인지 사람인지에 따라 아기들의 표정과 손발의 움직임도 달라졌다. 태어난 지 겨우 몇 시간밖에 안 된 아기들이 사람과 사물을 구별해낸다니! 어떻게 그걸 알았을까? 자기가 속한 세상에서 어떤 의미를 읽어내는 걸까? 이 자그마한 사람들은 내가 예상하는 것보다 훨씬 더 많은 것을 갖추고 있는 것이 틀림없었다.

아기들이 단순히 깨어 있거나 잠들어 있는 게 아니라는 사실도 베리가 하는 일을 지켜보면서 깨달았다. 그의 세심한 관찰을 통해 우리는 아기들에게 숙면, 조용히 깨어 있는 상태, 활동적으로 우는 상태 등 총 여섯 가지 상태가 있다는 것을 알게 되었고, 서로 다른 의식 상태를 옮겨다니는 방식이 저마다 다르다는 것도 알아냈다. 어떤 아기들은 숙면에서 조용히 깨어 있는 상태를 거쳐 활동적으로 우는 단계로 서서히 옮겨가는가 하면, 어떤 아기들은 계속 울고 또 울다가 별안간 잠들어버렸다. 일관된 패턴이 전혀 없어 보이는 아기들도 있었다.

신생아실을 방문할 때면 베리는 어쩐지 아기 내면에 있는 개인을 알아보는 것 같았다. 마치 그 아기가 어떤 사람인지, 앞으로 어떤 사람이 될 수 있을지 내다보는 듯했다. 신생아 행동평가법과 신생아 행동관찰법, 신생아 집중치료실 네트워크의 신경행동척도 등 현재 사용되는 몇 가지 관찰 방법은 보통 검사 과정에 부모도 참여시키지만, 당시에는 그러지 않았다. 그러나 표준적인 절차가 아님에도 베리는 자신이 관찰한 내용을 부모에게 알리는 것이 가치 있는 일임을 알고 있었다. 그는 아기 한 명을 관찰한 뒤 종종 그 아기의 부모와 이야기를 나누면서 그들에게 자기 아이를 하나의 고유한 개인으로 인지시켰다. 그는 부모가 처음부터 아기의 커뮤니케이션 방식에 관해 편안하게 배울 시간을 확보하는 것이 얼마나 중요한지 잘 알고 있었다. 그래서 아기가 무엇에 예민한지, 스스로 달랠 수 있는 능력이 있는지, 안기는 걸 좋아하는지 등에 관해 부모들이 파악할 수 있도록 말해주었고, 때로는 아기가 기분이 상하면 좀처럼 진정하지 못한다는, 말하기 쉽지 않지만 부모들이 꼭 알아야 할 내용도 들려주었다.

베리의 목표는 부모가 자기 아기를 이미 존재하는 그대로의 고유한 개인으로, 그들이 바라던 아기나 환상 속의 아기가 아니라 그들에게서 태어난 바로 그 아기로 보게 만드는 것이었다. 베리가 짧은 동안 자신들의 아기와 시간을 보낸 뒤 그 아기에 대해 알아낸 것들을 들려줄 때면 부모들은 경외감에 차서 귀를 기울였다.

베리는 자신의 검사 방법을 체계화하여 다른 병원의 의사들과 간호사들도 활용할 수 있게 만들고 싶어 했다. 그들 또한 부모들에게 아기를 있는 그대로의 복잡함과 역량을 지닌 존재로 알려줄 수 있기를 바란 것이다.

나의 역할은 베리를 관찰하여 그 검사법의 체계화 작업을 돕는 것이었다. 이는 단순한 노트 기록 정도의 업무에 그치지 않았다. 토요일마다 나는 그가 보여주는 것들에 매번 새로운 경외감을 느꼈다. 그 일은 과학이면서 예술이었고, 직관이자 공감이었다. 그는 시선과 손길과 온기로 아기들의 언어를 말할 줄 아는 사람, 말하자면 베이비 위스퍼러• 같았다.

할로의 연구실에서 보스턴의 브루너 연구실로 옮겨갈 무렵, 나는 당시 나와 있던 유아에 관한 논문을 전부 읽은 상태였다. 그래서 그때껏 아기라고는 할로의 새끼 붉은털원숭이밖에 다뤄본 적이 없으면서도 아기에 관한 모든 것을 알고

• baby whisperer. 마치 말과 대화를 나눌 수 있는 것처럼 말의 심리를 잘 이해하여 말을 잘 다루는 조련사를 칭하는 호스 위스퍼러(horse whisperer)에 빗댄 표현.

있다고 생각했다. 베리의 지도를 받으면서 곧 깨닫게 되었지만 사실 나는 아는 게 거의 없었다. 토요일 신생아실 방문 때마다 베리가 나에게 보여준 것들은 당시 심리학자들이 아기들에 관해 갖고 있던 모든 믿음과 어긋났다.

베리가 아기들에게서 이끌어낸 행동 중 이전에 심리학자들이 거론했던 것은 거의 없었다. 사실 그동안 심리학자들이 아기들은 할 수 없는 것으로 '알고' 있던 일들이 대부분이었다. 아기들은 엄마 목소리가 어디서 나는지 찾기 위해 머리를 좌우로 90도까지 돌렸다. 감각 입력에 압도될 땐 눈을 감고 고개를 돌림으로써 흥분을 가라앉힐 수도 있었다. 아기들은 관계에 참여하는 놀라운 능력도 지니고 태어난 듯 보였다!

나는 우리가 관찰한 것, 즉 신생아가 관계 안에서 수동적인 수용자가 아니라 능동적인 참여자라는 점을 검증해보고 싶었다. 바로 이것이 내가 무표정 실험을 구상하게 된 이유였다. 당시 전문가들은 엄마가 아기를 완전히 통제하며 아기와의 상호작용에서 결정권을 갖는다고 했다. 나는 거기서 엄마라는 능동적 행위자를 빼면 어떤 일이 벌어질지 궁금했다. 그러면 아기는 어떻게 반응할까? 무표정 실험 영상이 보여주었듯이, 첫 번째 실험을 통해 나는 유아에 대한 전통적인 관점이 잘못되었다는 것을 즉각 알아차렸다. 아주 충격적이면서도 경이로운 일이었다.

이는 내 실험실 밖으로도 알려야 할 발견이었다. 나는 이 연구를 동료들에게 소개해야 했다. 생각만 해도 아찔한 일이었다. 과학자들은 세상에 대한 남다른 사고방식과 시각을 소개하려는 사람들을 무자비하게 비판하는 것으로 악명이 높다. 이 실험과 그 놀라운 함의는 심리학자들이 오랫동안 고수해온 믿음 일부를 버리도록 강요할 것이었다. 공개적으로 박수를 받을 수도 있겠지만 조롱을 받을 수도 있었다. 나는 성공 확률을 50 대 50 정도로 예상했다.

아동발달학회에서 발표하기로 한 날, 강단에 오를 네 명의 연구자 중 내 순서는 마지막이었다. 나는 세 동료가 각자의 연구에 대해 논의하는 모습을 초조하게 지켜보았다. 그들의 연구는 모두가 사실이라고 가정하는 내용과 완전히 일치했다. 강연 순서가 그렇게 계획된 것도 아마 방어적인 이유에서였을 것이다. 학회 주최자들이 내 가설을 지지하는 공동 연구자라 내가 무슨 발표를 할지 이미 알고 있었기 때문이다. 마침내 내가 일어나 전 세계에서 온 400명의 아동발달 전문가들을 마주할 시간이 왔다. 그곳에 참석한 동료들에게 그들이 한 번도 본 적 없는 무언가를 막 보여줄 참이었다.

나는 무표정 실험의 비디오 클립을 보여주며 발표를 시작했다. 1975년에는 쉬운 일이 아니었다. 비디오테이프를 프로젝터로 보여주는 일이 불가능한 시절이었다. 나는 조잡하지만 혁신적인 방식을 찾아냈다. 실험을 캠코더로 촬영한 다음, 큰 스크린에서 볼 수 있도록 테이프를 필름에 옮겨둔 것이다.

영상이 끝나자 학회장 안에는 완벽한 정적이 흘렀다. 나는 강연대를 꽉 붙잡고 서서 청중의 분위기를 파악하려 애썼다. 도중에 주저앉지 않고 내 자리까지 돌아갈 수 있을까? 역시 너무 큰 모험이었을까? 눈에 보이는 것이라곤 400개의 무표정한 얼굴뿐이었다. 이 결과를 연구실 밖으로 가져오는 게 아니었어. 내 경력은 이제 끝이야.

그 순간 우레 같은 박수가 터져나왔다. 과학자들이 방금 본 영상의 의미를 깨달은 것이다. 내 경력은 그때 막 시작되었다고 해도 과언이 아니다.

수십 년 뒤, 내 평생의 연구에서 나온 결과가 어느 정도 형태를 갖추자 나는 그 개념들을 일반 청중에게도 알리고 싶어졌다. 유아 정신건강 프로그램의 동료들이 이 배움의 과정에 풍부한 임상 경험을 쌓아올려 연구가 널리 적용될 수 있음을 깨닫게 해주었다. 그 동료 중 한 사람이 바로 클로디아 골드다. 매일 사람들의 실질적인 문제를 해결하는 소아과 의사이자 저술가이기도 한 클로디아에게 나는 함께 책을 써보자고 제안했고, 그렇게 우리는 함께하게 되었다.

기본 구성 요소로서의 관계

무표정 연구는 인간의 생애 전반에 나타나는 행동과 관계에서 대단히 중요한 사항들을 설명해주는 폭넓은 이론으로 발전했다. 기억하지 못할 정도로 어린 시절에 타인과 관계 맺는 법을 배운 첫 순간들이 이후 모든 관계의 형태를 만든다는 점을 밝혀냈을 뿐 아니라, 관계에서 순간순간 생겨나는 작은 균열들을 수리하는 능력이 경험의 질과 구조를 형성하며 개인의 성격은 물론 세계를 살아가는 방식을 구축한다는 사실도 보여주었다. 하지만 아마 가장 중요한 것은, 최초의 무표정 연구 및 그 실험 방식을 활용한 이후 수십 년의 연구가 우리 각자에게 불만스럽거나 괴로운 관계를 벗어나 친밀하고 잘 연결된 관계로 나아갈 방법에 대해 통찰을 준다는 점일 것이다.

무표정 실험의 통찰을 이해하기 위해 심리학자나 의사가 될 필요는 없다. 인간관계에 대한 정교한 이해도 필요하지 않다. 또한 괴로움을 겪고 있는 사람이어야만 무표정 연구에서 실질적인 혜택을 얻을 수 있는 것도 아니다. 타인과 관계를 맺고 살아가는 사람이라면 누구나 이 통찰에서 도움을 받을 수 있다. 무표정 실험과 그 의미를 이해하면 모든 관계의 성격이 달라진다. 배우자, 부모, 자녀, 직장 동료, 친구와의 관계, 모르는 사람과의 일상적인 만남까지도.

무표정 실험 장면을 처음 보면 실험 중 아기들이 겪는 상실의 경험에 마음이 쓰이고 걱정과 고통, 두려움이 생길 수 있다. 자신이 느꼈던 상실감이 다시금 떠오르거나, 자녀 또는 다른 가족들과 연결을 맺지 못한 자신을 돌아보며 죄책감을 갖게 될지도 모른다. 어떤 이들은 매우 극적으로 반응하면서 잔인한 실험이라 비난하고, 어떻게 이 실험이 실험 대상자의 인권을 보호하는 행정기관인 기관감사위원회를 통과할 수 있었느냐며 의문을 제기하기도 한다. 물론 (우리도 어떤 일이 일어날지 몰랐던) 최초의 실험은 기관감사위원회의 승인을 받았으며, 오늘날에도 전 세계에서 기관감사위원회의 승인하에 진행되고 있다. 사실 그 실험 속 상황은 평소 아기들에게 그리 낯설지 않다. 양육자가 운전을 하거나 어떤 걱정에 골몰하고 있을 때, 또는 다른 이유로 아기에게 신경을 써주지 못할 때마다 일어나는 상황이기 때문이다. 게다가 아기들은 항상 불만족스러운 상황에 맞닥뜨리기 마련이다. 그 실험이 주는 스트레스는 아기들이 일상에서 으레 겪는 스트레스 수준을 넘어서지 않는다.

무표정 연구의 가장 중요한 메시지는 희망이다. 아기는 실험 후 재빨리 회복함으로써, 다소 극적으로 심화되기는 했지만 이러한 불일치의 경험이 자신에게 낯설지 않음을 보여준다. 아기는 엄마의 관심을 끌려면 어떤 행동을 해야 하는지 안다. 전에도 여러 번 그런 행동을 했지만 사람들이 눈여겨보지 않았을 뿐이다. 무표정 실험의 진행 속도를 늦춰보면, 자신의 세계를 개선하기 위한 아기의 어마어마한 행동능력을 관찰할 수 있다. 아기는 무슨 일이 벌어지는지 알며 그 일을 바로잡는 방법도 안다.

아기들이 무표정 실험에 반응하는 방식은 각자 초기에 양육자와 어떤 식으로 상호작용했는지에 따라 다른 것으로 밝혀졌다. 모든 아기가 희망적인 반응을 보이는 것은 아니다. 무표정 실험과 이후 이어진 수십 년의 연구는 우리가 서문의 도입부에서 던진 질문들에 대해 답을 제시한다. 우리의 자기 감각과 평생에 걸쳐 맺는 관계의 질은 우리의 경험, 다시 말해 태어나서 최초로 맺은 사랑 관계에서 시작된 순간순간의 상호작용에 뿌리내리고 있다. 우리의 정서적 안녕은 우리가 관계의 그물망에 속해 변화를 거듭하는 유동적 과정 가운데 만들어진다.

앞으로 이어질 장들에서 더 자세히 이야기하겠지만, '생물학 대 경험' '본성 대 양육'이라는 잘못된 이분법은 우리의 유전자, 뇌, 신체가 서로 관계를 맺고 발전해간다는 사실, 이를 보여주는 엄청난 연구 증거들의 무게에 짓눌려 무너질 수밖에 없다. 유전자의 발현과 뇌의 배선은 쌍방향으로 일어난다. 과거에는 뇌 배선이 미리 정해져 있으며, 뇌는 고정된 배선 계획을 따를 뿐이라고 생각했다. 그러나 이제 우리는 그 생각이 틀렸음을 안다. 뇌는 신경가소성을 지니고 있다. 평생에 걸쳐 변화할 수 있다는 말이다. 새로운 신경 연결의 형성, 뇌를 구성하는 그 '배선들'은 유연하고도 어지럽게 얽혀 있다. 똑같이 배선된 뇌는 없다. 아동발달 연구자들은 어린 아기들의 양육자를 신경건축가라고 표현한다. 아기가 최초로 맺는 관계들이 뇌의 배선 방식을 결정하기 때문이다. 말 그대로 뇌를 구축하는 셈이다. 아기들이 단절의 경험과 재연결의 순간을 오가며 인간 상호작용 본연의 혼란스러움을 받아들이고 포용하면서, 이들의 뇌는 성장하고 변화한다.

서로 결합해 하나가 된 우리의 이야기: 이 책의 목표

이 책에서 우리는 에드의 연구와 클로디아의 임상 경험을 종합하고, 거기에 각자의 개인적 경험을 더해 무표정 패러다임의 중요한 의미를 온전히 드러내고자 한다. 우리 두 사람이 걸어온 직업적 경로는 다르지만, 간결한 서술을 위해 협업자로서 하나의 목소리로 이야기할 것이다. 실제로 두 사람 모두의 이야기가 아니더라도 우리라는 주어를 쓸 것이다. 유아기부터 노년기까지 포함한 모든 실제 사례를 언급할 때는 사생활 보호를 위해 이름과 세부 사항에 변화를 주었다. 사례들은 아기들 및 부모들과 함께해온 우리 작업의 핵심적 교훈을 드러내는 한편, 사람의 발달에 대한 새로운 이해 방식을 제시할 것이다.

이 책은 전문가들의 의료를 대체하기 위한 책이 아니다. 의학이나 양육에 관한 조언, 심리학적 조언을 의도한 책도 아니다. 앞으로 보게 되겠지만, 실제로 개개인의 경험이 지닌 복잡성을 고려하지 않은 채 일반적인 충고를 건네는 것은 오히려 성장과 발달에 방해가 될 수 있다. 이 책의 메시지는 관계에서 불화가 일어나는 것은 정상이며, 자기 감각 및 친화력은 그러한 불화를 기꺼이 맞아들임으로써 생겨날 수 있다는 것이다. 우리는 관계에 대한 독자 여러분의 관점, 세상 속에서 자기 자신을 이해하는 방식에 대한 관점을 바꾸고 싶다. 다르게 생각하는 법을 배우는 데는 단 하나가 아니라 아주 많은 방식이 존재한다.

1장에서 우리는 불화가 건강한 것일 뿐 아니라 성장과 변화에 필수적인 요소라는 개념을 소개한다. 또한 불일치와 복구의 과정이 인간의 발달에 얼마나 핵심적인 역할을 하는지 보여주는 연구 증거들도 제시할 것이다. 2장에서는 불완전함의 중요성에 대해 더욱 자세히 논하며, 완벽함을 기대하는 오늘날의 문화를 함께 살펴볼 것이다. 3장에서는 무질서를 두려워하지 않고 그 혼란에 기꺼이 참여하도록 이끄는 안전함의 감각이 어떻게 생겨나는지 알아본다. 4장에서는 생물학 대 환경, 본성 대 양육 신화를 한층 자세히 다룬다. 우리의 자기 감각과 친화력이 생애 최초의 관계들에서 매 순간 일어나는 상호작용을 통해 자라나기 시작하여 평생에 걸쳐 새로운 관계 속에서 발달해나간다는 것을, 그 과정을 설명할 것이다. 5장에서는 회복 탄력성에 대한 새로운 해석을 제시한다. 우리 생각에 회복 탄력성은 선천적 특징도 역경을 통해 발달하는 것도 아닌, 수많은 불일치와 복구의 순간들을 통해 발달하는 하나의 특질이다. 6장에서는 반복적인 상호작용의 패턴—일종의 게임—이 가족, 직장, 문화 전체에 대한 소속감에 기여하는 방식을 보여준다. 7장에서는 테크놀로지가 그러한 게임들을 우려스러운 방식으로 변화시키고 있는 상황을 살펴보고, 이 변화들을 관리하고 포용하는 방법을 무표정 패러다임에 기초해 알아볼 것이다. 8장에서는 어긋난 관계 때문에 겪는 감정적 고통에 대해 새롭고 다르게 생각하는 방식을 제시한다. 9장에서는 수많은 상호작용을 위한 시간과 공간, 새로운 의미를 발견할 기회를 통해 사람들이 어떻게 치유되는지 보여줄 것이다. 10장에서는 확신의 함정, 단순한 해답을 고수하는 태도의 위험성에 대해 다룬다. 마지막으로 11장에서는 우리의 모델을 현재 사회의 병폐와 연결하여, 공동체와 사회 전반이 희망과 회복 탄력성으로 나아가는 길을 찾아내는 데 무표정 패러다임이 어떤 역할을 할 수 있는지 알아볼 것이다.

1장

복구는 영혼의 자양분

제니퍼는 몇 시간째 남자 친구 크레이그를 위해 저녁을 준비하고 있었다. 최근 둘 사이의 긴장이 점점 높아가고 있었지만, 그래도 재료를 젓고 다지고 갈고 섞다 보니 마음이 조금은 안정되는 것 같았다. 사귄 지 1년이 다 되어가는 요즘, 그들은 몇 달째 위태위태한 이 관계가 깨질까 두려워 서로를 조심스럽게 대해왔다. 처음 사랑에 빠지며 환희를 느끼던 시기가 지난 뒤 둘의 관계는 앞으로 나아가지 못한 채 정체되어 있는 것 같았다.

조용히 요리를 하는 동안 제니퍼의 머릿속에서는 복잡하게 얽힌 괴로운 생각들이 소용돌이쳤다. 지난 몇 달 크레이그의 정신이 딴 데 쏠려 있는 듯 보이던 순간들, 자신이 필요로 하는 만큼의 감정적 친밀함을 느낄 수 없었던 순간들이 생생하게 떠올랐다. 달콤했던 연애 초창기에는 상처를 덮어 둘 수 있었다. 그러나 진지하게 이어질 관계로 자리 잡아가자 괴로움이 너무 커졌다. 제니퍼는 부글부글 끓어오르는 분노를 감춘 채 말없이 요리를 계속했다.

크레이그는 집 안을 어슬렁거리다가 간간이 주방에 들어와서는 불 앞에 서 있는 여자 친구를 뒤에서 부드럽게 포옹했다. 크레이그에게 이 순간은 행복한 가정생활의 한 장면이었다. 둘 사이가 점점 더 멀어지고 있다는 건 그도 눈치채고 있었지만, 아무 일도 없는 듯 무시하고 넘어가는 것이 그의 대처 방식이었다. 크레이그는 형제자매가 넷이나 되는 대가족 속에서 자랐고, 그들에게는 마음 상하는 일이 밀물과 썰물처럼 일상적으로 몰려왔다 사라지곤 했다. 그는 동시에 여러 사람에게 주의를 기울이는 데 익숙했다. 제니퍼가 과거 힘들었던 관계들에서 어떤 고통스러운 기억을 쌓아왔는지 모르는 그로서는 점점 부풀어오르는 폭풍에 대해서도 알 리 없었다.

외동인 제니퍼는 불화를 거의 경험하지 못했다. 제니퍼의 가족은 안간힘을 다해 충돌을 피하며 살았다. 베트남전 참전 군인이었으며 자제력이 강했던 아버지는 자신의 감정들을 조용히 속에 가뒀다. 그렇지만 침착하고 고요하다가도 간혹 한순간에 폭발해버렸기 때문에, 어머니는 남편을 자극하지 않으려고 극도로 신경을 썼다. 제니퍼의 부모는 의견 차이가 생길 때마다 서로 물러나 거리를 두었고, 제니퍼에게도 그랬다. 부모가 물리적으로는 존재하지만 감정적으로는 곁에 없는 것 같은 상황이었다. 어느 날 가족이 차를 타고 가던 중 아버지가 갑자기 분노를 터뜨리고 이후 내내 돌 같은 침묵 속에서 뒷자리에 앉아 있어야 했던 어린 시절의 기억이 아직 생생했다. 부모가 그렇게 자기들 내부로 후퇴해버릴 때마다 제니퍼는 완전히 버려진 듯한, 마치 자신이 더 이상 존재하지 않는 듯한 기분을 느꼈다. 불화에 대한 반사적 공포는 성인이 되어 맺은 크레이그와의 관계에서도 그대로 이어졌다. 제니퍼는 자신이 갈망해온 연결을 크레이그와의 관계에서 발견했지만 그것을 잃게 될까 두려워하고 있었다. 불화를 드러내는 것보다는 침묵과 회피가 더 안전한 것 같았다.

제니퍼가 식탁을 차리며 식사 준비를 마무리하는 동안 크레이그는 그 앞에 앉아 형제에게 온 스마트폰 문자메시지를 보고 있었다. 크레이그에게는 그리 특별한 행동이 아니었다. 그러나 순간 제니퍼는 속에서 분노의 물결이 치밀어오르는 것을 느꼈고, 이번에는 그 감정을 숨기지 않았다. 말로 정확히 표현할 수는 없지만 지난 몇 달 동안 크레이그는 자기 부모와 다르리라는, 자신이 분노를 표현해도 사라질 사람은 아니라는 느낌을 받아왔다. 순간 제니퍼는 충동적으로 그 느낌을 시험해보았다. 곱게 담아 차린 음식들을 바닥에 내동댕이친 것이다.

처음에 크레이그는 이 낯선 감정 표출에 충격을 받고 당황했다. 잠깐 화가 치밀기도 했지만 제니퍼가 눈물을 터뜨리자 분노는 순식간에 사그라들었다. 크레이그는 제니퍼에게 달려갔고 둘은 서로를 끌어안았다. 울음이 잦아들자 제니퍼는 불화가 곧 관계의 상실을 의미할지 모른다는 두려움에 대해 크레이그에게 이야기했다. 내동댕이쳐진 음식 옆에 주저앉은 채, 자신들의 관계가 갈등을 버텨낼 수 없으리라는 생각에 무서웠다고 털어놓았다. 어린 시절 부모가 감정적으로 후퇴할 때마다 그에 반응해 자기 감각까지 뒤흔들렸고, 그래서 자신이 사라져버릴 것 같아 두려워하게 되었다는 더욱 내밀한 이야기도 들려주었다. 제니퍼가 그때껏 한 번도 표현한 적 없는 자신의 복잡한 감정에 접근할 수 있었던 것은, 이전과는 전혀 다른 크레이그와의 관계에서 얻은 신뢰 덕분이었다.

이날 일이 두 사람에게는 일종의 전환점이 되었다. 제니퍼는 크레이그의 특정한 행동을 거부로 해석해왔지만 그의 동기는 거부가 전혀 아니었음을 알게 되었다. 크레이그 또한 거리를 두는 제니퍼의 성향을 전과 다른 관점에서 바라보게 되었다. 불편한 상태가 그냥 지나가기를 기다리는 자신의 방식이 식구가 많은 자기 가족 사이에서는 그럭저럭 효과가 있었지만, 제니퍼와의 새로운 관계에서는 통하지 않는다는 것도 깨달았다. 그 후로 불화가 일어나도 크레이그가 사라지지 않으리라는 제니퍼의 믿음은 갈수록 더 굳건해졌다. 의사소통이 어긋나는 순간에도 제니퍼는 후퇴하지 않고 그와 함께 해결을 모색할 줄 알게 되었다. 둘은 서로 다른 의도와 동기를 자신들의 관계로 가져왔고, 각자 자신을 내보일 수 있는 시간과 공간을 서로에게 만들어주었다. 그들의 관계는 며칠, 몇 달, 몇 년에 걸쳐 이어진 불일치와 복구의 순간들을 거치며 성장했다.

구운 가리비, 다진 파스닙, 버터에 구운 풋강낭콩이 바닥에 떨어져 엉망으로 뒤섞인 모습. 이를 인간의 발달에서 불일치와 복구가 차지하는 역할의 은유로 삼을 수도 있겠다. 영양분이 신체의 성장에 필요한 연료를 공급하듯이, 불일치라는 혼란의 상태를 지나 복구로 나아가는 과정에서 생겨난 에너지는 정서적 성장의 연료가 된다. 비유적으로(그리고 때로는 글자 그대로도) 불일치와 복구는 우리를 성장시킨다.

불일치가 표준이다

성모마리아와 아기 예수가 서로의 눈을 사랑스레 바라보고 있는 다빈치의 그림 〈리타의 성모〉에는 부모의 사랑에 대해 우리가 품어온 이상적 관념이 잘 표현되어 있다. 반면에 라파엘로의 그림에서는 아기 예수가 성모마리아의 손에 들린 책을 바라보고 성모는 생각이 다른 데 가 있는 듯 바닥을 응시한다. 이 모습이 더욱 실상에 가까운 묘사라 할 수 있을 것이다. 연인 관계도 마찬가지다. 로맨틱한 사랑의 이상적 관념은 프리드 애스테어와 진저 로저스의 춤과 같이 완벽한 조화를 이루는 것으로 여겨지며, 좋은 관계에 있는 사람들은 서로 완벽하게 박자를 맞춰 스텝을 밟을 거라고 생각한다. 하지만 제니퍼 그레이가 춤을 추다가 패트릭 스웨이지의 발을 밟고 스웨이지는 그레이의 눈을 찌르는 〈더티 댄싱〉 장면이 파트너 관계의 실상에 더 가깝다. 영화의 마지막 장면에서 그들이 보여주는 우아하고 조화로운 춤을 완성하기 위해서는 잘못 디디는 스텝들이 필수적이다. 제니퍼와 크레이그가 어질러진 음식을 치우고 피자를 주문하며 함께 나눈 웃음은 불일치를 수리하는 과정에서 그들이 얻은 기쁨과 친밀함을 잘 포착한다.

꼬여서 뒤죽박죽된 일을 풀어나가는 과정이야말로 우리

가 유아기 초기부터 전 생애에 걸쳐 관계 속에서 성장하고 발전하는 방식이다. 직관에 어긋나는 이야기로 들릴지도 모르겠다. 보통 건강한 관계에는 불화가 들어설 자리가 없다고, 좋은 관계를 맺고 있는 두 사람은 항상 잘 지내야 마땅하다고들 생각하니까.

첫 무표정 실험에서 밝혀진 놀라운 결과를 통해 우리는 아기와 부모를 이해하는 새로운 방식을 발견했지만, 아직 이 최초의 관계에 관해 배워야 할 게 아주 많이 남아 있었다. 이전의 유아 연구에서는 상호작용이 동시적이고 조화로울수록 관계가 더 바람직하며 임상적으로도 '정상'이라고 생각했다.[1] 그러나 놀랍게도 강력한 관계로 가는 열쇠는 다름 아닌 혼란스러움이 쥐고 있었다!

우리는 부모와 아기의 전형적 상호작용을 촬영한 뒤, 그 영상을 느리게 재생해 프레임 단위로 분석하며 실시간으로는 포착할 수 없는 순간순간의 상호작용들을 살펴보았다.[2] 우리가 예상한 것은 건강한 엄마-아기 쌍들이 완벽하게 조화를 이루는 모습이었다. 서로의 눈을 바라보고, 같은 순간 서로에게서 시선을 돌리며, 같은 순간 서로에게 손을 뻗는, 전반적으로 모든 동작이 일치하는 모습 말이다. 관계의 작동 방식에 관한 기존 관념에 젖어 있던 우리는 단절을 보여주거나 깔끔한 상호작용 패턴과 맞지 않는 모든 데이터는 무의미한 것으로 치부한 채, 연결의 순간만을 담은 깔끔한 그래프를 그려나갔다. 그러나 몇 달 동안 연구를 진행한 뒤 우리는 실제로 드러나는 패턴을 더 이상 부인할 수 없었다. 건강한 일반 부모-아기 쌍이 상호작용의 불일치를 보이는 시간은 비율로 치면 평균 70퍼센트에 이르렀다. 단절은 상호작용에서 피할 수 없는 부분이다.

높은 의자에 앉힌 한 아기의 영상을 예로 들어보자. 아기는 제 몸에 묶인 띠에 시선을 둔 채 손가락을 빨며 위안을 찾고 있다. 엄마가 아기의 주의를 끌려고 하자 아기는 엄마를 피한다. 그러자 엄마가 아기의 손을 입에서 빼주고 살짝 뒤로 물러난다. 둘의 눈이 마주치고 둘 다 미소를 짓는다. 엄마가 더 가까이 다가가자 아기는 다시 고개를 돌린다. 새로운 춤이 시작된다.

대부분의 관계가 70퍼센트의 시간 동안 불일치를 보인다는 것이 정말일까? 우리는 이 사실을 거듭해서 확인했다. 이후 발달심리학 분야에서 70 대 30이라는 비율은 아주 유명해졌고, 어떤 임상심리학자들은 출처조차 모르는 채 그 비율을 언급한다. 이는 인생 최초의 사랑 관계에 대한 우리의 세밀한 관찰에서 나온 수치다. 처음에 우리는 일치를 예상했기에 불일치를 문제라고 보았지만, 사실은 불일치가 표준이었다. 촬영한 영상들을 분석하면서 알게된바, 이 실험에서 가장 중요한 부분은 불일치가 아니라 복구였다.

사건의 핵심은 복구다

우리는 복구가 인간 상호작용의 핵심임을 깨달았다. 복구는 기쁨과 신뢰, 안전감, '나는 문제를 극복할 수 있다'라는 암묵적 인식으로 이어진다. 나아가 복구는 아주 중요한 삶의 교훈을 준다. 불일치에서 생겨난 부정적인 감정은 이후 두 사람이 다시 일치에 이르게 되면 긍정적 감정으로 바뀔 수 있다는 교훈이다. 부정적인 감정 상태에 계속 붙들려 있을 필요는 없다. 그리고 부정적 상태를 바꿀 수 있다는 (혹은 바꿀 수 없다는) 믿음은 아기가 삶의 초기에 나눈 상호작용에서 결정된다.

일련의 무표정 실험에서 벌어지는 일들을 더 분명히 이해하기 위해, 우리는 일반적인 상호작용에 대한 관찰 내용을 참고했다.[3] 먼저 부모-아기 쌍이 손뼉 치기나 숫자 세기처럼 전형적인 놀이에 자연스럽게 참여하는 모습을 관찰했다. 나중에 확인해보니, 무표정 실험 환경에 놓였을 때 아기들은 이런 놀이에서 불일치-복구 과정을 겪으며 배운 전략들을 사용하여 엄마에게 신호를 보내고 있었다. 스트레스 상황에 직면하자 그동안 양육자와 일상적으로 이어온 상호작용 방식을 적용한 것이다. 아직 언어능력이나 의식적 사고 능력이 갖춰지지 않았음에도, 아기들은 순간순간 나눠온 수많은 상호작용을 참고하여 양육자가 낯선 행동을 보일 때 스트레스에 스스로 대처할 줄 알았다.

우리는 불일치와 복구가 인간종이 사회적 존재로 발달하는 과정에 기본이 되는 자연적이며 반복적인 경험임을 이해하게 되었다. 최초의 사랑 관계에서 서로 일치하는 시간이 겨우 30퍼센트에 불과하다니 이 얼마나 다행한 일인가! 이는 인간관계에서 완벽한 조화를 추구해온 많은 이들의 부담감을 덜어줄 것이다. 복구할 기회만 있다면, 상호작용 중 70퍼센트 정도의 불일치는 지극히 전형적인 현상일 뿐 아니라 긍정적이고 건강한 발달과 관계에도 유익한 일인 것이다. 서로를 신뢰하는 법을 배우기 위해서는 자연스러운 혼란의 과정을 거칠 필요가 있다는 의미다.

우리가 비디오 영상 분석에서 관찰한 대부분의 상호작용은 불일치가 일어났다가 그 직후 이어진 상호작용에 의해 복구되어 일치 상태로 나아갔다. 다시 말해 전형적인 아기와 양육자는 불일치 상태를 끊임없이 맞닥뜨리며, 그 상태에서 복구 과정이 시작된다고 할 수 있다. 하나하나의 복구는 작은 일, 아주 사소한 일일지 모르지만, 무수히 많은 상호작용의 순간순간 수없이 일어나는 일이기도 하다.

최초의 무표정 실험 이후 우리가 수십 년 동안 이어온 연구의 핵심 교훈은 불일치에서 복구로 나아가는 이 과정이 피할 수 없는 요소일 뿐 아니라, 관계가 정체되거나 무너지지 않고 긍정적인 방향으로 발전하기 위해 필수적이라는 것이다. 제니퍼가 크레이그와 함께하며 깨닫게 되었듯이, 우리는 문제 상황을 허용해야 한다. 복구를 경험하기 위해서는 불일치가 필요하다.

불일치, 복구, 의미 만들기

크레이그는 유년기 내내 가족 안에서 무수한 불일치와 복구의 과정을 거치며 희망의 핵심 감각을 키울 수 있었다. 제롬 브루너의 용어를 빌리면, 크레이그는 세계가 희망적인 곳이라는 "의미를 만든 셈"이다.[4] 그와 달리 제니퍼는 복구 경험이 극히 적었기에, 세상 속 자신에 대한 의미를 그다지 희망적이지 못한 형태로 구축했다. 제니퍼가 관계에 접근하는 방식의 특징은 방어적인 신중함이었다.

이런 차이들은 삶의 초기 몇 달 안에 생겨난다. 앞서 살펴본 무표정 실험에서 우리는 아기가 엄마의 관심을 끌기 위해 다양한 전략을 구사하는 것을 보았다. 아기의 그런 행동은 불일치와 복구가 일어나는 맥락을 반영한다. 이를 통해 아기는 자기가 어떤 행위를 함으로써 세상을 개선할 수 있다는 사실을 배운다. 생후 11개월에 불과한 아기가 크레이그처럼 자신의 세상이 희망적인 곳이라는 의미를 만들어내는 것이다.

반대로 불일치-복구 과정을 제대로 이어가지 못하는 부모-아기 쌍에서는 그렇게 견고한 반응을 볼 수 없다.[5] 이 부모들과 아기들은 서로 다른 의미를 만든다. 자신의 괴로움에 침잠한 엄마들은 불가피한 불일치가 일어났을 때 이를 바로잡으려는 노력을 다른 엄마들만큼 하지 않는다. 또 어떤 엄마들은 불안한 상태를 견디지 못해 불일치가 발생할 여지를 좀처럼 허용하지 않는다. 일치 반응을 강요하는 엄마들도 있다. 예컨대 아기가 손을 밀쳐내거나 불편하다는 신호를 보내는데도 끊임없이 아기의 몸을 만지려 하는 것이다. 복구 기회를 가져보지 못한 아기들은 불일치 상황에 맞닥뜨렸을 때 다시 연결하고 벌어진 틈을 메우려는 노력을 다른 아기들만큼 하지 않았다.

이런 아기들처럼 제니퍼 역시 자라면서 복구할 기회를 가지지 못해 힘들어했다. 인간관계에서 필연적으로 생기는 균열들을 처리할 전략을 만들어내는 대신, 부모가 갑자기 사라져버린 듯한 몹시 괴로운 경험을 하며 자신을 보호하는 방법을 배운 것이다. 제니퍼는 자기 방에서 혼자 시간을 보내며 숙제나 독서에 몰두했다. 학업성적이 늘 뛰어났고 지성을 사용해 평정을 유지했지만, 감정적인 면에서는 방어적이고 폐쇄적인 사람이 될 수밖에 없었다.

처음에 제니퍼는 크레이그와도 이런 행동 패턴을 반복했다. 그러나 크레이그는 제니퍼의 부모와 상호작용 방식이 매우 다른 파트너였다. 제니퍼는 크레이그가 자기 가족과 상호작용하는 방식을 관찰하며 그가 불화에 그리 혼란스러워하지 않는다는 것을 알게 되었다. 제니퍼가 곧잘 후퇴하는 모습을 보여도 그는 의연하게 받아들였고 결코 여자 친구를 비난하는 법이 없었다. 그렇게 제니퍼는 크레이그에 대한 신뢰를 충분히 쌓을 수 있었고, 그 결과 분노가 참을 수 없는 지경까지 차올랐을 때 자신을 완전히 닫아거는 대신 뒤죽박죽이 된 내면을 내보일 수 있었다.

엉망이 된 음식들은 그들이 관계 속에서 불일치와 복구를 의식적으로 맞아들이게 되었음을 상징한다. 사랑에 따라붙기 마련인 자연스러운 혼란과 난관을 무사히 헤쳐나가면서 제니퍼는 관계를 꾸리는 다른 방식을 찾았다. 세상은 안전하고 희망적인 곳이라는 새로운 의미를 만들어낸 것이다. 제니퍼는 이제 크레이그와 말다툼을 해도 괜찮고 다툼이 끝나면 크레이그와 더욱 가까워져 있으리라는 것을 알았다. 제니퍼만큼 관계에 대해 불안한 의미들을 품고 있지는 않았지만 크레이그도 더 성장할 여지는 남아 있었다. 제니퍼의 성향과 그 근원을 이해한 그는 자신의 산만한 행동에 주의를 기울이는 한편 제니퍼와 함께할 때는 더욱 일관성 있는 태도를 지니려 노력했다. 가족이라는 안전한 울타리 너머의 인간관계가 항상 그리 간단하지만은 않다는 것을 제니퍼를 통해 알게 된 것이다. 이렇게 크레이그는 더 세심히 주의를 기울일 줄 아는 사람이 되었다.

'의미 만들기'는 무엇인가?

의미를 만든다는 것은 무엇을 의미할까? 이해하다 또는 뜻을 파악하다 같은 표현을 사용해 그 개념을 담아낼 수도 있겠지만, 이렇게 표현하면 언어를 통한 의식적 사고로 비칠 수 있다. '의미 만들기' 개념을 처음 설명했던 제롬 브루너는 인지과학자였고, 그런 만큼 이를 기본적으로 언어기호와 인지의 관점에서 바라보았다. 무표정 연구가 밝힌 바에 따르면 사람은 의미를 언어로 표현하는 능력을 갖기 훨씬 전에도 의미를 만들어낸다. 사람은 감각계, 유전자, 자율신경계, 운동계 등 다양한 심리적 경험과 생리적 경험 수준에서 의미를 만든다. 지각하기, 사고하기, 손 뻗기, 바라보기, 냄새 맡기까지, 다층적인 수준의 느낌들을 가지고 세계 속 자신에 대한 감각을 정교하게 만들어간다. 사람들이 타인과의 관계에 투입하는 정보는 감각과 움직임, 인간만이 처리할 수 있는 감정적 경험의 여러 층으로 이루어져 있다.

정신분석가이자 유아 연구의 선구자로 우리의 연구에 큰 영향을 미친 또 한 사람인 루이스 샌더[6]는 열린 공간이라는 개념을 도입했다.[7] 이는 아기와 양육자 사이에 존재하는, 아기의 자기 감각이 생겨나는 곳이자 성장의 가능성으로 가득 채워진 비유적 공간이다. 아기들 각자의 고유한 자아는 그 공간 속에서 1차 양육자들과 상호작용을 나누는 가운데 발달한다. 순간순간 사람들을 상대하며 다른 이의 동기와 의도를 오해했다가 재평가하는 경험을 통해 세계 속 자신에 대한 의미를 만들어가는 것이다.

무표정 실험은 아기들이 자신의 세상에 영향을 미치는 능력, 환경과 상호작용할 수 있는 기술을 선천적으로 지니고 태어난다는 사실을 극적으로 증명한다. 엄마의 낯선 무표정 앞에서 아기는 엄마를 다시 끌어들이기 위해 여러 전략을 사용한다. 무표정 패러다임은 자기 경험의 의미를 만들어내는 아기들의 능력에 어려운 도전을 던지는 실험적 상황이다. 만약 아기들이 말을 할 수 있다면, 상호작용에 응하지 않는 엄마를 보며 "이 상황은 말도 안 돼"라고 할 것이다. 연구에 따라 차이는 있지만, 6분간의 실험 중 무표정을 보이는 시간의 길이는 평균 2분이다. 당신의 주목을 끌고자 하는 친구나 가족을 2분 동안 무표정한 얼굴로 응시해보라. 2분이 영원처럼 길게 느껴질 것이다! 우리 실험이 의도한 것은 이러한 유예로 아기의 반응을 심화하고, 이를 아기의 의미 만들기 과정을 관찰할 기회로 삼는 것이었다.

불일치에서 복구로의 이행을 성공적으로 경험해본 아기는 무표정 실험의 스트레스에 직면할 때 다양한 전략을 사용하여 스트레스를 처리하려 한다. 손가락으로 무엇을 가리키거나 날카로운 소리를 내는 등 다양한 행동으로 다시 연결을 맺으려 시도한다. 이때 아기는 행위 주체성, 즉 자신이 스스로 인생을 통제할 수 있으며 자기 세계에 실제적으로 영향을 주는 힘을 가지고 있다는 의식을 드러내는 셈이다. 만약 아기가 이 경험을 언어로 표현할 수 있다면 이렇게 말할 것이다. "엄마가 왜 나를 모르는 척하는지 모르겠지만 내가 계속 시도하면 엄마의 주의를 끌 수 있다는 걸 난 알아." 착오에서 재연결로 이어지는 수많은 순간을 경험한 아기는 무력감을 느끼는 대신 세계와 희망적으로 상호작용하는 방식을 습득한다. 낙관적 기대를 갖게 하는 구체적인 의미, 자신에게 (5장에서 더 자세히 이야기하게 될 개념인) 회복 탄력성의 감각을 부여하는 의미를 그동안의 경험으로부터 만들어낸다. 이와 대조적으로 불일치를 복구한 경험이 별로 없는 아기는 "엄마는 나를 사랑하지 않아" 또는 "난 엄마를 신뢰할 수 없어" 또는 "나는 무력해" 같은 부정적인 의미를 만들어내게 된다.(이에 대해서는 8장에서 더 깊이 살펴본다.)

상호작용에서의 대처 패턴과 의미 만들기 패턴은 시간이 흘러도 큰 변화 없이 유지되는 것으로 드러났다. 우리는 쉰두 쌍의 아기와 엄마를 대상으로 열흘 간격으로 총 두 차례 무표정 실험을 실시했고, 아기들이 엄마를 끌어들이고 자신을 위로하기 위해 두 번 모두 똑같은 전략을 사용하는 것을 목격했다.[8] 불일치에서 복구로 나아가는 기회를 갖지 못했던 아기들은 슬픔, 위축, 이탈의 감정과 일맥상통하는 행동을 보였다. 스스로 평정을 유지하는 것이 어려운 듯 불안정한 동작을 하거나 축 늘어져 움직이지 않았다. 둘 다 아기가 막막함과 무력함을 느끼고 있음을 보여주는 반응이었다.

무표정 패러다임을 우울증에 시달리는 부모 연구에 적용해본 후, 우리는 최초의 무표정 실험에서 발견한 사실에 대해 더욱 깊은 통찰을 얻었다.[9] 먼저 우리는 실험 참가 신청자들에게 우울증 증상에 대해 설문하고, 거기서 높은 점수가 나온 이들을 면담해 임상적 우울증인지 판단했다. 그런 다음 우울증으로 확인된 엄마-아기 쌍의 영상과 우울증이 없는 엄마-아기 쌍의 영상을 분석하여 일치(아기와 엄마가 동시에 서로를 응시하거나 서로에게 미소 짓는 등 같은 행동을 하는 모습)와 불일치(아기는 엄마를 보며 미소 짓는데 엄마는 슬픈 표정을 짓고 있는 등 아기와 엄마가 서로 다른 행동을 하는 모습)를 관찰했다. 엄마와 아기 쌍이 불일치를 바로잡아 일치로 나아가는 데 걸리는 평균 시간을 계산해보니, 엄마가 우울증인 경우 불일치가 더 많을 뿐 아니라 불일치를 바로잡는 데 걸리는 시간도 훨씬 길다는 것을 알게 되었다. 또한 바로잡는 데 걸리는 시간이 길수록 아기의 (침에서 측정한) 스트레스 호르몬인 코르티솔 수치도 높았다.

우울증을 앓는 엄마의 아기들은 내향성을 띠었고, 위안을 구할 때 자기 자신에게 의지하거나 사람이 아닌 물건을 찾았다. 이러한 관계 패턴은 아기가 세상에서 살아가는 방식에 일찌감치 녹아들고, 이후 성장하고 발달함에 따라 새로운 관계들에서도 계속 이어진다.

그러나 성인들에게 이 실험 결과가 말해주는 가장 중요한 점은, 초기의 관계 패턴이 고정된 것도 영원한 것도 아니라는 사실이다.(이에 대해서는 9장과 10장에서 더 자세히 살펴볼 것이다.) 우리는 자녀, 배우자, 친구, 교사, 치료사를 비롯하여 삶에서 만나는 다양한 사람들과 복잡한 상호작용을 나누며 생기는 문제들에 대처함으로써 평생에 걸쳐 계속 변화하고 성장할 수 있다. 생애 초기 양육자들과의 관계에서 복구 기회를 충분히 누리지 못했더라도 그들이 여전히 곁에 있고 변화에 열려 있다면, 혹은 다른 새로운 파트너를 통해서라도 새로운 불일치와 복구의 순간들을 함께해나가며 과거의 상처를 치유할 수 있다.

문제 있는 관계 패턴에 반복적으로 빠지는 사람, 불안이나 절망의 의미를 품고 있는 사람이라면 자기에게는 환경을 바꿀 힘이 없다고 느낄 수도 있다. 그러나 가까운 사람들과의 불일치에서 복구로 나아가는 과정을 반복하면 희망도 행위 주체성도 서서히 스며드는 법이다.

태어나면서부터 시작된다

의미 만들기는 생애 최초의 순간부터 시작된다. 모유 수유라는 초기의 교류를 예로 들어 먼저 새내기 엄마 아디티의 관점에서 이를 살펴보고 이어 갓 태어난 딸 타니샤의 관점에서 생각해보자. 이 모든 상호작용은 몇 시간이나 몇 분이 아니라 불과 몇 초 사이에 일어나며, 그 짧은 순간이 이어져 한 사람의 자기 감각을 구축한다.

아디티는 흥분과 두려움 속에서 타니샤가 태어날 날을 기다려왔다. 타니샤는 첫아이였고, 양육 경험이 없는 아디티는 자신이 잘해낼 수 있을지 자신이 없었다. 출산하고 몇 시간이 지난 뒤 아디티는 소리를 지르며 울어대는 아기에게 젖을 물리려 했다. 그러나 아기의 팔이 가로막는 바람에 젖을 물릴 수 없었고, 아기는 점점 더 세게 버둥거렸다. 아디티가 부드럽게 속삭이며 타니샤를 담요로 꼭꼭 감싸주자 곧 경직되어 있던 타니샤의 몸에서 긴장이 풀리는 게 느껴졌고, 쉴 새 없이 계속되던 울음도 서서히 잦아들더니 마침내 완전히 멎었다. 타니샤는 잠들었다가 다시 깨어나서는 힘차게 엄마 젖을 빨았는데, 그 순간 아디티는 그때껏 잡히지 않던 평온을 경험할 수 있었다. 아디티가 이 경험으로 만들어낸 의미를 말로 표현한다면 아마 이런 것이리라. "나는 할 수 있어. 난 내 아기를 알아."

이제 같은 장면을 타니샤의 관점에서 생각해보자. 타니샤의 작은 몸이 꿈틀거린다. 비명을 지르듯 울어대는 동안 팔은 머리 위로 넘어간다. 무언가가 입안에 들어오지만, 그걸 어떻게 해야 할지 알 수 없다. 그러다 부드럽고 상냥한 속삭임이 들리고 따뜻한 담요가 몸을 감싼다. 가빴던 호흡이 느려진다. 이제 타니샤는 버둥거림을 멈추고 두 팔을 가슴 위에 올릴 수 있다. 아직 미성숙한 신경계를 안정시킬 수 있는 도움이 필요했는데, 그 필요가 채워지자 몸의 긴장이 풀리며 곧 잠에 빠져든다. 짤막하게 낮잠을 자고 나니 몸이 안정을 찾고 회복된 느낌이다. 엄마가 타니샤를 다시 가슴으로 안아 올리자 타니샤는 보채지 않고 젖을 문다. 이때 타니샤가 만든 의미는 이러할 것이다. "나는 안전해. 나는 온전해."

함께 상황을 해결한 이 첫 순간에 타니샤와 아디티는 사랑에 빠져들었다. 아디티는 아기가 피곤하며 신경계에 스트레스를 받고 있음을 알아차렸다. 타니샤가 차분함을 되찾으려면 엄마의 도움이 필요했고, 기운을 회복하기 위해 낮잠도 자야 했다. 스트레스를 가라앉히고 낮잠을 자고 나면 먹을 준비가 될 터였다. 이 과정이 저절로 풀리게끔 시간을 둔 일이 타니샤에게는 말 그대로 배를 채워주었고, 아디티에게는 엄마라는 새로운 정체성의 자양분이 되어 자신감과 자기 효능감을 키워주었다. 불일치에서 복구로 나아간 이 작은 사건이 타니샤와 아디티 모두에게 일종의 양식이 되어준 셈이다.

두 사람이 함께한 경험은 루이스 샌더가 만든 '만남의 순간'이라는 용어의 좋은 사례다.[10] 샌더는 1977년에 이렇게 썼다. "초기 유아기에 관한 현재의 연구는, 일반적으로 인간의 삶이 그 시초부터 고도로 조직화된 관계 체계의 맥락 속에서 시작된다는 예상 밖의 증거를 제시한다. 이 관계 체계는 활기 있고 능동적으로 자기를 조절하고 고도로 복잡하며 삶을 살아가는 (또한 적응하는) 두 구성원, 말하자면 이미 각자 작동하고 있는 개별적 구성 요소들인 아기와 양육자를 연결한다." 샌더는 신생아 시기를 가리켜 아기와 양육자가 개별적이며 고유한 두 개인으로서 서로를 알아가는 시기라고 말했다. 타니샤와 아디티가 최초의 불일치 순간들을 함께 해결했을 때도 그 만남의 순간이 준 기쁨은 두 사람 모두에게 자양분이 되었다.

불일치를 거쳐 복구로 나아가는 일은 난관에 부딪혔을 때 하는 그 어떤 행동이나 말보다 중요하다. 그리고 여기서 핵심은 과정이다.

통합 이론

부모-아기 상호작용의 매 순간을 분석하면서 우리는 이 최초의 사랑 관계를 특징짓는 것이 동시성이 아니라 착오라는 것을 거듭 확인했고, "이 착오는 어떤 목적에 기여하는가?"라는 의문을 품게 되었다. 그러다 물리학부터 심리학에 이르기까지 다양한 학문에 폭넓게 적용할 수 있는 한 과학 이론에서 그 답을 발견했다.

개방형 동적 시스템 이론은 인간을 포함한 모든 생물계

가 정보를 통합해 점점 더 일관되면서도 복잡한 상태를 만들어감으로써 기능하는 현상을 설명한다.[11] 복잡성을 얻지 못하는 시스템은 에너지를 잃고 성장하지 못한다. 추수감사절 만찬에서 완고한 정치적 관점을 고집하며 다른 가족의 의견을 모두 차단해버리는 큰아버지를 예로 들 수 있다. 결국 정보를 얻는 데 성공하는 시스템만이 성장한다. 가령 서로 시간을 들여 상대의 이야기를 경청하고 각자의 동기와 의도에 귀를 기울이며 서로의 차이점을 해결해가는 과정에서 새로운 이해와 통찰을 얻은 사촌 수와 피트처럼 말이다. 새로운 정보를 얻음으로써 생긴 에너지는 성장과 도전의 연료가 된다.

이 개념은 인간관계뿐 아니라 생명의 기원에도 적용된다. 저명한 물리학자 스티븐 호킹은 『쉽게 풀어 쓴 시간의 역사』에서 지구상의 생명이 착오를 재료 삼아 진화를 이루어온 방식을 설명한다.[12] 태초에 지구의 대기에는 산소가 없었고, 따라서 생명이 존재할 수 없었다. 바다에서 원자들이 우연히 결합해 고분자라는 복잡한 구조를 이룸으로써 원시 생명체가 등장한 것이다. 번식의 착오가 새로운 구조물들의 탄생으로 이어진 방식을 호킹은 이렇게 이야기한다.

> 하지만 몇 가지 착오로 인해 번식에 더 뛰어난 새로운 고분자들이 생겨났다. 새 고분자들은 원래의 고분자들을 대체할

만한 더 유리한 특성을 지니고 있었을 것이다. 이렇게 시작된 진화 과정에서 점점 더 복잡하고 자기 복제가 가능한 유기체들이 생성되었다. 최초의 원시 생명체는 황화수소를 비롯한 다양한 물질을 소비하면서 산소를 방출했고, 그 결과 점차 변화한 대기 구성 덕분에 어류와 파충류, 포유류, 마침내 인류까지 더 고도의 생물 종들이 생겨날 수 있었다.

호킹의 생명 기원 모델 속 고분자는 개방형 동적 시스템의 한 예다. 이 고분자들은 시간에 따라 각종 착오들이 쌓여가며 산소를 생산하는 방식으로 조직되었다. 사람들도 그 옛날 고분자들과 유사하게 서로 부딪치면서 자신들의 상호작용 과정에 선천적으로 내재한 착오들을 통해 세상 속 자기 존재와 관련해 점점 더 복잡한 감각을 만들어간다.

새로운 정보는 단순히 흡수되는 것이 아니다. 여기서도 고분자가 좋은 예를 제공한다. 고분자는 그냥 분열하지 않는다. 서로 충돌하고 붕괴되고 새로운 조합으로 재조직된다. 새로운 정보도 사람들을 혼란에 빠뜨림으로써 세상 속 자신에 대한 과거의 감각을 재편성하지 않을 수 없게 만든다. 무질서로부터 새롭고 다른 의미가 만들어지는 것이다.

사람들은 이런 재편성 과정을 타인—어릴 때는 양육자, 나이가 들어서는 친구, 동료, 파트너—과 더불어 경험하면서 함께 지내는 새로운 방식, 서로를 인식하는 새로운 방식을 만들어낸다. 무질서와 불일치를 허용하지 않는다면 성장과 변화를 이룰 수 없으며 타인들을 깊이 알아가지도 못한다.

사람들이 상호작용하는 가운데 생겨나는 불일치와 복구 과정은 발달을 위한 에너지를, 말하자면 열량을 생산한다. 이 혼란스러운 쌍방향 과정을 통해 우리가 타인들과 우리 자신에 관해 얻는 정보가 우리의 마음을 성장시킬 영양분인 것이다.

물리학에 적용할 때 개방형 동적 시스템 이론은 '차갑다.' 그러나 인간의 경험은 감정에 의해 추동되는 것이므로 '뜨겁다.' 따라서 개방형 동적 시스템 이론을 사람들에게 적용하면 불일치가 주는 실망과 상실의 감각 이후 재연결이 주는 깊은 기쁨과 온전함의 감각이 뒤따르게 되며, 이 깊은 기쁨은 성장과 발달을 추진하는 연료로 작용한다.

제대로 기능하지 않는 관계의 상호작용 패턴은 폐쇄형 시스템이라 할 수 있다. 사람들은 폐쇄형 시스템의 경직성에 의지해 안전함의 환상을 안겨주는 익숙한 수준의 복잡성과 일관성을 고수한다. 관계의 혼란 속으로 뛰어드는 것이 위험하다고 느끼는 이들은 결국 성장과 변화에 도움이 안 되는 고정된 상호작용 패턴을 유지할 수밖에 없다.(안전함의 감각을 얻는 방법에 대해서는 이후 다시 알아볼 것이다.) 제니퍼와 크레이그가 깨달았듯이 경직된 패턴은 서로 단절된 상태에서 벗어나지 못하게 만들지만 불화를 향해 자신을 열어두면 새로운 에너지의 원천을 얻게 된다.

유전자의 의미 만들기

수십억 년 전, 불일치와 복구 과정은 지구에 생명을 창조해냈다. 진화적 변화에 관한 다윈의 이론은 살아 있는 유기체의 DNA 염기쌍에 나타난 돌연변이, 즉 착오가 어떻게 개별적 변이로 이어지는지 설명한다. 호킹이 말한 고분자처럼 어떤 변이들은 번식하고 번성하여 각자의 구체적 환경에 맞추어 적응한 놀랍도록 다양한 종을 만들어낸다. 이 불일치-복구 과정은 수백만 년에 걸쳐 일어난다.

그런데 우리가 살아가는 도중에도 유전자의 기능이 변화할 수 있다는 것이 밝혀졌다. 후성유전학이라는 폭발적으로 발달한 신생 연구 분야는 유전자가 운명이 아니라고 가르치면서 본성 대 양육 논쟁에 새로운 견해를 더했다. 유전자란 DNA의 뉴클레오타이드들이 특수한 순서로 배열된 것이다. DNA 자체는 변화하지 않지만 유전자는 환경에 반응해 켜지거나 꺼진다. 보통 분자 하나(대체로 메틸기)가 뉴클레오타이드에 달라붙어 그 유전자가 발현되는 방식을 바꾸는데, 이 과정을 메틸화라고 한다. 예를 들어 어느 특정 유전자는 스트레스 환경에서 발현되어 우울증을 유발하지만 적응에 유리한 환경에서는 발현되지 않아 우울증을 유발하지 않는다.[13]

생물 시간에 배우는 대로 사실 유전자가 만들어내는 건 '의미'가 아니라 단백질이며, 우리가 환경에 반응하는 방식을 결정하는 것도 단백질이다. 단백질에 일어난 변화가 영양소를 대사하는 방식, 스트레스에 반응하는 방식 등에 영향을 미친다. 예를 들어 유전자들이 코르티솔을 너무 많이 만들기 시작하면 우리 몸과 뇌는 그 변화를 불안으로 경험할 수 있다. 다음의 이야기를 통해 유전자에서 의미 만들기가 일어나는 과정을 살펴보자.

'1944년 네덜란드 겨울 기근'으로 알려진 시기에 네덜란드의 철도 노동자들은 나치 군대의 수송을 멈추고자 파업했고, 나치는 그 보복으로 네덜란드로 가는 식량 공급로를 차단했다.[14] 1945년 전쟁이 끝날 때까지 2만 명 넘는 이들이 기아로 사망했다. 이 기근기에 임신하여 출산할 때까지 살아남은 산모에게서 태어난 아이들을 연구했는데, 여기서 유전에 관한 흥미로운 사실이 드러났다.

연구자들은 수십 년에 걸쳐 대규모의 연구를 이어가며 이 아이들을 면밀히 관찰했다. 성인기에 이르렀을 때 이들의 체중은 평균보다 몇 킬로그램 더 나갔다. 중년에는 트라이글리세라이드 및 콜레스테롤 수치와 비만율이 더 높았고, 당뇨병 같은 대사질환 비율도 마찬가지였다. 18세에서 63세까지 남성을 대상으로 한 장기 추적 연구 결과, 기근기 동안 자궁 안에 있었던 이들은 그렇지 않은 이들에 비해 사망률도 10퍼센트 더 높았다.[15]

네덜란드 기근 기간은 분명한 시작과 끝이 있었고, 따라서 이는 의도와 상관없이 일종의 유전학 실험이 되었다. 자궁 안에서 특정 유전자가 기근 환경에 적응하여 변화 발현하는 후성유전적 과정이 일어난 것이다. 이는 낭성섬유증이나 근육퇴행위축 같은 유전질환을 일으키는 유전자 염기 서열의 변화라기보다 유전자의 발현, 즉 유전자 프로그래밍에 생긴 변화다.

PIM3라는 특정 유전자는 대사에서 한 가지 역할을 담당하는 단백질을 만들어 몸의 연료를 태우는 일에 관여한다. PIM3 유전자는 상황에 따라 자궁 내 적응 과정에서 꺼지기도 한다. 영양분이 심각하게 부족하면 이 환경에 반응하여 태아의 대사 속도를 떨어뜨리는 것이다. 말하자면 태아가 미래에 식량이 부족하리라고 '예상'하는 셈이다. 전쟁이 끝나고 식량이 풍부해지자 이들은 느린 대사 속도 때문에 같은 가정에서 성장한 다른 형제자매들에 비해 체중이 더 많이 나가게 되었다. 이들의 몸은 풍요한 환경에서도 여전히 기근을 예상했지만, 자궁 안에 있을 때 기근기를 겪지 않은 아이들은 이런 유전적 변화를 겪지 않았기에 대사 문제나 비만이 생기지 않았다.

네덜란드 기근 당시 아기들이 있던 자궁 내 환경과 그들이 태어난 세계 사이에는 불일치가 있었다. 후성유전 연구는 유전자 발현에 미친 환경적 영향들이 이후 세대들의 유전자에도 대물림될 수 있다는 것도 보여준다.

후성유전에서 발견한 희망

살면서 경험하는 일이 유전자에 새겨지고 조상의 경험을 우리가 떠안게 된다면 어떨까? 과거 세대가 트라우마를 경험한 경우라면 이런 이야기가 썩 달갑지 않을 것이다. 그러나 찬찬히 생각해보면 후성유전학의 교훈은 희망적인 것임을 알 수 있다. 유전자 발현이 특정 환경에 적응하도록 변화했다는 것은, 시간이 흐름에 따라 또 다른 환경에 적응하도록 변화할 수도 있다는 뜻이기 때문이다.

어린 자녀가 자주 성질을 부리거나 여러 방식으로 문제를 일으키는 경우, 그 아이가 앞으로도 계속 까탈스러운 사람으로 자라거나 '빌리 삼촌처럼'• 각종 정신건강 문제에 시달리게 될까 봐 두려워하는 부모들을 우리는 많이 보았다. 자녀는 어머니와 아버지에게 유전적 재료를 절반씩 물려받으며, 유전자는 세대에서 세대로 전달된다. 그러나 후성유전학 연구가 우리에게 가르쳐주는 것은, 아이가 빌리 삼촌과 똑같은 유전자를 가지고 있다 해도 그 유전자가 아이의 행동과 발달에 미치는 영향은 아이가 성장하는 환경에 따라 달라진다는 사실이다. 마운트 시나이 아이칸의학대학원의 레이철 예후다는 환경이 유전자에 미치는 영향이 세대 간에 어떻게 전달되는지 밝혀내기 위해 홀로코스트 생존자들의 자녀와 손자 세대를 연구했다.[16] 그중 홀로코스트 생존자의 성인 자녀 한 사람의 이야기를 살펴보자.

힐다와 카를은 둘 다 유년기에 아우슈비츠에 감금되어 있었다.(당시 서로 만난 적은 없다.) 전쟁이 끝난 뒤 그들은 각자 살아남은 가족들과 함께 뉴욕으로 이주했고, 그곳에서 만나 새 가정을 꾸렸다. 전쟁 당시 지속적이고 실제적으로 생존을 위협받던 힐다와 카를의 몸이 위협에 대해 만든 의미는 후성유전적 과정을 통해 그들의 스트레스 반응 방식을 바꿔놓았다. 환경에 반응하여 코르티솔을 생산하는 유전자 발현

• 1946년에 개봉한 미국 영화 〈멋진 인생〉에 나오는 사고뭉치 삼촌.

이 크게 증가한 것이다. 아우슈비츠의 환경에서는 코르티솔을 넘치게 분비하여 고도의 경계심과 흥분을 지속하는 것이 적응과 생명 유지에 유리했기 때문이다. 이러한 힐다와 카를의 후성유전적 변화, 즉 코르티솔을 생산하는 유전자의 과다 활동은 유전자를 통해 그들의 아들 에릭에게 전해졌다.

그러나 상대적으로 안전한 뉴욕시에 사는 에릭에게는 고조된 스트레스 반응을 일으킬 만큼 많은 코르티솔이 필요하지 않았다. 전쟁 트라우마에 대한 반응으로 만들어져 부모로부터 에릭에게 전해진 유전자의 후성유전적 의미는 그가 태어난 안전한 환경에 맞지 않았다. 에릭이 유전자에 내장된 의미를 바꾸기 위해서는 새로운 의미를 만들 많은 기회와 시간이 필요했다. 그의 유전자와 전후 미국의 비교적 안전한 환경 사이의 불일치를 바로잡는 데는 그런 순간들이 필수적이었다.

30대 후반에 이른 에릭은 안정된 결혼 생활, 금융계에서 일군 만족스러운 경력, 건강한 두 아들까지 어느 모로 보나 완벽한 인생을 살고 있었다. 하지만 그는 불안한 감정들과 가차없는 자기 회의에 짓눌려 괴로워했다. 자기비판이 심했고, 성공을 보여주는 외적 척도들에도 불구하고 자신을 유능하다고 느끼지 못했다. 그는 자신이 이룬 성취들에서 아무런 기쁨을 느낄 수 없었다.

그는 대부분의 자유 시간을 헬스장에서 보냈다. 자신의 몸을 더 편안하게 느낄 수 있으면 항상 들러붙어 괴롭히는 불안감의 압박도 조금은 느슨해질 것 같았기 때문이다. 그러나 마흔 번째 생일이 가까워지면서 압박감은 더욱 심해졌다. 그는 음식에 강박적인 태도를 갖게 되어 아침과 점심으로 단백질 셰이크만 먹었고, 가족이 함께하는 식사 시간에는 건강한 식습관에 대한 잔소리로 가족들의 즐거움을 망쳐놓았다.

에릭의 문제는 물려받은 유전자와 성장 경험 모두에 그 뿌리를 두고 있었다. 자기 부모는 불편한 감정에 직면하면 불안을 느끼며 즉각 그런 감정을 차단하려 한다는 것을 어려서 일찌감치 깨달은 터였다. 대학에 들어갔을 즈음에는 어머니가 어떻게 지내느냐고 물어올 때 무조건 "괜찮다"라고 대답해야 한다는 걸 잘 알고 있었다. 다르게 대답해도 어머니는 어떻게든 대화의 방향을 돌려 "그래도 너는 괜찮은 거야, 그렇지?"라고 물었고, 그러면 에릭도 마음이 약해져 "네, 엄마, 다 좋아요"라고 대답하곤 했다. 아버지는 언제나 멀리 외떨어져 있는 느낌이었다. 아버지가 전쟁 때 겪은 상실에 대해 더 깊이 알게 되면서 에릭은 아버지의 강박에 가까운 근면이 슬픈 감정을 막아내려는 노력임을 이해했다. 홀로코스트라는 주제가 떠오를 때마다 아버지는 자신의 인생이 얼마나 잘 풀렸는지 강조했고, 과거의 경험을 트라우마라는 단어와 연결 짓기를 완강히 거부했다.

운동과 식습관에 대한 에릭의 융통성 없는 태도는 가족의 생활을 참기 어려울 정도로 망치고 있었다. 아내 데보라는 에릭에게 치료사의 도움을 받아보라고 권했다. 에릭의 유년기를 규정했던 긴장과 두려움 속에서 어린 두 아들을 키우고 싶지 않았던 것이다. 에릭 역시 데보라가 옳다는 것을, 뭔가 조치를 취해야 한다는 것을 알았다. 하지만 올즈 선생과의 첫 만남은 그동안 에릭이 심리치료에 대해 품어왔던 모든 예상을 뛰어넘었다.

의미에 굶주리다

올즈 선생과 첫 상담을 마친 에릭은 아주 강력한 연결감을 느꼈다. 몇 년 뒤 생각해보았을 때, 이는 그전까지 아무리 갖고 싶어도 가질 수 없었던 안전감에서 온 느낌이었다. 상담이 절반쯤 진행되었을 때, 에릭은 올즈라면 자기 내면을 휘젓는 혼란스럽고 고통스러운 감정들을 그대로 받아들이면서도 더 번지지 않도록 잘 억제해주리라는 것을 느꼈다. 그가 다소 폐쇄적인 상태를 유지하고 살아왔던 건 불화에 대한 두려움 때문이었다. 에릭과 데보라 둘 다 아이들에게 헌신적이었지만, 정작 두 사람 사이에는 거리감과 불편한 긴장이 있었다. 에릭은 아들들과 편안하게 어울리면서도, 아내와 정서적 교류를 나누는 일에는 불안을 느꼈다.

첫 상담 이후 에릭은 정신분석 심리치료에서 내담자에게 흔히 나타나는 일을 경험했다. 위니콧이 의존성의 자리라고 표현한 상태로 퇴행하는 현상이었다.[17] 이런 치료 관계에서는 부모와 유아의 관계에서 나타나는 것과 유사한 여러 역학이 펼쳐지는데, 이 새로운 종류의 관계를 통해 내담자는 해로운 관계 맺기 패턴을 파악하고 이를 바꿀 수 있게 된다.

지난 40년간 무너지지 않기 위해 혼란스럽고 버거운 감정을 모두 거부하려고 열심히 애써왔건만, 이제 갑자기 감정적 경험이 더없이 강렬하게 표면으로 떠올랐다. 일주일에 두 번 진행되는 상담 치료일을 제외한 나머지 날들에는 성인 자아로서 기능해올 수 있었는데, 올즈가 상담을 시작한 후 처음으로 휴가를 떠나자 그는 견디기 힘들 만큼 괴로웠다. 어째선지 음식을 먹는 능력마저 잃었다. 말 그대로 입안에 음식을 넣는 것이 너무 힘들어진 것이다. 증상은 올즈가 휴가에서 돌아오는 순간 바로 사라졌다가 올즈의 다음 휴가 때 다시 돌아왔다. 수년에 걸쳐 치료를 이어가는 동안 이 증상이 조금씩 잦아드는 것을 느끼며, 에릭은 그동안 자신이 의미에 대한 '굶주림'을 느끼고 있었음을 깨달았다. 친밀한 관계에서 오는 혼란을 함께 나눌 수 있는 사람이 생기자 처음으로 자신이 '영양을 공급받았다'는 느낌을 받았고, 이에 대한 감정을 미처 이해할 기회도 갖기 전에 올즈의 휴가로 영양 공급이 갑자기 끊기자 진짜 음식도 먹을 수 없게 되었던 것이다.

에릭의 부모가 겪은 과거를 생각해보면, 그들이 에릭에게 복구의 기회를 거의 주지 못했던 것도 놀라운 일은 아니다. 어머니는 어설프게 곁을 맴돌았고, 아버지는 에릭에게 전혀 관여하지 않았다. 두 사람 다 일상적인 상호작용에서 생기는 문제들에 회피로 일관했다. 그들의 세계는 고정된 세계요 부서지기 쉬운 세계였다. 그러나 올즈는 달랐다. 첫 만남 때는 정확히 표현하지 못했지만, 곧 에릭은 올즈에게 자신의 분노와 사랑, 두려움까지 모든 감정을 드러낼 수 있을 것이며 그래도 그가 계속 곁에 머물러줄 것임을 알았다. 올즈는 모든 게 다 괜찮다고 우기지 않고 그냥 자기 말에 귀를 기울여줄 사람이었다.

아마도 에릭에게 가장 중요했던 것은, 올즈가 착오를 두려워하지 않으며 오히려 기꺼이 인정하는 사람이라는 점이었을 것이다. 그런 사람이었기에 그와는 불일치에서 복구로 나아가는 일이 가능했다. 치료 초기, 서로 예약 시간을 오해한 날이 있었다. 상담실에 도착한 에릭은 문이 잠긴 것을 알고 엄청난 충격을 받았다. 참을 수 없을 정도로 두려운 감정에 압도된 채, 올즈에게 뭔가 끔찍한 일이 일어났을 것이라는 공포를 느꼈다. 무표정한 엄마의 얼굴을 맞닥뜨린 아기처럼 에릭은 자기에게 닥친 일을 이해하려 애썼다. 관계에서 마찰을 겪고 해결해본 경험이 너무 부족했던 그는 이 엄청난 불일치에 부딪혀 무너질 지경이었다. 그러나 나중에 올즈와 함께 이 혼란스러운 경험을 두고 의미를 함께 풀어내면서 두 사람의 관계는 더욱 돈독해졌으니, 돌이켜보면 그 일은 에릭이 치유로 나아가는 과정에서 결정적인 순간이었다.

그동안 에릭은 데보라와 부모뿐 아니라 모든 타인과 맺는 관계에서 불화의 순간마다 후퇴해버렸고, 이런 패턴은 그에게 피해를 입혔다. 그 자신은 인지하지 못했지만 불쾌하거나 부정적인 감정을 차단하는 것은 힘겨운 일이다. 엄격한 식단을 고수하는 습관은 하나의 증상인 동시에 적응 방식, 요컨대 흩어지지 않도록 자신을 붙들고 있기 위한 방법이었다. 그러나 친밀함을 원한다면 경계를 풀어야 한다. 올즈는 그때까지 에릭의 몸속에 살고 있었지만 그가 의식하지는 못했던 반응들을 말로 정리할 수 있는 안전한 공간을 제공했다.

에릭의 사례는 이른바 결렬된 동맹의 복구와 치유의 연관성을 보여주는 심리치료 연구 결과들에 의해서도 뒷받침

된다.[18] 정신분석가 레스턴 헤이븐스는 내담자와 치료사가 '충돌에서 살아남는 일'이 중요함을 지적하는데, 이는 스티븐 호킹이 묘사한 최초의 개방형 동적 시스템과 일맥상통한다.[19] 인간관계의 균열을 견디고 살아남는다는 개념이 우주를 생성한 '빅뱅'의 역학과도 통하는 것이다.

올즈와 5년 넘게 치료를 진행하며 에릭은 크고 작은 수많은 균열의 순간들을 버텨냈고, 그 과정에서 온전한 한 사람으로서의 자기 감각도 성장했다. 식단에 대한 강박관념도 사그라졌다. 혼란스럽게 뒤섞인 것들이 두렵지 않게 되자 더 이상 그런 규칙들이 필요 없어진 것이다. 마찬가지로 데보라와의 관계에서도 불화를 거부하거나 분노를 폭발하는 대신 균열의 순간들을 버텨낼 수 있게 됐다. 부부 사이에 친밀함이 커지자 차츰 가족 전체도 파편화된 별개의 부분들이 아니라 잘 맞춰진 하나의 전체로 느껴졌다. 올즈와의 치료를 끝마칠 무렵, 에릭에게는 불일치에서 복구로 함께 편안하게 나아갈 수 있는 친구들과 동료들의 공동체가 만들어져 있었다. 올즈와 상호작용하며 생겨난 신뢰가 다른 사람들을 향한 신뢰의 길도 열어주었고, 그렇게 그는 더 넓은 사회적 세계로 들어갈 수 있게 되었다.

에릭은 자기 부모가 지닌 한계를 편안하게 받아들이며 그들과의 관계에서도 기쁨을 재발견해나갔다. 부모의 경직성이 더 이상 두렵지 않았다. 여전히 정서적으로는 소원하지만 지적으로는 만족스러운 아버지와의 관계도 즐기기 시작했다. 또 모든 것이 "괜찮아"야 하는 어머니의 요구를 기꺼이 충족시키되, 그러면서도 자기 자신을 놓치지 않을 수 있게 되었다.

많은 이들이 그럭저럭 괜찮긴 하지만 그리 깊은 친밀감은 존재하지 않는 관계 속에서 수십 년씩 살아간다. 또는 온전한 자기 자신이 아니라는 느낌을 지닌 채 살아가는 사람도 있다.(이에 대해서는 8장에서 더 깊이 살펴볼 것이다.) 에릭이 올즈와의 다사다난했던 관계에서 경험했듯이, 자기를 잃게 되리라는 두려움 없이 혼란에 뛰어들 수 있을 만큼 충분히 안전하다는 느낌을 주는 관계를 맺을 때에야 우리는 이 차이를 인식하게 된다.

의미를 만드는 다양한 방식

무표정 실험이 제공하는 의미 만들기 패러다임은, 아기들이 상징적 사고와 언어를 담당하는 뇌 부위가 발달하기 훨씬 전부터 이미 의미를 만드는 능력을 지니고 있음을 보여준다. 네덜란드 기근 일화에서 보았듯이 뇌가 완전히 형성되지 않은 태아도 의미를 만들 수 있다.

의미 만들기는 생리, 행동, 의식적 사고 전반에 걸쳐 어디서든 일어날 수 있다.[20] "육감을 믿어라"라는 말도 이를 잘 드러내는 표현이다. 감각계, 운동계, 자율신경계(신체 기능을 조절하는 제어 시스템), 내분비계, 면역계, 유전, 심지어 우리 내장 속에 살고 있는 수조 개의 미생물로 이루어진 마이크로바이옴(미생물군 유전체)까지, 이 모든 것이 경험에 대한 의미를 만드는 과정에서 각자 역할을 담당한다. 이렇게 만들어진 의미는 단어들로 전달되는 명시적 의미들과 나란히 존재한다.

올즈가 휴가를 갔을 때 에릭이 음식을 먹지 못했던 일을 말로 표현하면 도무지 이치에 닿지 않는다. 어린 시절 먹을 것이 부족하지 않았음에도 불구하고, 그의 몸은 정서적 자양분이 결여된 상태를 기억하고 있었다. 치료를 시작하기 전 에릭이 고수했던 완고한 식생활 패턴은 올즈의 부재에 대한 그의 극단적인 반응과 동일한 뿌리에서 나왔다. 단어들을 조합해 이야기를 만드는 것으로는 에릭이 세상에서 존재하는 방식을 바꾸기에 충분하지 않았다. 부모의 전쟁 트라우마에 관한 대화는 에릭이 올즈와 함께한 시간 중 아주 작은 일부에 불과했다. 실제로 오간 말들 이상은 아니라 해도 그에 못지않게 에릭을 변하게 한 것은, 순간순간의 상호작용에서 이루어진 불일치와 복구의 경험이었다. 에릭은 육체만이 아니라 마음으로도 관계를 유지하는 새로운 방식, 혼란에 대한 두려움과 경직성이 주가 되지 않는 관계 방식을 배워야 했다.

비행기가 난기류를 만났을 때, 우리의 이성은 보통 걱정할 것 없다고 말한다. 그러나 울렁거리는 배 속, 손에 밴 끈적한 땀, 본능적으로 팔걸이를 움켜쥔 손은 다른 이야기를 한다. "난기류 때문에 사람이 죽는 일은 없어"라며 자신을 다독이지만 우리 몸은 곧 죽을 것처럼 반응한다. 비슷한 예로, 수년 전 당신을 괴롭혔던 옛 상사를 우연히 만나면 어떨까? 비록 의식은 그 불쾌한 경험을 저 멀리 치워뒀다 하더라도, 당신의 심장은 놀라서 쿵쾅거리고 손은 덜덜 떨리며 도무지 침착하게 생각하기가 어려워지지 않겠는가. 선천적으로 창의적이고 에너지가 많은 어린이에게 엄격한 학교 규율을 강요할 경우, 아이가 "이건 내가 감당할 수 있는 범위를 벗어난 일이야"라는 말을 직접적으로 떠올리지는 않을 것이다. 하지만 면역계가 그 경험을 처리하기 힘들어하면서 아이의 몸에 갑자기 습진이 확 번질지도 모른다.

언어로 표현하면 얼토당토않고 불합리하게만 보이는 두려움과 공포증은 일찍이 언어를 배우기도 전에 경험했던 감정에 그 근원이 있을 수 있다. 에릭은 어릴 적 가족과 로커웨이 해변에 놀러 갔던 일을 거의 기억하지 못했지만 늘 바다에 대한 공포, 파도에 내동댕이쳐지거나 해파리를 밟는 일에 대한 두려움이 있었다. 이런 구체적 두려움들은 유년기 초기의 표면 아래서 부글부글 끓고 있던 긴장과 불안의 표현이었다. 올즈와의 상담 치료 이후 에릭은 바다를 새롭게 사랑하게 됐다. 두 아들과 함께 물속으로 뛰어들어 신나게 웃을 수 있었고 하얗게 부서지는 파도 속에서 기쁨을 느낄 수 있었다. 시간이 흘러 새롭고 다양한 관계들을 만나면서, 그가 바다에 대해 만들었던 공포와 두려움의 의미가 기쁨의 의미로 바뀐 것이다.

실수하기

다음 장에서 우리는 완벽을 강조하는 현대 문화가 무표정 실험의 핵심 교훈과 완전히 어긋난다는 사실을 확인할 것이다. 실제로 실수는 치유와 성장의 기회를 제공한다. 최근 한 잡지 인터뷰에서 클로디아는 "성공의 비결은 무엇인가요?"라는 질문을 받았을 때 주저 없이 대답했다. "실수를 두려워하지 않는 것이죠." 성장에는 실수가 반드시 필요하다. 피할 수 없는 크고 작은 균열들은 우리를 강하게 만들고 삶을 풍성하게 한다. 실수로부터 전에는 본 적 없는 새로운 무언가가 나타나는 것이다.

지크문트 프로이트는 “우리 인간다움의 토대는 사랑과 일”이라는 유명한 말을 남겼다.[21] 왜 어떤 사람들은 자유롭게 사랑하며 만족스럽고 의미 있는 일을 해나가는 반면, 어떤 사람들은 해로운 관계에 얽매인 채 삶의 목적을 찾지 못하고 힘들어할까? 최초의 무표정 실험 이후 이어진 연구들이 그 질문에 대한 놀라운 답을 내놓았다. 부모로서, 배우자, 형제자매, 교사, 치료사, 아이디어 회의를 함께하는 회사 동료로서, 사람들 대부분은 일이 잘되려면 모든 게 순조롭게 흘러가야 한다고 생각한다. 그러나 일의 영역에서나 사랑의 영역에서나 인생이 순조롭게만 흘러가기를 기대한다면 필연적으로 말썽이 따를 수밖에 없다. 우리 연구는 최초의 사랑 관계를 꼼꼼히 관찰한 끝에 성장과 창조성이 인간의 상호작용 속에서 피할 수 없는 수많은 착오를 거치며 생겨난다는 것을 증명했다. 사람들은 순간순간의 불일치를 복구함으로써 신뢰와 친밀함을 쌓으며 자신들의 경험에 대한 의미를 함께 만들어간다. 반대로 불일치와 복구의 기회가 부족하면 불안과 불신이 싹트기 마련이다. 그럴 때 사람들은 성장하지 못하고 절망 속으로 추락할 위험에 처한다.

이러한 이해를 바탕으로, 우리는 개인이 선택할 수 있는 온갖 삶의 방식을 포함하여 모든 문화에 적용되는 성공의 정의를 제시해본다. 친밀한 관계를 맺고 삶의 의미를 발견하는 능력. 태어나면서부터 시작되는 가장 열정적인 관계에서 피할 수 없는 불일치들을 겪고 헤쳐나가는 가운데 발견하는 성공 말이다.

2장

그럭저럭 괜찮게

자녀를 기를 때든 연애를 시작할 때든 새로운 직장에서 인간관계를 맺을 때든, 살아가며 마주하는 무수한 도전의 순간 잘못된 판단을 완전히 피할 수는 없다. 우리는 허둥지둥거리고, 나중에 돌아보면 실수임을 깨닫게 될 선택과 행동을 한다. 그렇게 유아기부터 노년기까지 저마다의 불완전함을 품고 있는 인간관계에서 에너지를 얻어 불편하고 괴로운 일을 헤쳐나가며 조화와 복잡성, 창조성에 도달하려 노력한다. 성장에 필요한 에너지는 재연결이 주는 기쁨에서 생겨난다는 것이다. 이런 개념이 놀랍게 여겨질 수도 있다. 자기 자신에게나 인간관계에 완벽함을 기대하는 사람들이 많으니 말이다. 그러나 자신에게 중요한 사람들과 똑같이 맞춰나가겠다는 생각은 현실성이 없다. 완벽한 조화를 목표로 삼는 이들은 그 목표를 이루지 못할 때 깊은 실망에 빠질 수 있다.

무표정 패러다임을 사용한 어느 실험 영상은 완벽주의가 우리를 어떻게 방해하는지 보여준다.[1] 영상의 첫 장면은 엄마와 두 살 난 딸이 완벽하게 조화를 이루고 있는 모습을 보여준다. 그들은 동물 인형으로 놀이를 하면서 서로의 문장을 함께 완성한다. 마치 상대의 머릿속에 무슨 생각이 들어 있는지 아는 것만 같다. 두 사람은 완벽하게 맞춰 동시에 움직이며, 의사소통에도 전혀 어긋남이 없다. 보고만 있어도 기분이 좋아진다. 하지만 무표정 실험이 시작되자마자 아이는 완전히 무너진다. 몸짓은 버둥거리다 점점 더 극도의 흥분 상태로 치닫는다. 그간 온갖 반응을 관찰해온 실험자들에게도 너무나 불안해 보이는 모습이라 이 부분은 빨리 끝내고 넘어갔다. 하지만 엄마가 잘 반응해주는 파트너로 돌아왔을 때도, 최초의 무표정 실험 속 아기나 다른 아이들과 달리 이 아이는 평정을 되찾지 못했다. 자신을 달래려는 엄마의 노력을 거부하고 숨만 헐떡이다가 분노에 차서 엄마를 때리며 "왜 그랬어?"라고 묻는다. 이것이 어떤 실험인지 생각해보면 쉽게 답할 수 없는 난감한 질문이다. 그런데 엄마는 딸의 괴로움을 알아주기는커녕 "때리지 마"라고 말한다. 더하여 딸의 분노를 인정하지 않고 "슬펐구나, 그렇지?" 하고 묻는다.

딸의 행동에 담긴 감정은 슬픔이 분명 아니다. 마치 엄마가 딸이 어떤 감정을 느낄지 혹은 느껴야 하는지 자신의 예상을 주입하고 있는 듯하다. 아이가 전달하고자 하는 바에 귀를 기울이고 대처하기보다 자기 생각을 억지로 끼워 넣는 것이다. 엄마도 아이도 불일치를 바로잡아 복구하지 못한다.

이 모녀가 처음에 보여준 완벽한 상호작용을 고려하면, 아이가 불일치와 복구를 경험해보지 못한 탓에 엄마를 잃어버린 잠깐조차 감당하지 못하게 되었으리라 짐작할 수 있다. 세상 속 자기에 대한 아이의 감각이 막 움트다가 양육자의 일시적 부재 앞에 녹아 사라진 것이다.

전형적인 불일치-복구 과정을 경험한 아기는 "내가 상황을 바꿀 수 있어"라는 내면의 목소리를 지닌 사람으로 발달한다. 아기든 어른이든 관계에서 불일치를 거쳐 복구로 나아가는 과정을 반복적으로 경험해본 사람들에게는 앞서 정의한 행위 주체성, 즉 자신이 인생에 대한 통제권과 세상 속에서 실질적으로 행동할 힘을 갖고 있다는 의식이 생긴다. 이런 사람들은 긍정적 정서 중심으로 무장한 채 희망적 감정을 품고 새로운 상황에 다가선다. 그러나 완벽함만을 기대한다면 자신과 타인의 경계선을 맞부딪치며 좋지 않은 순간을 거쳐 좋은 순간으로 나아가는 성공을 놓치게 된다.

세 살 난 누나 아야나에게 안긴 6개월 된 아기 제러마이

아의 사진이 있다. "이게 무슨 일이람?"이라는 제목이 어울릴 법한 사진이다. 아야나는 이미 카메라를 향해 미소 짓는 사회적 관습을 명확히 파악했지만, 제러마이아의 휘둥그레진 눈은 사진을 찍히는 당장의 상황뿐 아니라 자기를 둘러싼 세상 전체에 대한 경이로움과 어리둥절함이 뒤섞인 감정을 전달한다. 그리고 여기서 20년 뒤로 재빠르게 넘어가 비슷한 자세로 포옹한 채 미소 짓고 있는 남매의 사진을 보면, 두 사람 다 성인기에 접어든 젊은이의 정체성을 세상을 향해 내보이고 있다. 이런 발달은 어떤 과정을 거쳐 일어나는 것일까? 한 명의 아기는 어떻게 세상을 배우고 그 과정에서 다른 누구도 아닌 '제러마이아'가 되는 것일까?

아기 제러마이아가 청년 제러마이아로 자라고 노인 제러마이아로 성숙해가는 것은 바로 순간순간의 불일치와 복구 과정을 통해서다. 불일치를 거쳐 복구를 이뤄내는 일은 '나'와 '너', 나와 다른 모든 사람의 경계선을 만들어가는 과정의 근본이다. 이 주제에 대해서는 위니캇의 또 다른 지혜에 기댈 수 있다. 위니캇은 아기의 자기 감각이 양육자가 설정한 경계선에 부딪히는 과정에서 생겨난다는 점을 포착했다. 보통 아이는 성장할 때 완벽한 조화를 보여주는 것이 아니라 균열과 무질서를 만들어낸다. 부모들을 위한 어느 에세이에서 위니캇은 이렇게 썼다.

보통 아이란 어떤 아이일까? 그저 먹고 자라고 사랑스럽게 미소 짓기만 하는 아이일까? 아니다. 보통 아이는 그렇지 않다. 보통 아이는, 아버지와 어머니에 대한 믿음만 있다면, 자기가 할 수 있는 모든 일을 거리낌 없이 한다. 시간이 흐르는 동안 아이는 균열을 일으키고 파괴하고 겁을 주고 마모시키고 낭비하고 속이고 빼앗는다. (…) 아이가 자신의 생각과 상상에 대한 두려움 없이 정서 발달을 이루려면, 처음에는 무조건적인 사랑과 힘(그리고 그에 따르는 포용력)의 테두리 안에서 살아야 한다.[2]

아이가 건강하게 발달하려면 크고 복잡한 감정들을 펼칠 공간을 제공받아야 한다. '나는 존재한다'라는 강건하고 긍정적인 감각을 갖게 되는 것이다. 양육자는 행동에 제한을 설정하면서도 아이의 영혼을 짓누르지 않도록 신경 씀으로써 아이에게 안전함의 감각을 전해줄 수 있다. 본질적으로 "네가 그렇게 버거운 감정을 느끼는 건 잘못된 게 아니야. 내가 계속 네 곁에 있을게. 너는 혼자 남겨지지 않을 거야"라고 말해주는 셈이다. 이 장 서두에 제시한 영상에서 보았듯 불일치를 포용하지 못하는 엄마, 아이에게 완벽하게 맞춰주려는 엄마의 욕구는 막 움트기 시작한 아이의 자기 감각에 지장을 줄 수 있다. 행위 주체성과 자기 감각은 매우 밀접하게 연결되어 있다.

불완전함은 필수적이다

친구들은 스물일곱 살 마이의 삶을 부러워했을지도 모른다. 그는 부모가 세워준 계획을 따라 훌륭한 성적을 내며 다양한 과외활동에 참여해 좋은 대학에 들어갔다. 성공한 학자인 부모는 교직을 권했고, 마이는 고분고분 그 뜻에 따랐다. 당연한 수순으로 대학원에도 진학했다. 그리고 고등학교 교사와 데이트를 시작했는데, 그의 싹싹한 태도는 마이 가족의 문화와도 잘 맞았다. 마이의 부모는 그를 두 팔 벌려 환영했고, 곧 마이는 결혼해서 가정을 꾸려야 한다는 은근한 압박을 느꼈다. 마이는 자신의 미래에 대한 다른 사람들의 기대에 단 한 번도 도전한 적이 없었다. 남자 친구와 헤어질 때까지는 말이다. 알고 보니 그는 마이의 부모에게나 완벽한 사윗감이었지 마이에게 완벽한 짝은 아니었다.

마이는 초등학교 때부터 친하게 지내온 친구의 격려를 받아 평생 처음으로, 지금처럼 겉모습만 번지르르하게 내보이며 살기보다 고통스러운 불확실성의 상태에서 위태롭게 살아보기로 했다. 슬프고 외로웠지만 그래도 침대 밖으로 나갈 정도의 희망은 있었고, 지역 체육 센터에도 등록했다. 자유로워진 주말을 이용해 어릴 때 좋아했던 수영을 다시 해보기로 마음먹은 것이다. 어느 날 우연히 만난 마스터스 수영팀 회원이 마이에게 팀에 들어오라고 권했다. 토요일 아침마다 팀 동료들과 나란히 팔을 뻗어 물을 가르며 자기 몸을 앞으로 밀고 나아가는 동안, 마이는 동작을 차분하고 체계적으로 인식하면서 육체와 온전히 하나가 되는 듯한 경험을 할 수 있었다. 동작에 실수가 있어도 계속 물을 가르며 나아갔다. 정신의학자 브루스 페리가 설명했듯이 걷기나 달리기, 수영 같은 신속한 반복 동작은 뇌와 행동과 감정을 정리하는 역할을 한다(5장 참조). 마이의 자기 감각은 움트기 시작했고 운동 후 아드레날린이 치솟는 가운데 탈의실에서 동료애를 나누며 더욱 굳건해졌다.

마이는 수영이라는 활동 자체와 수영을 매개로 한 새로운 관계에서 에너지를 얻어 직업의 기어를 바꿀 용기를 냈다. 더 깊고 더 복잡한 연결들에 대한 갈망도 솟아났다. 그는 사회복지사로 일하기로 마음먹었다. 사회복지사 교육을 받던 중 마이는 채스턴을 만났다. 순조롭지만 밋밋했던 과거의 관계에서와 달리, 채스턴과는 불화의 순간들을 피하지 않고 헤쳐나갔다. 그 결과 친밀함과 연결의 느낌이 더욱 깊어졌다.

나는 누구인가? 나는 어디에 어울릴까? 이 모든 것의 의미는 무엇인가? 이는 유년기부터 우리를 몰아가기 시작하여, 우리가 성장하고 변화하는 동안 평생에 걸쳐 여전히 의미 있게 따라붙는 질문들이다. 정신분석가 스티븐 쿠퍼는 「고상한

혼란: 에드워드 트로닉의 연구에 대한 성찰」이라는 논문에서 "사실 대부분의 시간 동안 개별적인 인격체인 성인으로서 자기 의도조차 모르는 채 살아가는 마당에, 두 인간 사이에 진정한 일치가 어떻게 이뤄질 수 있을까?"라는 지혜로운 질문을 던졌다.[3] 연결을 맺으려는 노력 속에서 우리는 다른 사람들의 경계선에 부딪혀가며 자신을 발견한다.

마이는 완벽한 겉모습으로 살았던 어린 시절부터 혼란을 몰고 온 남자 친구와의 결별에 이르기까지 그동안의 시간을 되돌아보았고, 그러자 과거의 자신이 너무나 낯설게 느껴졌다. 그사이 새로운 경험과 관계 덕분에 더욱 복잡하고 진정한 자기 감각을 세운 결과였다.

마이의 삶에 일어난 변화는 1차적으로 수영을 하고, 새로운 친구들을 만나고, 새 직업을 통해 사람들에게 도움을 주고, 채스턴과 관계를 꾸려가는 일을 통해 이루어졌다. 자신의 어린 시절 경험이 결별 뒤 겪은 마음고생에 미친 영향을 인식한 일은 그 변화에서 아주 작은 역할만 했을 뿐이다.

관계의 경험들은 그 자체로 우리 몸의 일부가 되고, 우리가 세상 속 자신에 대해 만든 의미를 바꿔놓는다. 다음 장에서 자세히 다루겠지만, 많은 이들이 다른 사람들과 노래를 부르면서 깊은 치유를 얻곤 한다. 합창단이 연습할 때는 각 파트 사이에서, 합창단 전체에서, 그리고 합창단과 지휘자 사이에서 수많은 불일치와 복구가 되풀이되기 마련이다. 음악이 지닌 복잡성을 단원들이 함께 풀어나가는 동안 일어나는 실수들은 훌륭한 공연을 만들어내기 위해 반드시 필요하다. 무질서한 상태를 거쳐 복잡하면서도 조화로운 합창을 만들어내는 힘겨운 노력은 합창단 단원들에게 기쁨을 안겨주고, 이 기쁨은 노래에 실려 청중에게도 전달된다.

애초부터 불완전하다

물리학자 스티븐 호킹은 우주에 대한 관찰과 통찰을 바탕으로 이런 깨달음을 얻었다. "우주의 기본 규칙 중 하나는 그 무엇도 완벽하지 않다는 것이다. (…) 불완전함이 없다면 당신도 나도 존재하지 않을 것이다."[4] 호킹은 고분자들이 충돌할 때 일어난 복제의 착오가 지구상에 생명을 창조하는 데 꼭 필요한 일이었음을 알았다. 호킹이 물리학의 세계에서 불완전함의 필요성을 알아차렸다면, 위니콧은 출생과 함께 시작되는 인간의 발달에서 정확히 똑같은 과정을 발견했다.

다른 포유류와 달리 인간은 삶의 첫 몇 주 동안 극도로 무력하다. 두 팔은 원시적인 놀람반사로 아무 때나 머리 위로 넘어간다. 수면 패턴에는 리듬도 이유도 없다. 아기들은 종일 먹고 배설한다. 뇌가 미성숙해서 생기는 일이다. 머리가 산도를 통과할 수 있도록 뇌의 30퍼센트만 성장한 채 자궁 밖으로 나오고, 나머지 70퍼센트는 출생 후에 성장하기 때문이다.[5] 갓 태어난 아기는 자신의 세계를 조직하는 일을 전적으로 양육자에게 의존한다.

부모라면 누구나 알듯이, 이런 이유로 신생아를 돌보는 일은 매일, 하루 스물네 시간 내내, 연중무휴 계속된다. 위니콧은 엄마가 보살핌과 지원을 받을 때(우리 문화에서는 흔치 않은 일이지만) 아기에게 훨씬 더 긴밀하게 주파수를 맞출 수 있음을 알았다. 그에 따르면, "보통의 헌신적인 엄마"란 자연스럽고 건강한 방식으로 자기 아기의 모든 필요에 몰두하는 엄마다.[6] 그러니 아기가 완전히 무력한 생애 초기 몇 주 동안 엄마가 지원과 도움을 받고 있다고 느낀다면, 엄마와 아이는 자연스레 일체감을 가질 수 있다.

건강에 문제가 없는 경우, 이러한 조율은 일시적인 것으로 아기가 스스로 자신을 가눌 능력을 갖추기 시작할 때까지 약 10주 정도 지속된다. 뇌가 발달하고 몸이 자람에 따라 원시적인 반사반응은 잦아들고 동작은 더 잘 조직된다. 위니콧은 이 시점에 아기의 발달이 잘 이루어지려면 엄마가 아기의 모든 필요를 충족시키는 데 '실패'해야 한다고 말한다. 엄마는 필연적으로 그 일에 실패할 수밖에 없지만 대신 새로운 과제가 생기는데, 바로 그만하면 괜찮은 엄마가 되는 것이다.[7] 대부분의 엄마들이 아기가 완전히 무력한 상태일 때 자연스럽게 아기에게 전념하듯이 자연스럽게 '그만하면 괜찮은' 엄마가 된다는 점을 위니콧은 간파했다.

그만하면 괜찮은 엄마라는 개념은 양육자들에게 실수해도 괜찮다는 쉽고 즉각적인 확신을 주는 개념으로 해석되곤 하지만, 사실은 더 심오한 진실, 즉 건강한 발달을 위해서는 불완전함이 필수적이라는 진실이 반영되어 있다. 위니콧이 현명하게 파악했듯이 실패—호킹의 언어로는 착오—는 피할 수 없을 뿐만 아니라 필수적인 요소다. 엄마는 완벽해지려 하기보다 그만하면 괜찮은 엄마가 되는 것을 목표로 삼아야 한다. 아기들은 엄마의 실패들을 수용하는 과정에서 분리 과정을 시작하고 삶이 주는 불가피한 좌절들에 대처하는 방법을 배운다. 자신과 타인 사이의 경계선을 형성하기 시작하는 것이다.

학습과 사고 능력에 결정적으로 중요한 자기 조절의 토대도 바로 여기서 쌓인다. 4장에서 더 깊이 살펴볼 자기 조절은 다른 사람과 함께 착오 또는 실패를 해결해가는 과정에서 생겨나는 능력이다. 위니콧은 『놀이와 현실』이라는 책에 다음과 같이 썼다.

> 여기서는 각 개인에게 성장과 발달의 필수 조건인 '그만하면 괜찮은 환경'이 당연히 확보되어 있다고 전제한다. 성장과 성숙에 필요한 패턴과 성향을 결정하는 유전자들이 존재하긴 하지만, 정서적 성장은 오로지 주어진 환경과 관련해서 이루어지며 이때 그 환경 조건은 반드시 그만하면 괜찮은 것이어야 한다. 이 논의에서 '완벽한'이라는 단어를 사용하지 않는다는 점에 주목하자. 완벽함이란 기계에 어울리는 말이며, 필요에 대한 인간의 적응 과정에서 특징적으로 나타나는 불완전함은 성장을 촉진하는 환경에 반드시 필요한 특성이다.[8]

학문적인 저술 작업 이외에도 위니콧은 부모들과 자주 소통하며 영국의 국민 소아과 의사 역할을 했다. 부모들을 위한 어느 에세이에서 그는 이렇게 썼다.

> 나라면 모든 걸 쉽고 순조롭게 해내고 모든 답을 알고 있으며 회의라는 걸 모르는 어머니보다, 차라리 한 인간 존재로서 온갖 내적 갈등을 겪는 어머니의 아이가 되고 싶다.[9]

위니콧은 부모와 아이 관계에 전념한 소아과 의사로서 관찰한 내용과 정신분석가로서 연구한 내용을 결합했다. 에릭이 올즈와의 상담 초기에 그랬듯, 그의 성인 내담자들도 몇 시간이고 소파에 누워 "의존성의 자리로 퇴행"했다. 많은 이들이 짧은 분리에도 깊은 불안을 경험했고, 약간의 어긋남만 보여도, 예컨대 그의 답변이 평소보다 조금 늦어지기만 해도 강렬하게 반응했다. 그러나 그들은 아기들과 달리 괴로워 울기보다는 (혹은 울더라도) 자신의 상태를 설명할 수 있었다. 그들은 초기 양육 관계에서 생긴 감정들을 위니콧과의 관계로도 가져왔는데, 이는 프로이트가 전이라고 설명했던 현상이다. 이런 상호작용은 언어능력이 생기기도 전에 그들이 겪었던 정서적 삶을 들여다볼 수 있게 해주었다.

위니콧은 이와 같은 경험들을 통해 참 자기와 거짓 자기라는 개념을 만들었다. 그는 마이처럼 자기 감각이 부족해 보이는 성인들의 말에 귀를 기울였다. 성인과 어린이 모두와 한 경험에서 그가 얻은 깨달음은 이랬다. 엄마가 아기의 필요를 충족하는 데 실패하고 아기가 전달하는 바를 항상 이해하지는 못하더라도 시간을 들여 문제를 해결해가면 이후의 모든 사회적 상호작용에 내재한 불확실성에 적응하는 길을 닦아줄 수 있다는 것이다. 아기가 막 움트는 자기 감각을 발달시켜나가는 건 바로 이런 과정을 통해서다.

이와 반대로, 위니콧은 양육자가 다양한 이유로 관계에서 불완전함을 견디지 못할 때 아기가 그런 양육자에게 '순응'함으로써 거짓 자기를 만들어낼 수 있음을 관찰했다. 엄마가 아이의 분노를 보면서도 이를 슬픔이라고 주장한 영상을 생각해보자. 자신의 감정이 받아들여지지 않는 상호작용을 반복적으로 경험하다 보면 아이가 엄마와 함께하기 위해 분노라는 자신의 진짜 감정을 부인하고 차라리 슬퍼함으로써 순응할 수도 있으리라. 마이의 이야기에서도 우리는 이런 종류의 순응을 보았다. 가족이 기대한 순조로운 길을 따라가며 마이는 자신의 참 자기로 나아가는 경로를 왜곡하고 있었던 셈이다.

너무 좋은 엄마

그만하면 괜찮은 엄마는 필요가 충족되지 않는 상황을 처리하는 아기의 능력이 발달함에 따라 필요를 충족시키는 데 '실패'함으로써 아기의 건강한 발달을 촉진한다. 하지만 '너무 좋은 엄마'는 노심초사하며 완벽해지고자 노력하다가 오히려 불일치와 복구를 통한 성장을 방해할 수 있다.

세라는 세 살 난 아들 벤의 감당하기 힘든 행동 때문에 도움을 받고자 치료사에게 전화를 걸어 메시지를 남겼다. 그는 벤이 낮잠을 자는 오후 2시부터 2시 30분 사이에만 통화를 할 수 있다고 말했다. 아이가 8시부터 9시까지 아침을 먹고 놀다가 오전 낮잠을 자고, 정오에는 점심을 먹고 12시 45분에 산책을 하며 오후 1시 45분에 낮잠 잘 준비를 해야 한다고, 오후 2시 정각에는 잠들어 있을 거라는 이야기였다. "그때 통화할 수 있어요." 벤의 모든 필요에 맞춘 일과를 설명하는 세라에게서 깊은 불안감이 전해왔다.

세라가 제왕절개 합병증으로 중환자실에서 며칠 지내느라 둘의 관계는 처음부터 쉽지 않았다. 세라는 당시를 감정적으로 고통스러웠던 시간으로 기억하지만, 그 후로 이어진 벤의 영아기는 "완벽한 행복"이었다고 표현했다. 그러다 벤이 걸음마를 하는 단계에 접어들면서 상황이 엉망진창으로 흘러갔다. 영아기 때처럼 모든 걸 벤에게 완벽하게 맞춰주려는 세라의 헛된 노력 때문에 전쟁 같은 밤낮이 이어졌다. 벤은 잘 잠들지 못했고, 유아원에서는 걸핏하면 감정적으로 무너졌다. 파스타를 먹고 싶은데 닭고기가 나오거나 하는 식으로 자기 기대가 조금만 어긋나도 떼를 쓰며 폭발하는 것이었다. 상담 초기에는 이런 패턴의 뿌리가 생애 첫 몇 주의 혼란과 자기가 너무 아파 아이를 "저버린" 채 제대로 보살펴주지 못했다는 세라의 죄책감에서 나온 듯 보였다. 그러나 상담이 점점 더 깊이 있게 진행되면서 새로운 이야기가 나왔다. 세라가 자기 어머니 역시 자신과 남동생에게 완벽한 엄마여야 한다는 비슷한 압박을 느꼈던 것 같다고 털어놓은 것이다. 세라의 표현에 따르면, 그의 어머니는 자식을 위해 자신의 필요는 물론 자기 존재까지 희생한 사람이었다. 세라는 그런 어머니를 보면서 질식할 것 같았다고, 늘 초조해하는 어머니가 거리감 있고 감정적으로 닿을 수 없는 사람으로 여겨졌다고 회상했다.

세라와 벤의 관계 패턴은, 부분적으로 자신이 벤의 생애 초기에 아이를 실망시켰다고 느껴 다시는 그런 일을 반복하지 않고 싶은 세라의 바람에서 나온 결과이기도 할 것이다. 그러나 세라가 자신의 어머니와 비슷한 태도를 반복적으로 보이면서 그 패턴은 더욱 단단히 굳어졌다. '너무 완벽한 어머니'의 패턴이 대물림되고 있음을 인식하자, 세라는 자신이 추구하는 완벽함이 불가능한 것일 뿐 아니라 자신을 초조와 걱정으로 몰아간다는 사실도 깨달았다. 벤의 행동이 자신의 불안을 반영한 게 아닐까 싶기도 했다. 완벽주의가 자신과 벤의 감정에 미치는 영향을 깨닫게 되면서 세라는 깊은 안도감을, 이제 긴장을 풀어도 된다는 일종의 자유를 느꼈다.

세라가 유아기의 혼란스러움을 받아들이기로 하고 실제로 그런 태도가 벤의 대처 방식에도 도움이 될 수 있다는 걸 깨닫자, 두 사람이 서로에게 느끼는 불안감이 줄어들기 시작했다. 벤이 원하는 빨대컵을 그때그때 늘 준비해줄 필요는 없었다. 벤이 맹렬히 떼를 써도 저녁에 친구들을 만나러 외출할 수 있었다. 이렇게 질서가 무너지는 순간들을 함께 견뎌내면서 벤은 잠을 잘 자게 되었고 유아원에서도 더 즐겁게 지내며 친구들을 사귀기 시작했다. 불일치와 복구의 과정을 통해 건강한 경계선이 형성되고, 그러면서 서로와 자신에 대한 신뢰가 더욱 깊어진 것이다.

이 이야기의 교훈은 우리가 평생에 걸쳐 맺는 모든 관계에 적용된다. 벤의 모든 필요를 충족시켜려는 세라의 초조한 노력처럼 성인의 인간관계에서도 완벽함을 추구하는 것은 불안을 초래하고 성장을 방해할 수 있다.

불완전함을 위한 공간을 열어두기

브라이언의 회사 이사들은 골치 아픈 문제 하나를 해결하기 위해 몇 달째 골머리를 싸매고 있었다. 회의실 탁자에 둘러앉아 회의에 회의를 거듭하며 다양한 해결책들을 놓고 설전을 벌였다. 몇몇 사람은 필요한 조치에 대해 확고한 의견을 갖고 있었고 그 생각을 바꿀 마음이 전혀 없어 보였다. 논의는 전혀 진척되지 않았다. 회의 자체를 두려워하는 이들도 많아졌다. 어느 날 회의가 끝났을 때 브라이언의 친구이자 지역 커뮤니티 이사 자격으로 회의에 참석한, 댄스 스쿨을 운영하는 클라리사가 그를 한쪽으로 데려가더니 이렇게 물었다. "내 댄스 스튜디오에서 회의를 열어보면 어떨까?" 업무에 관한 논의로 곧바로 뛰어드는 대신, 처음에는 스튜디오 회원들끼리 하듯 안부를 묻고 그날 하루에 관해 대화를 나누는 게 좋겠다는 얘기였다. "그 시간만큼은 남의 말을 끊지 않고 그냥 듣기만 한다는 규칙을 세워두자." 브라이언은 클라리사의 제안대로 해보기로 했다.

약속한 날 사람들이 도착해보니 스튜디오에는 빈백과 요가 볼, 접이식 의자 등 다양한 좌석이 준비되어 있었다. 몇몇은 그냥 바닥에 자리를 잡았다. 이렇게 무질서한 방식으로 자리를 잡으니 완벽하게 짜인 해결책을 말해야 한다는 압박감이 누그러들었다. 클라리사는 모두 일어나 방 안을 돌며 듣기 연습 파트너를 고르라고 말했다. 그런 다음 각 쌍 중 한 사람이 3분에 걸쳐 지난 한 주 동안 있었던 긍정적인 일과 부정적인 일을 파트너에게 이야기하게 했다. 듣는 쪽은 끼어들거나 충고를 하지 않는 것이 규칙이었다. 곧 모두 이것이 대단한 자제가 필요한 일이라는 사실을 깨닫게 되었다. 회사 문제를 의논하기 시작한 뒤에도, 클라리사는 다른 사람의 발언 중 끼어들려는 사람이 생기면 제동을 걸며 엄격한 감독의 면모를 보였다. 사람들은 듣기 연습의 경험을 이어와, 자신의 관점을 밝히기 전에 잠시 멈추고 동료의 의견에 대해 생각해보는 시간을 가졌다. 직장과 아주 다른 공간에서, 딱딱한 탁자 앞이 아니라 원을 이루어 둘러앉자 정확한 답이나 완벽한 해결책을 제시해야 한다는 압박감이 줄어들었고, 각자 다른 사람들의 말도 옳을 수 있음을 인정할 수 있게 되었다. 이런 절차 자체에서 에너지를 얻은 이들은 자연스레 새로운 아이디어들을 내놓기 시작했다. 얼마 안 가 응집력 있고 일관적인 계획이 섰다. 문제 해결의 복잡한 과정을 위해 공간과 시간을 열어젖힌 시도가 의미 있는 결과로 이어진 것이다.

다음의 두 친구에 관한 이야기도 또 하나의 사례를 보여준다. 소피아와 이저벨은 초등학교 2학년 때 만났다. 자라며 서로 매우 다른 경험을 했지만 수년간 어려움 없이 우정을 나누었고, 소피아가 국토 반대편에 위치한 지역으로 이사한 후에도 친구 사이는 계속 이어졌다. 그들은 같은 음악을 좋아했고 같이 여행했으며 함께 있을 때 대체로 편안함을 느꼈다. 그러다가 둘 모두에게 아이가 생겼다. 둘의 양육 방식은 너무나 달랐고 이로 인해 나머지 모든 부분에서 순조로웠던 관계에 처음으로 균열이 생겼다. 시간이 지나면서 그 간격이 점점 더 벌어지는가 싶더니, 아이들이 초등학교에 들어갈 무렵 서해안에 살던 소피아가 이저벨의 집을 방문했을 때

두 사람은 심한 말다툼을 벌였고 결국 절교하는 지경에 이르렀다. 둘 다 정확히 무슨 일 때문에 싸웠는지조차 기억하지 못했지만 어쨌든 더 이상 말을 주고받지 않았다. 나라의 동쪽 끝과 서쪽 끝에 떨어져 있다 보니 아무 문제 없는 듯 살아가는 것도 그리 어려울 것 없었다. 그러나 해가 갈수록 서로의 부재가 크게 느껴졌다. 각자 머뭇거리며 화해를 시도해 보았지만 통화 시간은 긴장되고 어색했다. 그러던 중 소피아가 가족 모임을 위해 동해안의 본가를 방문한 기간이 마침 이저벨의 휴가와 겹치면서 돌파구가 찾아왔다. 그들은 주말에 만나 등산을 하기로 했다. 넉넉한 시간이 두 사람에게 마침내 그들 사이에 벌어졌던 혼란스러움에 대해 자세히 되짚어볼 수 있는 여유를 허락했고, 함께 걷는 행위는 진지한 감정을 나눌 수 있을 만큼 그들의 몸을 차분히 진정시켜주었으며, 규칙적이고 리드미컬한 동작은 서로에게 더욱 귀 기울이는 데 도움을 주었다. 둘은 마침내 서로의 관점을 이해할 수 있게 되었다. 불일치를 수리해 복구했을 뿐 아니라, 자신과 서로에 대한 이해도 새로운 수준에 도달했다. 이후 각자의 아이들이 청년으로 자라는 몇 년 동안, 소피아가 1년에 한 번 고향을 방문할 때마다 두 사람은 꼭 하루는 만나서 함께 걸으며 대화를 나누었다. 그렇게 하여 더 깊고 의미 있는 방식으로 서로의 삶 속에 존재할 수 있었다.

불일치가 일어나는 순간, 그리고 여러 해에 걸쳐 불일치를 해결하며 복구로 나아가는 동안, 우리는 성장하고 변화한다. 두 이야기가 보여주듯 상대의 관점에 귀 기울일 수 있는 공간을 만들어내면 의미들 역시 새롭게 생겨난다. 9장에서 더 자세히 살펴보겠지만, 이는 단순히 적절한 말을 찾아내는 문제가 아니다. 동작과 감각까지 포함한 경험의 모든 수준에서 의미를 만들어내기 위해서는 우리 몸이 직접 그 과정 속에 들어가야 한다.

발달에 대한 한 가지 관점

영국 런던에서 D. W. 위니콧이 자신이 관찰한 내용을 바탕으로 임상 이론을 견고히 다지고 있던 시기에, 미국 매사추세츠주 케임브리지의 젊은 소아과 의사였던 T. 베리 브래즐턴은 불완전함에 대한 자신의 이론을 만들고 있었다. 그는 어린아이들이 발달 과정에서 도약을 이루기 직전에 와해를 보이는 경향이 있음을 알아차렸다. 수십 년간 임상 관찰 내용을 토대로 아동 및 가족 돌봄 모델을 제시한 책 『베이비 터치포인트』 서문에서 브래즐턴은 이렇게 밝힌다. “어떤 종류의 발달에서든 급격한 성장이 일어나기 직전에는 아이의 행동이 와해되는 것처럼 보인다. 부모는 그동안 성공했던 방법들에 더 이상 의지할 수 없게 된다. 아이들이 몇몇 영역에서 퇴행하며 이해하기 어려운 모습을 보이기도 한다. 이에 부모들 역시 균형을 잃고 불안해한다."[10] 그러나 그는 부모들이 이런 와해를 아이가 새로운 차원의 성장과 발달을 이루는 데 필수적이며 예측 가능한 전조로 받아들인다면, 이 상황을 벗어나려는 "힘겨운 노력에 갇히는" 대신 아이를 더 깊이 이해할 기회로 삼을 수 있다고 보았다.

엘런은 자신이 엄마로서 실패했다고 느꼈다. 젖먹이 아들 노아가 요 몇 달 규칙적인 수면 습관을 들인 듯 보였건만, 어느 순간 모든 패턴이 다 무너진 것이다. 노아는 이해도 예측도 할 수 없는 패턴으로 하룻밤에도 몇 번씩 잠에서 깼다. 아기들과 함께 찍은 친구들의 페이스북 사진 속에는 자기가 겪고 있는 심한 피로와 혼란의 신호가 보이지 않았고, 그러자 자신이 미흡한 엄마라는 생각이 더욱 커졌다. 엘런은 다양한 방법을 시도해보았다. 노아가 깰 때마다 안고 흔들어 주기도 했고, 혼자 울다 잠들게 내버려두기도 했다. 젖을 먹이는 건 밤이 시작될 때만으로 제한하고, 노아가 새벽 2시와 4시에 깨면 남편이 분유를 먹이게도 해보았다. 그러나 수면 부족으로 생각조차 명료히 할 수 없게 되자 그는 절망적인 감정에 빠져들었다.

그러다가 노아가 처음으로 걸음마를 했다. 서서 돌아다니는 새로운 기술을 숙달하자 거의 동시에 수면 패턴도 개선되기 시작했다. 밤에 깨어나는 간격이 점점 길어졌다. 초기에 노아가 잘 자도록 사용했던 방법들도 다시 효과를 보였다. 그렇게 엘런이 제대로 쉴 수 있게 되자 그동안 스며들었던 우울의 안개도 걷혔다.

T. 베리 브래즐턴은 부모와 아이 모두의 감정에 깊이 이입했다. 그는 아이가 경험하는 혼란을 이해할 뿐 아니라, 부모들이 부모라는 새로운 정체성에 적응하는 과정에서 여러 복잡한 감정들로 힘겨워한다는 것도 잘 알았다. 비현실적인 기대를 품는 부모, 아이의 행동과 의사를 잘 이해하지 못하는 부모는 나쁜 부모가 아니다. 그저 몰라서 당황하고 있을 뿐이다. 자기가 부족하다는 느낌과 죄책감 때문에 시야에 흐려질 수도 있다. 자신의 불안으로 인해 아이의 행동을 통제하려 애쓰기도 한다. 종종 부모들이 소아과 의사에게 "○○를 해결하려면 지금 내가 뭘 해야 할까요?"라고 호소하는 것도 그런 노력의 일환이다.

브래즐턴의 '터치포인트' 모델은 기본적으로 아이와 가족을 대상으로 한 작업에서 사용되지만, 아동기의 혼란스러운 순간들에 대해 제시하는 이 모델의 큰 틀은 사실상 모든 사람이 사는 내내 겪는 혼란의 순간들에도 똑같이 적용된다.

터치포인트 모델은 1장에서 이야기한 개방형 동적 시스템 이론의 기본 원리, 즉 무질서 자체가 에너지를 공급하며 그 에너지가 성장과 발달의 연료라는 개념을 바탕으로 한다.

완벽주의 문화

자기 자신에게, 또 자신의 인간관계에 완벽함만을 기대하는 것은 현대 문화 전반에 만연한 현상이다. 우리는 점점 더 혼란을 용인하지 못하는 세태를 목격하고 있다. 구글에서 '완벽주의'라는 단어로 검색하면 이러한 현상을 입증하는 연구 결과를 제시하며 「급증하는 완벽주의의 물결 속에서 익사하는 젊은이들」 같은 기사들이 수없이 나온다.[11] 1990년대 초 심리학자 폴 휴잇과 고든 플렛이 개발하고 표준화한 다차원 완벽주의 척도[12]를 사용한 한 연구에 따르면, 1986년부터 2016년 사이 영국과 캐나다, 미국 대학생들의 완벽주의 성향이 33퍼센트 증가한 것으로 나타났다.[13] 이 연구의 주 저자는 〈뉴욕 타임스〉 인터뷰에서 "밀레니얼 세대는 완벽해져야 한다는 압박감을 느끼며, 부분적으로 이는 타인들과 자신을 비교하도록 유도하는 소셜 미디어 사용 때문"이라고 말했다.[14](이 주제에 대해서는 7장에서 더 다룬다.) 한편 양육 전문가 케이티 헐리는 '완벽한 소녀 증후군'에 대해 설명하며 "평생의 계획을 세워두고 그 과정에서 어떤 실책도 허용하지 않으려 하는" 아홉 살 소녀 그레이시를 예로 들었다.[15]

완벽을 향한 이러한 집착이 이후 성인기에 이르러 정신질환 진단을 받고 힘겹게 지낼 한 세대를 키워내고 있는 것은 아닐까? 완벽주의 척도를 만든 이들은 수십 년간의 연구를 통해 완벽주의가 우울증, 불안, 식사장애 및 기타 정서 문제들과 상관관계가 있음을 발견했다.[16] 조언과 즉각적 해결책으로 가득한 실용서, 잡지, 블로그 포스트 들은 정답만 알면 모든 게 완벽해지리라는 생각을 더욱 부추긴다. 최다 조회수를 기록하는 블로그 게시물의 제목은 또 어떤가, '완벽한 결혼으로 가는 여섯 단계'나 '회복 탄력성이 강한 아이로 키우는 열 가지 팁' 같은 것들이다. 하지만 성공을 이루는 올바른 방법이 있다는 기대, 어떤 상황에서든 우리가 할 일을 가르쳐줄 전문가가 있다는 기대는 타인들과의 상호작용에서 생기는 혼란스러움도 피해갈 수 있다는 착각을 심어준다. '실용적이고 유용한 팁'을 알려준다는 책과 기사가 실제로는 불안을 조장하고 성장을 저해하는 완벽주의에 대한 기대만 강화하는지도 모른다. 어떤 문제든 그것을 해결하는 바른 방법은 무수히 많고, 각각의 인간관계에는 그들에게 맞는 고유하고 특유한 방법이 있기 마련이다. 답은 바로 그 각각의 관계 속에 있다.

어린아이가 있는 가족들을 만나는 전문가들과 토론을 하다 보면 이런 관점이 옳다는 걸 확인할 수 있다. 소아과 의사, 간호사, 수유 컨설턴트, 방문 간호사, 조기 개입 전문가들은 환자나 고객에게 "무엇을 하라"라고 충고하는 일을 부담스러워한다. 많은 이들이 부모에게 전문적 조언을 하는 일이 부모의 타고난 권위를 훼손하고 그들이 아이와 함께 대처 능력을 키워나가는 일을 방해할 수 있음을 알고 있다.

넓게 보면 이러한 조언 문화는 복구 과정을 성급히 종료시킨다. 누구나 혼자서 모든 문제를 해결해야 한다는 말은 아니다. 경청과 지지를 느낄 수 있는 관계 속에서 힘든 순간들을 헤쳐나가는 것이, 정해진 요령이나 방법을 안내받는 것보다 더 효과적으로 건강과 안녕을 증진할 수 있다는 뜻이다.

아이 엄마들을 대상으로 한 강연 후 질의응답 시간에 클로디아는 부모들이 양육에 관한 모든 어려운 문제에 대해 '정답'을 얻고자 하는 막대한 기대감을 느꼈다. 그러나 그는 정답을 말해주는 대신 질문자들이 말하는 이야기에 계속 귀를 기울였고, 어떤 상황에서든 그들 스스로 답을 알고 있다는 믿음을 심어주었다. 그러면서, 분명 실수를 하게 되겠지만 바로 그 실수가 그들을 건강한 성장과 변화의 방향으로 이끌어줄 것이라고 강조했다.

한 엄마는 세 살 된 딸이 방 저편으로 신발을 던질 때 자기가 어떻게 하면 좋을지 알고 싶어 했다. "그러면 안 된다고 선을 그어야 할까요? 아니면 아이에게 어떤 기분인지 물어봐야 할까요?" 클로디아는 이 엄마가 상황의 불확실성을 받아들인다면 일이 어떻게 전개될지 생각해보도록 이끌었다. 만약 그 순간 엄마가 강고하게 선을 긋기로 했는데 딸이 완전히 무너지는 모습을 보인다면? 그렇다면 엄마는 딸의 평정 유지 능력을 잘못 판단한 것일 수 있다. 딸이 스스로 감당할 수 없는 감정에 압도되어 힘들어한다는 것을 이해하고 방향을 바꾸어 달래줘야 할지도 모른다. 반대로 엄마가 딸의 기분에 관해 이야기해보려고 시도하는데도 딸이 계속 자제하지 못하고 성질을 부린다면? 그렇다면 엄마는 그 순간 딸에게 정말로 필요한 것은 명확한 한계임을 알아차릴 것이다. 엄마와 딸이 함께 문제를 풀어나가고 불일치를 손보아 복구하는 경험을 이어가면 모녀의 관계는 발전하고, 신뢰와 자신감도 더욱 깊어질 것이다.

위니콧은 모든 범위의 경험을 인정하고 이해하되 필요할 경우 적절한 한계를 벗어나지 않도록 지도해주는, 안전하고 안정적인 관계의 환경을 안아주기 환경이라는 용어로 묘사한다.[17] 원래 이 개념은 엄마가 발달 중인 아이에게 자신의 물리적·감정적 존재감을 오롯이 내어주는 것을 의미하지만,

위니콧을 비롯한 많은 이들은 개인과 공동체 모두로 이루어진 다양한 환경을 묘사할 때도 이를 널리 사용했다. 관계 속에서 자신이 안겨 있다는 느낌을 받을 때, 우리는 균열과 불화를 회피하지 않고 헤쳐나갈 수 있다. 이 안아주기 환경 개념은 뭇 사람들이 의존하는 전문가 조언에 대한 대안을 제공한다.

관계 속에서 안겨 있다고 느끼거나 그렇게 느끼지 못하는 것은 무엇 때문일까? 불일치와 복구가 영혼에 양분을 공급하고, 혼란이 성장과 친밀함에 필수적이라면, 사람들이 혼란에 빠져들 수 없게끔 막는 것은 무엇일까? 지금까지 이 책에서 소개한 이야기들을 떠올려보자. 불확실성이 안전하게 느껴지지 않는 환경에서는 발달이 궤도를 이탈하고 관계는 오도 가도 못 하는 상황에 갇혀버렸다. 반대로 불화를 받아들여도 된다고 느끼는 충분한 안전감은 성장과 치유를 위한 기회로 이어졌다. 다음 장에서는 혼란을 일으켜도 안전하다는 점을 몸과 마음 모두로 알 수 있는 방법을 살펴볼 것이다.

3장

엉망이어도 괜찮다는 느낌

엘리나의 세상은 딸 플로라가 태어난 무렵부터 엉망진창이 된 것 같았다. 먼저 사랑을 쏟으며 키우던 고양이가 죽었다. 이어 시어머니가 암 진단을 받았다. 예후는 좋았지만 남편 샘이 어머니의 치료를 위해 먼 거리를 자주 오가야 했다. 사업을 하느라 안 그래도 업무 시간이 길던 샘은 이제 더 큰 스트레스를 겪을 것이고 가족과 함께할 시간은 더욱 줄어들 터였다. 엘리나는 이 모든 일을 세 살 난 아들 마테오에게 어떻게 설명해야 할지 생각만 해도 괴로웠다. 마테오의 인생은 얼마 전 여동생이 태어나면서 이미 한 번 흔들린 참이었다. 상실의 고통과 병의 불확실성, 그리고 상실과 병 모두에 따르는 혼란에 어떻게 대처할 수 있을까? 그냥 아무렇지 않은 척 덮고 넘어가는 것이 최선이었다. 그러나 마테오가 말썽을 일으키는 일이 잦아지고 벌로 자기 방에서 못 나오게 하는 일이 반복되면서 문제는 더욱 악화되었고, 엘리나는 혼돈을 덮고 넘어가는 것, 혼란의 문을 닫아버리는 것으로는 소용이 없다는 걸 깨달았다. 그러다 엘리나의 어머니가 몇 주 동안 그들의 집에 함께 머물게 되면서야, 비로소 엘리나는 자신들의 삶에 벌어진 균열을 인정하고 바로잡기 위한 조치를 취할 수 있을 만큼 충분한 안전감을 느꼈다. 엘리나는 사회복지 학위 프로그램을 시작하려던 계획을 가족과 시간을 더 보내기 위해 6개월 미루기로 했다. 대신에 이미 움직임과 음악에 열정을 보이는 마테오를 데리고 '엄마와 함께하는 댄스 수업'에 등록했다. 엘리나가 이 힘든 과도기에 온 가족이 겪은 감정의 혼란을 헤쳐나갈 수 있을 만큼 충분히 안전하다고 느꼈던 데는, 평온함을 주는 어머니의 존재가 결정적이었다.

인생에서 일어나는 불가피한 단절들을 모르는 척 덮고 넘어가도록 우리를 몰아가는 것은 무엇일까? 시스템에 생긴 균열 하나가 모든 것을 무너뜨릴지도 모른다는 두려움일까? 무언가가 무너졌을 때 그 파편들을 끌어모아 다시 세울 수 있으려면 우리에게는 안전감과 자신감이 필요하다.

1장의 이야기를 생각해보자. 홀로코스트에서 살아남은 에릭의 부모는 힘든 감정을 무조건 피하는 것이 생존을 위해 반드시 필요하다고 느꼈다. 그들에게는 모든 일이 '괜찮아'야 했다. 그들의 몸은 실제 위협에 반응해 고도로 민감해져 있었다. 위협을 느낄 때 사람의 몸은 의식적으로 통제할 수 없는 방식으로 타인과의 연결을 방해할 수 있다. 사고하는 뇌가 안전한 상황이라고 말하더라도 몸은 위협을 느끼는 것이다.

우리가 안전을 감지하는 방법

우리의 몸이 환경에 대해 안전하다거나 안전하지 않다는 의미를 만드는 과정을 좀 더 자세히 살펴보자. 무표정 실험 연구는 언어 형식에 의지해 의식적 사고를 담당하는 뇌 부위가 발달하기 훨씬 전부터 아기들이 특정 경험에 대해 위협의 의미를 만든다는 것을 밝혀냈다. 우리는 생후 6개월 된 아기와 엄마의 모습을 담은 동영상을 연구하다가 그런 의미 만들기가 일어나는 장면을 목격했다.[1] 그들의 모습을 실시간으로 볼 때는 알아차리지 못했는데, 동영상을 느리게 재생하면서 프레임 단위로 분석하자 그 상호작용의 성격이 오해의 여지 없이 명확히 드러났다.

엄마가 아기의 볼에 입을 맞추려고 몸을 숙인다. 그러자 아기가 엄마의 머리카락을 움켜잡고 놓지 않는다. 엄마는 "아야!" 하고 소리치며 화가 난 듯 찡그린 얼굴로 몸을 물린다. 아기는 엄마의 표정에 놀라움이나 낯섦만은 아닌 다른 특정한 의미가 담겨 있다는 것을 지각하고 그에 맞게 반응한다. 위험을 감지한 것이다. 엄마의 자동적인 반응은 채 1초도 지속되지 않았지만 아기는 겁을 먹고 피하듯 몸을 숙인다. 의자에 앉은 채 고개를 약간 옆으로 돌리며 두 손을 얼굴로 가져간다. 그러곤 치켜든 두 손 너머로 엄마를 쳐다본다.

이 아기는 아직 언어로 사고하지 못하지만 이미 다른 사람의 행동에서 의도를 읽어내는 능력을 갖고 있다. 무언가 위험한 일이 곧 일어나리라 믿고 자신을 보호하기 위해 방어적으로 반응한 것이다. 엄마 역시 즉각 이를 알아차려 그 균열을 재빨리 극복하고 아기의 경험을 바꿔주려 노력한다. 아기는 잠시 두 손 뒤에 숨은 상태를 유지하지만 이내 미소 짓는다. 아기와 엄마가 다시 행복하게 상호작용을 하면서, 위협과 복구의 경험은 이제 서로와 자신에 대한 의식의 일부가 된다. 엄마와 아기 모두 이제는 큰 불일치를, 심지어 무서운 불일치까지 극복할 수 있음을 알게 된 것이다.

지금까지 살펴보았듯 이러한 상호작용은 부모와 자녀 사이에 수없이 발생하며, 건강한 성장과 발달을 뒷받침해주는 불일치와 복구의 순간에 해당한다. 아기는 자기가 사용할 수 있는 뇌의 영역들을 사용하여 이 상황에 대한 의미를 만든다. 의미 만들기 시스템에서 가장 먼저 반응하여 환경의 안전성을 평가하는 일은 태어날 때부터 잘 기능하는 자율신경계가 담당한다.

투쟁 또는 도피 반응을 넘어서

자율신경계는 우리 몸 각 부위에 뻗어 있는 가지를 통해 외부 환경의 정보를 받아 내부 환경을 조절하는데, 이 모든 일은 우리가 의식적으로 인지하지 못하는 사이에 일어난다. 위험 상황에 대한 반응으로 알려진 '투쟁 또는 도피 반응'은 자율신경계 중에서도 교감신경이 통제한다. 시상하부-뇌하수체-부신 축의 작용에 따라 방출된 스트레스 호르몬이 자동적으로 신체의 운동계를 작동시키는 방식으로. 그러면 우리의 심장은 쿵쾅거리고 호흡은 가쁘고 무거워진다. 하지만 이처럼 단순한 설명에는 사람들이 위험을 감지하고 반응하는 방식 중 중요한 부분이 빠져 있다.

여러 곳으로 가지를 뻗은 커다란 미주신경을 통해 작동하는 부교감신경계는 교감신경계와 반대로 우리를 차분하게 만드는 역할을 하여 호흡 속도와 심박수와 혈압을 낮춘다. 이런 작용에 따라 차분해진 상태는 사람들과의 연결을 한층 수월하게 만들지만, 압도적인 위협에 직면했을 때는 오히려 연결을 끊어버릴 수도 있다.

우리 연구의 중요한 파트너인 인디애나대학 신경과학자 스티븐 포저스는 우리 몸의 생리 상태가 신뢰와 참여로 나아가는 문을 열거나 닫는 일종의 관문 역할을 한다는 사실을 밝혀냈다.[2] 생리 상태가 경험의 의미를 만들고 경험에 대한 우리의 반응에 영향을 미치는 것이다.

우리가 상황의 안전성을 평가하는 방식을 포저스는 신경지神經知라고 표현한다. 포저스가 이를 발견하기 전까지 과학자들은 신경계가 환경과 상호작용하는 방식은 두 가지뿐이라고 생각했다. 안전하다고 느끼면 부교감신경계가 활동하여 차분한 상태로 상황에 참여하게끔 하며, 위험에 처했다고 믿으면 투쟁 또는 도피 반응을 통제하는 자율신경계가 활동한다고 말이다.

부교감신경계는 미주신경을 매개로 모든 근육과 장기에 두 종류의 신경섬유를 보낸다. 포저스에 따르면 한 종류는 스마트 미주신경으로(신경섬유를 감싸는 절연물질 미엘린, 즉 '수초(말이집)'가 있다는 점에서 '유수미주신경'이라고도 한다), 포옹을 기꺼이 받아들이는 개방적인 상태일 때, 누군가의 눈을 들여다볼 때, 상대의 말에 귀를 기울이며 그들과 연결을 맺을 때 활성화된다. 이렇게 적극적으로 사회적 관계를 맺는 것이 1차 반응이다. 우리가 위험을 감지할 때는 2차 반응인 교감신경의 투쟁 또는 도피 반응이 시작된다. 그런데 포저스는 부교감신경계에 속하는 다른 종류의 신경섬유들이 통제하는 3차 반응도 존재한다는 것을 알아냈다. 그는 이 신경섬유를 원시 미주신경이라 칭했다('수초'가 없다는 뜻으로 '무수 미주신경'이라고도 한다). 피할 수 없는 압도적인 위협에 직면하면 바로 이 신경섬유들이 나선다. 전형적인 예로 고양이의 입에 물린 쥐가 죽은 척하는 상황을 들 수 있다. 원시 미주신경은 사람들을 차분하게 만들지만, 이는 연결을 추구하는 방식의 차분함과 다르다. 포저스는 우리 몸이 환경의 안전 정도에 따라 의미를 만드는 방법을 이렇게 세 가지로 분류한다. 이 다미주 이론은 부교감신경계의 두 부분이 환경의 안전함을 평가하고 반응할 때 주된 역할을 한다는 것을 보여준다. 즉 이 시스템이 잘 기능하는 것이 사회적 연결을 맺는 능력의 핵심이라 할 수 있다.

얼굴과 목소리에 담긴 안전함

얼굴, 중이中耳, 후두, 심장의 근육들로 신경섬유를 뻗어내는 스마트 미주신경과 원시 미주신경은 안전함에 대한 우리의 감각, 사회적 참여의 가능 여부에 대한 감각을 조절하는 1차 지휘자다. 포저스는 "기능 면에서 사회 참여 체계는 심장이 얼굴 및 머리의 근육들과 협력하도록 조율하는 심장-얼굴 연결에서 생겨난다"라고 썼다.[3]

포저스의 연구에 따르면 '얼굴에 다 써 있다'라는 관용구는 생물학적으로도 정확한 표현이다. 어떤 사람이 사회적 연결을 할 수 있는 상태인지 아닌지는 얼굴과 목소리에 나타나는 신호로 알 수 있다. 앞서 살펴본 동영상 속 아기도 엄마의 얼굴 표정과 목소리의 어조로 위험의 의미를 만들지 않았는가.

찰스 다윈은 『종의 기원』만큼 중요하지만 그만큼 잘 알려지지는 않은 책 『인간과 동물의 감정 표현』에서 대단히 정교한 얼굴근육의 체계, 그에 못지않게 복잡하며 인간에게만 존재하는 목소리의 톤과 리듬, 즉 운율 조절에 사용되는 근육 체계를 설명했다. 인간에게는 왜 이런 근육들이 있을까? 어떤 상호작용이 안전한지 아닌지, 상대가 연결될 수 있는 사람인지 아닌지를 우리는 그들의 얼굴과 목소리에 드러나는 자율신경계의 상태를 읽어냄으로써 파악한다. 이는 실제로 그들의 내면을 들여다보는 일이다.

미주신경은 흔히 웃는 눈이라 불리는 호의적인 표정을 만드는 눈 주변 근육인 눈둘레근을 조절한다. 이 근육들을 스마트 신경섬유가 움직인다. 그러나 위협을 느낄 때는 원시 미주신경이 나서서 이 근육들을 꼼짝 못 하게 만들 수 있다. 눈을 움직이지 않은 채 미소를 지어보라. 가짜 같고 단절된 느낌을 주는 미소가 지어질 것이다. 눈 근육을 사용하지 않고 미소 짓는 사람들을 상대할 때 우리는 의식적으로 인지하지 못할지언정 이 미소를 가짜라고 느낀다.

미주신경은 중이의 미세한 근육들도 조절한다. 스마트 미주신경이 활동할 때 우리는 음악, 자연, 사람의 목소리에서 나오는 소리 전부를 들을 수 있다. 하지만 위협을 감지하여 원시 미주신경이 주도권을 잡으면 중이 근육의 활동성이 떨어지고, 그 결과 소리가 왜곡된다. 평온함을 느낄 때는 거의 인지되지 않던 시계 째깍이는 소리가 갑자기 손톱으로 칠판을 긁는 소리처럼 끊임없이 신경을 어지럽히는 식이다.

예의 동영상 속 아기가 보인 행동도 신경지로 설명할 수 있다. 아기는 엄마가 '화났다'고 의식적으로 '생각한' 것이 아니다. 아직 아기는 그런 개념들을 사용할 수 없다. 하지만 그 상황에 대해 자율신경계가 만들어낸 의미를 통해 엄마의 얼굴과 목소리에 담긴 위협의 신호를 읽어낼 수 있었다.

우리에게 사회적 참여가 필요한 이유

우리가 어디서나 항상 위험을 감지한다면 스트레스 호르몬이 끊임없이 쏟아져나와 뇌와 몸에 해를 입힐 것이다. 그러나 이런 경험이 교감신경계를 통해서만 우리에게 해를 입히는 것은 아니다. 사회 참여 체계를 닫아거는 일 또한 우리를 '상심'에 빠뜨리고 우리의 시스템을 망가뜨려 질병으로, 심지어 죽음으로 이끌 수 있다. 미주신경은 면역계와 심박수, 혈압은 물론 내부 장기에도 영향을 미친다. 외로움이 감정적 고통과 자살 위험뿐 아니라 심장질환, 관절염, 당뇨병의 위험까지 높인다는 사실은 연구를 통해 입증된 바 있다.[4]

사회적 고립과 외로움은 같은 것이 아니다. 사회적 고립은 사회적 연결과 상호작용의 객관적 수준이며, 외로움은 고립에 대한 주관적 지각이다. 우리는 사람들에게 둘러싸여서도 외로움을 느낄 수 있다. 사교 행사에서 주변 사람들이 웃으며 스스럼없이 농담을 주고받고 있을 때 혼자 단절된 외부자 같은 기분으로 그들을 바라보기만 한 적이 있는가? 다른 사람들과 함께 있을 때 느끼는 외로움에는 미묘한 고통이 따른다. 이는 무표정 실험에서 엄마가 눈앞에 있는데도 없는 것 같은 상황을 경험하는 아기의 고통과 유사하다.

왜 사람들과 함께 있으면서도 외롭다고 느끼게 되는 걸

까? 아마 여러 이유에서 그 환경의 무언가가 당신에게 안전하지 않게 느껴지기 때문일 것이다. 당신은 그 상황을 두고 위협적이라는 의미를 만든다. 사람들이 즐거워하며 서로에게 보이는 친밀함을 좀처럼 이해할 수 없다. 단절되고 혼자인 느낌이 든다. 이런 반응의 근원은 중요한 관계의 사람들과 반복적으로 복구에 실패한 경험일 수 있다. 관계에서 불일치와 복구를 많이 경험한 사람들에게는 일상적인 사회적 상호작용이 수월하고 무해해 보일 것이다. 그러나 정서적으로 곁을 주지 않는 양육자 때문이든, 어떤 불일치도 허용하지 않고 자기 뜻을 강요하는 양육자 때문이든, 최악의 경우 학대하는 양육자 때문이든, 사회적 상호작용에 대해 문제적인 의미를 만들었던 사람들은 즐거워하는 그들과 완전히 다르게 반응하게 된다. 사람들이 가득한 이 방에서 당신은 사회적 관습 때문에 달아날 수도 없고 갑자기 공격적인 행동을 할 수도 없다. 몸이 신경지를 통해 위협을 감지하면 일종의 방어기제인 원시 미주신경이 나서서 일을 처리하는데, 의식적으로 인지하지 못하는 상태에서 일어나는 이 반응은 악순환을 일으킬 수 있다. 복구되지 않은 불일치의 역사가 쌓일수록 사회적 연결이 주는 치유의 힘을 배울 가능성이 요원해지기 때문이다.

해리 왕자의 변화

어떤 사람이 수많은 상호작용을 거쳐 세상은 위협적인 곳이라는 의미를 만든 경우, 그 의미를 바꾸기 위해서는 안전하다는 신호를 주는 새로운 상호작용에 오랜 시간 깊이 몰두해야 한다. 그래야만 더디더라도 심층적인 변화를 이룰 수 있다.

따뜻하고 매력적인 미소, 연민 가득한 부드러운 목소리의 해리 왕자를 보면 메건 마클이 왜 순식간에 그를 사랑하게 되었는지 이해할 수 있다. 그들이 결혼식 내내 풍부한 감정을 눈빛으로 주고받던 모습은 스마트 미주신경의 기능에 관한 좋은 실례다. 그야말로 얼굴에서 사랑과 연결이 그대로 읽힌달까. 그러나 결혼 이전에 이 커플을 다룬 수많은 특집 기사, 특히 더 젊었던 날의 해리 왕자를 담은 동영상과 사진을 보면 오랫동안 그가 세계를 안전하지 않게 느꼈음을 알 수 있다. 그때 그의 얼굴에서 읽힌 것은 위협에 대한 감각이었다.

해리의 부모는 결혼한 순간부터 불행했고, 해리 자신은 왕위 계승 서열에서 그보다 높은 형 윌리엄과 견주어 '여분'의 존재로 여겨졌다. 어머니인 다이애너 황태자비와 함께 있는 사진을 보면, 그들의 얼굴에 활짝 핀 기쁨 가득한 미소를 통해 해리가 어머니에게서 조건 없는 사랑을 받았음을 짐작할 수 있지만, 다이애너는 찰스와 이혼한 이듬해, 해리가 겨우 열두 살이었을 때 비극적인 사고로 사망했다. 그 후 20년 동안 사진 속 해리의 얼굴은 얼어붙은 듯 무표정했다. 그는 술을 많이 마시고 경솔한 행동을 하며 말썽을 일으켰다.

해리의 사진들을 자세히 살펴보면 그의 얼굴에 나타난 자율신경계의 상태가 어떻게 변해왔는지 알 수 있다. 유년기에 어머니 무릎에 앉아 놀이기구를 타고 있는 유쾌한 사진에서는 두 사람 모두 사회적 참여에 대한 개방성으로 환히 빛난다. 이와 대조적으로 청소년기와 청년기의 사진들에서는 어릴 적 어머니와 함께 찍은 사진이나 최근 사진들에서 특징적으로 나타나는 눈가의 주름이 보이지 않는다. 표정은 굳어 있고, 미소를 짓고 있는 사진에서조차 지금의 사교적이고 온화한 태도나 폭넓은 감정 표현은 찾아볼 수 없다. 위협적으로 느껴지는 세계에 반응해 원시 미주신경이 나서서 그를 이끈 것이다. 하지만 이제 해리의 스마트 미주신경은 완전히 켜진 상태다. 최근의 인터뷰들에서는 매력적이고 경쾌한 억양의 목소리도 들을 수 있다.

어떻게 이런 변화가 일어났을까? 우리는 대중에 공개된 해리의 삶을 통해 그 과정을 엿볼 수 있었다. 그는 다양한 관계에 몰두함으로써 혼란을 겪으며 복잡성을 포용하고 일관성의 감각을 키워왔다. 그 과정에서는 무엇보다 복잡성과 일관성이 지배하는 왕실의 결혼식도 한몫했을 것이다. 우리는 그가 아프리카에서 에이즈로 부모를 잃은 어린이들과 축구를 하는 모습도 보았다. 그 아이들에게서 해리는 자신이 어머니를 잃고 느꼈던 것과 똑같은 빈자리를 알아보았다. 군복무 역시 그의 발달에서 결정적인 역할을 했다. 그는 이라크 파병 부대에 들어가 '평범한 한 남자'로 지낼 수 있었고 이 경험은 해리에게 자기 자신이 될, 위니콧의 용어를 빌리면 '참 자기'를 발견한 계기였다. 이런 다양한 경험들이 축적되면서 그는 마침내 어머니의 죽음을 애도하는 어려운 숙제를 마주할 만큼 충분한 일관성의 감각을 갖출 수 있었을 것이다. 그가 공개적으로 밝혔듯이 과거의 그는 그러한 애도가 자신에게 허용되지 않는다고 느꼈다. 물론 우리가 단언할 수는 없지만 어머니의 죽음이 가져온 심리적 문제를 풀기 위해 받은 상담 치료 또한 불일치에서 복구로 안전하게 나아가게 하는 관계를 그에게 제공해주지 않았을까 짐작해본다.

2017년 4월 〈데일리 텔레그래프〉에는 해리 왕자가 영국 저널리스트 브라이어니 고든과 한 인터뷰를 다룬 기사가 실렸다. 인터뷰에서 그는 어머니의 죽음을 받아들이고 마음을 정리하려 분투했던 일과 상담을 받기로 한 결정에 관해 이야기한다. "열두 살 때 어머니를 잃은 경험, 그로 인해 모든 감정을 닫아걸고 살았던 지난 20년간의 경험이 내 개인적 삶뿐 아니라 나의 일에도 상당히 심각한 결과를 가져왔습니다."[5]

정신건강에 관한 인식을 변화시키고 정신질환에 대한 낙인을 없애기 위해 해리는 형 부부와 함께 '헤즈 투게더'라는 단체를 설립했다. 웹사이트에 게재된 설명에 따르면, "헤즈 투게더는 사람들이 일상에서 정신적으로 편안함을 느끼고 친구와 가족을 지원할 실질적 도구를 갖추도록 돕고자 한다."[6]

일부 언론은 이 새로운 왕실 커플이 아프리카에서 어린 이들을 위해 일하며 다진 유대감, 그리고 명성을 활용해 세상에 이로운 일을 하고 싶다는 이들의 바람을 언급한다. 이런 설명은 그들의 사랑이 언어로 포착할 수 있는 개념들에 기초한 것임을 암시한다. 기사에는 메건 마클과 첫 데이트를 하던 중 해리가 "내일 뭐 해요?"라고 물었다는 이야기도 자주 등장한다. 사실 두 사람은 처음부터 비언어적 차원에서 연결되었던 것은 아닐까? 언어나 의식적 사고보다 먼저 이루어지는 안전함에 대한 신경지가 그들 관계에서 중요한 역할을 했을지도 모른다.

세상이 너무 시끄러울 때

해리 왕자의 이야기에서도 그랬듯 세계를 위협적이라고 느끼는 것은 우리가 어릴 때 일어난 일의 결과일 수 있다. 그러나 또한 선천적으로 타고난 특성들의 역할도 중요하다. 소리와 촉감, 감각 경험에 대해 아기들이 보이는 반응은 범위가 매우 넓다. 다른 사람에게 안기기를 좋아하는 아이가 있는가 하면, 안기기보다 자기만의 방식으로 세계를 관찰하는 것을 더 좋아하는 아기들도 있다. 어떤 아기들은 아주 작은 소리에도 깜짝깜짝 놀라지만, 무슨 소리가 들리든 평온하게 잘 자는 아기도 있다. 어떤 아기들은 모든 시각적 자극에 대해 눈을 크게 뜨고 경계하며, 어떤 아기들은 사람의 얼굴에 주의 깊게 집중한다. 이런 다양한 반응 중 어떤 것도 그 자체로 '비정상'은 아니다. 그러나 감각이 매우 예민한 아이는 특정한 환경을 다른 아이들에 비해 더 위협적이거나 덜 안전한 것으로 느낄 수 있다. 어떤 아이들은 사교 모임을 재미있다고 느낄 수 있지만, 감각이 예민한 아이들은 그 상황을 다른 방식으로 해석하기도 한다. 이를테면 너무 많은 일이 벌어지고 있다고, 정신이 없다고, 뒤로 물러나 있어야겠다고 말이다.

많은 사람들이 주파수가 낮은 소리를 위협적으로 받아들이는데, 포저스에 따르면 이는 포식자의 으르렁 소리에 대한 우리 조상들의 적응적 반응에서 비롯되었다고 한다. 저주파 소리를 유난히 강렬하게 지각하는 부교감신경계를 지닌 아이는 자신을 보호하고 자신의 신경계를 진정시키는 데 도움이 되는 방식으로 행동하게 된다. 예컨대 장난감들을 질서정연하게 줄지어놓거나 온갖 종류의 공룡에 관한 심도 있는 지식을 습득하는 것 같은 전형적인 행동은 아이가 압도적으로 느껴지는 세계에서 자신을 진정시키는 방식일지 모른다. 이런 행동은 아이들의 적응을 돕는 기능을 하지만, 아이들과 상호작용하는 어른들이 이를 장애의 신호로 해석하여 이 아이들에게 자폐장애 같은 꼬리표를 붙일 수도 있다.

사람들은 한 아이가 세상 속에서 보이는 특징을 묘사할 때 "성미가 까다롭다"라거나 "주변 분위기에 적응하는 데 오래 걸린다"라고 말하기도 한다. 1980년대 하버드대학의 낸시 스니드먼과 제롬 케이건은 이후 큰 영향을 미친 연구[7]에서 생후 4개월 된 아기들을 후각, 시각, 청각 등 다양한 감각 경험에 대한 반응에 기초하여 반응성이 높은 아기들과 낮은 아기들로 구분했다. 일련의 관찰 과정 중 이들은 아기들에게 무의미한 세 음절을 세 단계의 음량으로 말하는 여성의 목소리를 들려준 뒤 울음과 몸을 활처럼 젖히는 동작, 팔다리의 움직임 같은 운동 활동을 기준으로 분류했다. 그랬더니 반응성이 높다고 평가된 아기들 가운데 불쾌감을 암시하는 표정을 짓는 비율이 더 높았다. 스니드먼과 케이건은 수년간 이 아이들을 추적 연구해 행동과 생리 측면에서 다양한 측정치를 얻었고, 고반응성과 저반응성 범주를 유아기부터 청소년기에 이르기까지 아이들 사이에 나타나는 기질적 차이에도 그대로 적용할 수 있음을 알아냈다. 반응성이 높은 아기들은 새로운 상황을 회피하는 성향의 어린이로 자랐고, 취학연령에 이를 즈음에는 감정적으로 차분하고 신중한 경향을 보였으며, 10대가 되어서는 미래에 대한 불안과 더불어 또래에 비해 부정적인 기분을 표현했다. 한편 반응성이 낮은 그룹은 유아기에 회피적 성향이 매우 낮았고, 나이가 들어서도 감정적 자발성과 사교성이 더 높은 것으로 드러났다. 기질이라는 것은 각자가 감각 경험을 두고 만드는 의미에서 생겨나는지도 모르겠다.

부모가 아이의 행동을 잘 이해하지 못해 허둥대면 불일치와 복구의 전형적인 과정이 틀어질 수 있다. 앨리스와 브루스는 아들 헨리가 태어났을 때부터 소리에 대단히 예민하다는 것을 알아차렸다. 헨리를 차에 태워 외출할 때 평화롭게 시간을 보내려면 경쾌한 동요 한 곡을 끝없이 반복해서 틀어줘야 했다. 노래가 잠시만 끊겨도 헨리는 정신이 나갈 듯 비명을 질러댔고, 노래가 다시 시작되면 그만큼 즉각적으로 멈췄다. 두 살이 되어 아장아장 걸음마를 시작하면서 노래 문제는 가라앉았지만 새로운 문제들이 나타났다. 미국 독립기념일 행사에서 아빠가 헨리의 누나 에마와 불꽃놀이를 즐기는 동안, 엄마는 비명을 질러대는 헨리를 안고 주차장으로 달려가야 했다. 안전한 차 안에서 차창을 꼭 닫아 불꽃의 폭음을 차단한 뒤에야 헨리의 지독한 흥분도 잦아들었다.

세 살이 되어 유치원에 입학한 헨리는 다른 아이들과 어울리기보다 혼자서 원을 그리며 달리는 것을 더 좋아했고, 때로는 감정적으로 심각하게 무너지는 모습까지 보였다. 헨리의 부모는 이런 모습을 집에서 매일 경험하고 있었다. 그런데 유치원에서 헨리의 행동을 지켜본 한 선생님은 자폐스펙트럼장애 검사를 받아보자고 제안했다.

무표정 실험 패러다임의 관점에서 우리는 이 상황을 헨리의 생리 상태와 헨리가 처한 환경 사이의 불일치로 해석할 수 있다. 과민성은 헨리가 사회적 참여를 통해 세계의 의미를 만드는 일을 어렵게 만들었다. 헨리가 매일의 경험에서 겪는 불일치는 기질적으로 '느긋한' 아이들이 겪는 불일치에 비해 더 강렬하고 극적이며, 이를 복구하도록 돕기 위해서는 부모와 교사를 비롯해 헨리의 사회적 세계에 속한 사람들이 많은 노력을 기울여야 했다.

이후 헨리는 음악을 공부해 오보에 연주자가 되었다. 부모의 도움을 받아 소리에 대한 극단적인 민감성을 조절하고 관리하는 방법을 찾아낸 덕분이었다. 헨리의 음악적 재능은 사실 그의 청각적 과민성의 이면에 해당하는지도 모른다. 개개의 음들을 구별하는 능력과 절대음감이 그를 문제의 해결로 자연스럽게 이끈 셈이다. 자신이 특정한 소리에 압도된다는 사실을 말로 표현할 수 있게 될 때까지는 그저 무너지는 모습을 보이는 것만이 유일한 감정 전달 방법이었다. 소리를 위협적인 것으로 지각하는 그의 신경지가 일종의 닫힌 문이 되어 헨리가 사회적 상호작용을 통해 의미를 만드는 길을 가로막고 있던 것이다. 음악적 표현에 몰입하게 되면서야 헨리는 자기 존재 안에 온전히 안착할 수 있었다.

포저스는 노래 부르기와 관악기 연주가 어떻게 중이의 구조와 기능을 변화시키는지 설명한다.[8] 관악기에 숨을 불어넣는 과정에서 중이의 근육이 사용되고, 그로써 저주파 소리의 위협적 성격이 바뀐다는 것이다. 포저스가 '신경 훈련'이라 부른 것, 즉 의식적으로 느리고 깊게 호흡하여 자신을 진정시키는 과정에서도 비슷한 일이 일어난다. 노래 부르기와 관악기 연주는 모두 스마트 미주신경을 활성화해 사회적 참여의 문을 여는 일에 일조한다.

다행히 헨리는 타고난 창의성 덕에 세상에서 새로운 의미를 만들 기회를 얻었다. 대학에 가기 전까지는 친구가 별로 없었지만, 대학 오케스트라에 들어가 단원들과 많은 시간을 함께 보내면서 처음으로 사회적 관계에 참여하는 일을 편안하게 느끼기 시작했다. 이 시기는 헨리의 자율신경계가 오보에를 연주하는 바로 그 행위를 통해 변화되던 즈음이기도 했다. 사회적 참여의 문이 열리자 헨리는 처음에는 동료 연주자들과, 이후에는 더 넓은 사회적 관계망 속에서 풍성하고 가치 있는 우정을 쌓아나갔다.

부모가 위험의 의미를 불어넣을 때

헨리의 신경계는 특정 종류의 소리에 반응하여 위험의 의미를 만들어냈다. 그 밖에 또 다른 감각 처리 방식들, 시각과 촉각, 나아가 공간 속 자기 몸의 위치에 대한 반응도 사회적 환경과 만성적 불일치를 일으켜 왜곡된 의미를 만들어낼 수 있다. 이런 상황에 처한 사람들은 감각이 그리 민감하지 않은 사람들에 비해 복구를 위한 작업이 훨씬 더 어렵다. 여기에 더하여 아이들과 삶을 함께하는 어른들 역시 아이와의 상호작용에 자신들만의 의미를 불어넣는다는 사실, 그리고 그 의미들은 어른 자신의 생애 초기 관계에서 온 것인 경우가 많아 사정이 더 복잡해진다. 아동기에 복구를 별로 경험하지 못한 부모라면, 아이가 소리를 지르거나 통제 불능인 상황에 대해 위협적이라는 의미를 만들 수 있다.

헨리의 부모는 아들이 자기 경험에 대해 새로운 의미를 만들게끔 특별히 더 온전한 존재감을 발휘해 뒷받침해주어야 했다. 이때 브루스와 앨리스는 각자 자신들의 가족에게서 받은 자애로운 양육을 모범으로 삼았다. 앨리스는 헨리가 태어났을 때부터 알고 지낸 엄마들과 일주일에 한 번씩 만나 커피를 마셨다. 브루스는 주말마다 친구들과 하는 재즈 쿼르텟에서 피아노를 연주했다. 부부 모두 타인들의 경청과 지지를 많이 경험했고, 이런 경험을 원천으로 삼아 헨리 또한 자신의 버거운 감정들에 대해 안전하게 느끼도록 도울 수 있었다.

부모와 아이의 관계를 돕기 위해 개발된 증거 기반 개입 기법 '안전함의 원'에서, 부모들은 자신이 과거 관계들을 통해 만들어낸 의미를 아이와의 일상적 상호작용에 불어넣고 있는지 확인한다.[9] 이 프로그램에서는 고통스러운 과거의 기억들이 위협적인 느낌을 촉발할 수 있다는 개념을 설명하기 위해 부모와 치료사, 트레이너들에게 '상어 음악'이라고 알려진 클립을 활용한다. 참가자들은 해 질 무렵 바다의 모습을 담은 화면에 부드러운 멜로디가 깔린 영상을 본다. 그런 다음 다시 같은 장면을 보는데, 이번에는 존 윌리엄스가 작곡한 영화 〈조스〉의 주제곡과 비슷한 음악이 깔린다.

윌리엄스는 그저 넓고 푸른 바다만 펼쳐지는 오프닝 장면에서도 의도적으로 두려운 느낌을 조성하는 음들을 골랐을 것이다. 이때 두려움이라는 반응은 뇌의 바깥쪽 층인 피질에서 만들어지는 의식적 사고에서 오는 것이 아니라, 피질이 개입하기 전 감각계와 자율신경계에서 만들어진다. 〈조스〉 주제곡을 들을 때 나오는 우리의 반응은 "이건 무서운 영화에 나오는 음악이야"라는 생각의 결과가 아니다. 위협은 소리 그 자체에 담겨 있다. 우리는 단어나 생각 없이도 어떤 상황에 대해 위협의 의미를 만든다. 말하자면 안전함의 원 기법에서 상어 음악은 아이와 상호작용할 때 부모들이 위협을 느끼는 방식, 의식적으로 인지되지 않으며 말로 옮길 수도 없는 경로로 경험에 대한 의미를 만드는 방식을 의미한다.

인기 동요 〈아기 상어(상어 가족)〉[10]는 음악과 의미 만들기의 관계에 흥미로운 반전을 더한다. 이 노래의 도입부는 〈조스〉 주제곡의 멜로디를 흉내 내지만, 금세 밝은 분위기로 바뀌며 귀를 사로잡는 주요 멜로디로 넘어간다. 먼저 사냥에(이는 아마도 큰 바깥세상에 내재한 위험을 상징할 것이다) 나선 상어 가족을 하나하나 호명한 다음 "살았다, 뚜루루 뚜루"로 마무리하는 가사도 안전함의 흐름을 나타낸다. 부모로서는 〈아기 상어〉가 왜 그렇게 마음을 끄는지 알 수 없겠지만, 아이들은 아마 이 노래에 반영된 것, 즉 위협에서 안전함으로 넘어가는 보편적인 경험에 매혹되는 것인지도 모른다.

아이를 양육하는 일 자체가 위협적으로 느껴질 때, 투쟁도 도피도 불가능한 상황에서 부모의 몸은 무의식적으로 교감신경의 반응을 억누를 수 있다. 자신의 아이를 보호하려는 본능이 아이를 해치거나 저버리는 행위를 막는 것이다. 이때 원시 미주신경이 주도권을 잡기도 하는데, 그러면 부모는 무의식적으로 아이에게 무표정한 얼굴을 보여주게 되고, 사회적 참여 체계가 얼어붙어버린 이 상태를 아이는 위협적인 것으로 지각할 수 있다.

리처드와 나이마는 자신들이 명확한 한계와 경계선을 지키며 아이를 양육하리라 생각했다. 그들은 나이마의 부모처럼 지나치게 응석받이로 키우는 부모도, 리처드의 부모처럼 엄격하고 권위적인 부모도 되고 싶지 않았다. 그들은 두 살 된 오언을 존중하는 태도로 대했고, 아기 말투를 써서 대화하는 법도 없었다. 그들이 보기에는 이런 방식이 아주 잘 통하는 것 같았다. 어느 날 생일 선물로 받은 레고 세트에 몰두해 있던 오언에게 리처드가 이제 외출할 시간이라고 이야기하기 전까지는. 아빠의 말에 오언은 갑자기 바닥에 나뒹굴며 발길질을 하고 소리를 질러댔다. 리처드는 즉시 오언을 바닥에서 일으켜 세운 뒤 버둥거리는 아이를 꼭 끌어안은 채 엄격하지만 온화한 말투로, 이런 짓을 하면 안 된다고, 그러면 너나 다른 사람이 다칠 수 있다고 타일렀다.

하지만 그때부터 오언은 하루에 여섯 번 이상 떼를 쓰며 화를 터뜨렸다. "음식 던지지 마." 폭발. "잘 시간이야." 폭발.

부모가 하는 모든 말이 오언을 폭발하게 하는 것 같았다. 오언을 안아올릴 때마다, 포옹할 때마다, 그렇게 행동하면 안 된다고 확실하게 이야기할 때마다 폭발은 반복되었다. 마침내 이들의 인내심은 한계에 이르렀다. 나이마가 오언에게 저녁을 다 먹을 때까지는 쿠키를 줄 수 없다고 하자 오언이 식반을 통째로 바닥에 내던져 엉망진창으로 만들어버린 것이다. 그 사랑스럽고 순하던 아이가 어쩌다 이렇게 됐을까?

처음에 리처드는 갑작스러운 아들의 변화가 당황스러울 뿐이라고 말했다. 그러나 나이마와 함께 치료사를 만나 상담을 하던 중 오언에게서 자신의 옛 모습이 보인다고 털어놓았다. 그는 어렸을 때 부모와 선생님 모두에게 '문제아' 취급을 받았고 자주 야단을 맞았다. 유치원에서는 여러 차례 다른 아이들을 때려 집에 돌려보내지기도 했다. 그의 아버지는 옷을 벗겨 엉덩이를 때리는 모욕적인 방법으로 리처드를 벌했는데, 남들이 보는 앞에서 그럴 때도 많았다.

아이들이 화를 터뜨리며 떼를 쓰는 것은 자연스럽고 건강한 현상이다. 첫해에는 자기를 전능한 존재로 느끼다가 점점 상대적인 무력함을 깨달아가는 과도기에 접어들면서 주로 이런 행동을 보인다. 그러나 리처드 자신의 어린 시절 경험에 비추어보면 통제되지 않는 아이는 공포와 굴욕을 의미했다. 리처드의 자율신경계가 오언의 전형적이고 발달단계상 적절한 행동을 두고 위협적이라는 의미를 만든 것이다. 이런 의미는 리처드의 초기 아동기에 뿌리를 두고 있었다. 리처드는 어린아이가 떼를 쓰는 이유가 무엇인지 이해하고 그런 행동이 자연스러운 경로로 흘러가도록 허용하는 대신 그 행동을 그냥 금지해버렸다. 오언에게 떼쓰기라는 자연스러운 좌절감의 표출구를 완전히 막아버린 것이다. 자기 아이가 떼를 쓰는 상황에 직면하자 리처드의 사회 참여 체계는 꺼져버렸다. 한편 나이마는 4남매 중 하나로 행동에 거의 아무런 제약도 받지 않고 자라며 늘 감정적 혼돈이 팽배한 느낌을 받았고, 따라서 그 역시 오언의 폭발에 대처할 준비가 되어 있지 않았다. 나이마는 오언에게 도움이 되는 방식으로 행동에 제한을 두려면 어떻게 해야 할지 도무지 알 수가 없었다. 결국 오언은 자신의 버거운 감정들에 대처하게끔 도와줄 어른이 아무도 없는 채로 혼자 방치되었다. 오언이 전형적인 두 살 아이로서 존재하게 해주어야 할 상황에서, 부모 모두 그 발달단계에 특징적으로 나타나는 자연스러운 혼란스러움을 거부하기만 한 것이다.

우리는 다미주 이론과 무표정 실험에서 얻은 통찰을 발판 삼아 어째서 이런 상황이 발생했는지 짐작해볼 수 있다. 수치심과 공포, 고통에 대한 신체적 기억이 촉발한 리처드의 해리 반응은 그의 행동뿐 아니라 얼굴근육으로도 전달되었을 것이다. 스트레스를 받으면 얼굴근육을 조절하는 스마트 미주신경이 정상적으로 기능하지 못하고 더 원시적인 기능에 밀려나게 된다. 오언이 막막함과 무력감을 가장 강하게 느끼는 순간, 리처드는 오언에게 무표정한 얼굴을 보여주고 있었던 것이다. 물리적으로는 아들과 함께였지만, 리처드의 얼굴과 목소리는 원시적인 신경 반응의 영향 아래 놓여 있었다. 이는 그 자신이 의식적으로 통제할 수 없는 자동적인 반응이었다. 그러나 오언에게 필요한 건 아빠가 자신의 답답함을 알아주고 자신의 행동에 적절한 한계를 설정해주는 것이었다. 때로는 화를 터뜨리고 떼를 쓰는 아이의 행동이 자연스러운 흐름을 따라 저절로 마무리되도록 내버려두어야 한다. 리처드는 오언의 정당한 감정은 몰라주고 행동 그 자체만을 제재함으로써 아직 자신의 감정을 표현할 언어능력이 발달하지 않은 오언의 의사소통 수단을 차단해버린 셈이었다. 점점 더 공격적으로 변해가는 오언의 행동은 두 살짜리 아이가 아빠와 의사소통하기 위해 쓸 수 있는 유일한 방법이 아니었을까?

이렇게 아버지의 도움을 받을 수 없는 상황이 일상적으로 이어지면서 오언은 자신의 크고 버거운 감정들에 대해 안전하지 않다는 느낌을 갖게 되었을 것이다. 리처드는 아들이 안전함을 느끼도록 돕기 위해 아들의 행동에 대해 덜 위협적인 새로운 의미를 만들어야 했다. 이런 새로운 의미들은 부분적으로는 언어와 사고의 형태를 띨 수도 있다. 심리치료를 통해 자신의 아동기에 관해 이야기함으로써, 리처드는 자신의 어린 시절 경험과 현재 겪고 있는 오언과의 문제가 서로 연관되어 있음을 깨달았다.

그러나 리처드의 몸속에 자율신경계의 반응이라는 형태로 남아 있는 의미들을 바꾸기 위해서는 언어와 사고 이상의 무언가가 필요했다. 게다가 아직 두 살이라는 어린 나이지만 오언의 자율신경계에서도 자신의 복잡한 감정들이 괜찮은 게 아니라는 의미가 만들어지고 있었다.

리처드와 오언은 부모와 아이가 함께하는 무술 수업을 받으면서 둘 다 자신의 버거운 감정들을 안전하게 느낄 수 있는 새로운 '언어'를 배우기 시작했다. 함께 몸을 움직여 미리 잘 짜인 불일치와 복구의 과정을 밟아가는 동안, 의사소통의 불가피한 오류와 오해를 자기 자신과 서로에게 표현할 새로운 방식을 찾을 수 있었다. 리처드는 오언이 떼쓰는 것을 억누르거나 모르는 척 넘겨버리는 대신 그냥 있는 그대로 지켜볼 줄 알게 되었다. 이렇게 새로운 방식으로 접근하자 오언이 화를 터뜨리는 빈도와 강도도 줄었다.

리처드는 자신의 경험을 말로 표현하면서, 또 안전하고 한정된 시간과 공간에서 몸으로 치고받으면서, 원시 미주신경을 활성화하지 않고서도 아들의 행동에 반응할 수 있게 되었다. 오언이 떼쓰기라는 자연스러운 방식으로 답답한 마음을 표현할 때, 리처드는 아들에게 풍부한 표정을 보여줌으로써 자신이 안전한 피난처가 되어줄 수 있다는 점을 전달했다.

리처드는 그전까지 아이와의 상호작용에 조금의 혼란도 허용하지 않았고, 그 때문에 불일치를 반복적으로 경험하면서도 복구의 기회는 잡지 못했다. 그러나 심리치료와 무술 수업을 통해 두 살 아이의 자연스러운 성향을 편안히 받아들이게 되었고, 그로써 아버지와 아들은 크고 작은 모든 불일치를 복구할 수 있었다. 한편 두 사람의 관계에 생긴 변화와 오언의 긍정적인 반응을 지켜본 나이마는, 아이에게 한계를 설정하는 일이 도움이 될 수 있지만 자신과 리처드가 편안하고 자애롭게 함께 있어줄 때 그러한 방식이 훨씬 큰 효과를 발휘한다는 사실을 깨달았다. 그렇게 가족 관계가 안정을 찾고 서로에 대한 신뢰가 돈독해지자, 오언 역시 폭발하는 일 없이 자신의 버거운 감정들을 잘 처리할 수 있는 능력을 갖추게 되었다.

기질이라는 단어는 눈동자 색깔처럼 타고난 결정적 특징으로 받아들여질 수 있다. '자폐장애' 같은 정신의학적 진단명 역시 그것이 한 개인에게 내재한 고정된 문제라는 인상을 준다. 그러나 다음 장에서 자세히 확인할 수 있듯이, 세상에 대해 안전함이나 위협을 느끼는 개인의 감각은 고정된 것이 아니다. 지각은 다른 사람들과의 관계에서 의미를 만들어가는 지속적인 과정 중 얼마든지 달라질 수 있다.

아이는 저마다의 감각 처리 방식으로 불일치-복구 과정에 기여한다. 이런 특징들은 사회적 참여 체계에서 본성의 차원에 해당한다. 양육의 차원인 삶의 경험 역시 상황이나 관계의 안정성에 대한 개인의 해석에 똑같이 기여한다. 본성과 양육 어느 한쪽도 홀로 결정적인 요소로 작용하지 않는다. 둘은 복잡한 방식으로 상호작용하면서 세상 속 자기 자신에 대한 의미를 형성한다.

아이들은 각자의 특징들을 가지고 태어나며, 부모들은 자신의 과거 경험을 품은 채 부모라는 새로운 역할로 들어온다. 그러나 일단 부모와 아이가 만난 뒤에는 아이의 기여와 부모의 기여를 분리할 수 없다. 모든 개인의 발달은 다른 사람들과의 관계에서 일어나는 상호작용과 내밀하게 얽혀 있기 때문이다. 예를 들어 자율신경계의 차이 때문에 어떤 아이는 여러 형태의 감각 입력에 압도감을 느낄 수 있으며, 그러면 자기 보호를 위해 이 아이의 원시 미주신경이 주도권을 잡는다. 자폐장애 진단을 받은 아이들은 지을 수 있는 표정이 몇 가지 안 된다고 알려져 있다. 그런 이유에서 이 아이들을 돌보는 어른들은 아이와의 감정적 접촉이 잘 이루어지지 않아 힘들어하게 되고, 이는 잘못된 신호와 단절이 얽히는 악순환으로 이어지기 쉽다.

탱고는 두 사람이 있어야 출 수 있다

최근 우리 연구를 발표하는 자리에서, 어떤 어머니가 두 아들이 자기 말을 듣지 않을 때 사용하는 방법을 알려주었다. 신발을 신으라고 두 번 세 번 말했는데도 듣지 않으면 그때부터 오페라 가수처럼 노래를 하며 그 말을 한다는 것이다. 이는 그저 웃기는 행동이자 상황을 진정시키는 것 이상의 효과를 가져온다. 사실 이 엄마는 자신의 자율신경계를 진정시키는 자기만의 신경 훈련법을 발견한 것이다. 포저스는 이렇게 썼다. "노래를 부르려면 날숨을 천천히 내쉬어야 하고, 동시에 성악 발성을 만들어내기 위해 얼굴과 머리의 근육을 통제해야 한다. 느린 날숨은 배측 미주신경[스마트 신경] 경로가 심장에 미치는 영향을 확대함으로써 자율신경계의 상태를 진정시킨다."[11] 두 아들은 성질을 부리며 상황을 망치는 대신 엄마의 말에 주의를 기울이며, 우스꽝스러운 상황 속에서 엄마와 연결을 맺는다. 이 현명한 엄마는 자신의 버거운 감정을 진정시키는 방법을 찾아냄으로써 아이들 곁에 온전히 함께할 수 있는 상태를 만들었고, 그 덕에 아이들의 감정 처리도 도울 수 있었다.

우리는 아기가 엄마의 머리카락을 잡아당기는 예의 영상을 다시 보면서, 그 상호작용이 전개되는 방식에서 엄마와 아기 모두 중요한 역할을 했음을 확인할 수 있었다. 처음에 아기는 위협의 경험에 반응하여 상호작용에서 빠져나갔고, 엄마는 자기가 아기에게 겁을 주었다는 것을 깨닫고 아기를 다시 상호작용 속으로 끌어들이려 노력했다. 마치 아기가 엄마를 상대로 작은 무표정 실험을 한 듯한 상황이었다. 아주 짧은 찰나의 불일치 이후 엄마와 아기는 다시 서로를 발견하고 기쁨 속에서 재연결되었다.

오페라 가수 흉내를 내는 엄마와 아들의 상호작용이나 이 동영상 모두 흔히 자기 조절이라고 하는, 자신의 감정과 행동을 관리하는 능력이 관계 속에서 어떻게 성장하는지 보여주는 예들이다. 다른 사람들과 가깝게 지내는 일과 자기를 조절하는 능력은 결국 순간순간의 무수한 상호작용 속에서 변화하고 성장하는 동안 생겨난다. 다음 장에서 살펴보겠지만, 우리는 개인의 의미와 목표와 의도를 주고받는 상호 조절을 통해 함께 새로운 의미를 만들어낸다. 의미를 서로 공유하며 만들어가는 과정이야말로 가장 막강한 힘을 지닌 신경 훈련이다. 이 과정이 유아와 양육자 사이에서 어떻게 작동하는지 이해하면 성인기에 경험하는 모든 종류의 관계 속에서 길을 찾는 데도 도움이 될 것이다.

4장

비난 게임은 이제 그만

스티븐 손드하임은 뮤지컬 〈컴퍼니〉에서 인간관계의 복잡성과 혼란함을 아름답게 그려낸다. 극에 등장하는 여러 쌍의 부부는 제각기 따뜻함과 친밀함과 더불어 깊은 불화도 표현하지만, 주인공 보비는 그러한 충돌에서 줄곧 한발 물러나 안전한 상태를 유지한다. 극이 끝나갈 무렵에야 그는 마침내 자신이 무엇을 놓치고 있었는지 이해하고, 〈살아 있다는 것〉이라는 노래를 부르며 혼란 속으로 기꺼이 들어가는 것이 온전히 살아 있는 것임을 받아들인다. 우리는 다른 사람과의 완전한 일치란 불가능하다는 것을 인정할 때에야 친밀한 관계를 향해 자신을 온전히 열게 된다. 순간순간의 상호작용에 따라붙기 마련인 혼란과 어수선함을 인정하고 다른 사람들과 오롯이 함께하면서도 서로 침해하지 않는 공간을 만드는 일이 세상에 의미 있게 참여하는 길을 닦아준다.

타인과의 친밀한 관계에 자신을 열어두려면 자기 조절을 위한 견고한 자기 감각을 갖추어야 한다. 자기 조절은 강렬한 감정의 억제를 암시하는 비교적 차가운 자기통제 개념과는 다르다. 자기 조절이란 세계에 참여해 모든 범위의 감정을 경험하고 감당해내는 능력을 말한다. 가까운 사람을 잃었을 때 우리는 애도와 깊은 슬픔의 감정을 느껴야 하지만, 그러면서도 한 사람으로 기능할 수 있는 능력을 잃어서는 안 된다. 이와 유사하게 분노는 친밀한 관계를 형성하는 건강한 감정이지만, 격분한 상태에서 자기 자신과 상대방에 대한 감각을 완전히 놓쳐버리는 것은 문제가 된다. 또한 우리는 강렬한 쾌락을 느끼면서도 그 속에서 길을 잃지 않을 수 있어야 한다. 섹스가 명백한 예이긴 해도, 사람은 혼자일 때도 깊은 쾌락을 느낄 수 있다. 상상의 놀이에 완전히 몰입해 있는 아이도, 어두운 극장에 혼자 앉아 심오한 방식으로 자신에게 말을 걸어오는 연기를 감상하는 어른도, 온전히 홀로 있는 상태에서 느낄 수 있는 강렬한 기쁨의 감각을 경험한다.

자기 감각은 생애 최초의 애착 관계인 부모와의 상호작용을 통해 자라난다. 그러나 최초의 관계에서 친밀함과 자기 신뢰의 역량을 키워주는 불일치 및 복구를 경험하지 못했더라도, 관계를 맺는 새로운 방식은 언제든 배울 수 있다. 순간순간의 상호작용을 제공하는 새로운 기회들이 세상 속 자기 자신에 대한 감각을 변화시켜주기 때문이다. 영화 〈얼라이브 앤드 키킹〉에서 우리는 상실감과 외로움에 빠진 인물들이 스윙을 추며 자신을 발견하는 모습을 본다. 그들은 서로의 발을 밟고, 스텝을 두고 언쟁을 벌이는가 하면, 경연 탈락의 실망감을 함께 헤쳐나간다. 혼란한 상황을 함께 겪으면서, 상호 조절과 자기 조절이 아름답게 결합된 새로운 공동체의 일원이 된 기쁨에 젖어든다. 음악에 맞추어 춤을 추는 행위는 우리가 신체의 안정을 찾도록 돕는다. 그리고 이런 활동을 할 때 경험하는 조절은 자신의 움직임뿐 아니라 파트너와의 상호작용에서 오는 것이기도 하다.

부모가 되어 온전히 자녀와 함께 시간을 보내는 것은 자기 신뢰와 친밀함 모두를 키워준다. 그러나 어린 자녀를 둔 부모가 오랜 시간 일을 하고 지쳐서 퇴근한 뒤 집에서 아이와 '질적으로 좋은 시간'을 보내기란 결코 쉽지 않다. 부모들은 왜 늘 집에 와서 저녁 준비를 하려는 순간 자신이 감정적으로 무너지곤 하는지 의아해한다. 롤라와 엄마 시몬의 이야기를 통해 이런 상황을 살펴보자.

시몬은 엉망진창으로 정신없이 돌아가는 직장 생활에 시달리고 있었다. 길고 힘든 하루를 보낸 후 집에 돌아오면 세 살 난 딸 롤라가 함께 상상 놀이를 하자고 조르지만 이미 뇌를 혹사당한 시몬에겐 너무나 힘든 일이었다. 그는 딸의 요구에 제대로 응하지 못했고, 자신의 필요와 딸의 필요를 모두 채우려 고군분투하다가 결국 감정을 터뜨리고 무너져 딸과 함께하는 저녁 시간을 망쳐버리곤 했다.

처음에 시몬은 매일 저녁 떼를 쓰는 롤라를 보며 딸이 일부러 "내 인생을 힘들게 만들고 있다"라고 생각했다. 롤라는 엄마가 제 마음을 곧바로 이해해주지 못할 때마다 거실을 말 그대로 난장판으로 만들었다. 자기 딴에는 엄마를 놀이에 끌어들이려 한 결과였다. 시몬은 시몬대로 다음 놀이를 하기 전에 먼저 꺼내놨던 장난감을 정리하지 않았다고 롤라에게 소리를 질렀다. 시몬과 롤라가 느끼는 분노와 답답함은 불일치를 바로잡을 기회를 차단했고, 두 사람이 서로에 대해 만든 의미는 그들의 연결을 원천적으로 불가능하게 했다.

그러나 잠깐 멈춰 시간을 갖고 롤라가 하는 행동의 의미를 생각하자, 시몬은 딸이 자신을 그리워하고 있었던 것임을 이해할 수 있었다. 롤라의 감정적 폭발 역시 하루 종일 엄마 없는 상태를 견디며 버텨온 피로의 결과였다. 엄마가 자기와 함께 있으면서도 여전히 같이 놀아주지 않자 롤라는 큰 실망을 느꼈고, 이는 롤라가 감당하기에는 너무 버거운 감정이었다.

시몬은 이 일상의 딜레마에 대해 아주 좋은 해결책을 찾아냈다. 롤라를 무릎에 앉히고 함께 색칠 놀이를 하기 시작한 것이다. 이는 두 사람에게 연결의 기회를 주는 동시에 둘 모두를 차분히 진정시켜주는 활동이었다. 이렇게 모녀는 함께하면서도 각자 편안함을 느낄 수 있었다.

혼자 있을 수 있는 능력

성인기에 접어든 두 자녀가 각자의 연인과 휴가를 떠난 여름, 클레어는 그동안 다른 성장 이정표들을 거쳐오면서는 겪어본 적 없는 내면의 변화를 감지했다. 오래전 어느 아침이 떠올랐다. 그날 클레어는 이른 새벽에 일어나 소파에 앉아서 커피를 홀짝이며, 요람에 잠들어 있는 아들 에즈라와 인형을 가지고 소꿉놀이를 하는 세 살짜리 딸 레이철을 바라보고 있었다. 세 사람은 함께하면서도 각자 혼자인 아주 평화로운 상태였다.

평화로운 유년기의 장면과 그해 여름 사이에는 흔한 고군분투의 세월이 있었다. 아이들과의 놀이 약속이 무산되는 소소한 일부터 아이들이 너무나 원했던 대학에 떨어진 일, 아이들 할머니의 죽음까지, 클레어와 남편 재러드는 여러 힘겨운 시기를 거쳐왔다. 앞으로도 많은 일이 있겠지만, 클레어는 지금 이 순간의 기쁨을 온전히 누리기로 했다. 과거의 분투와 혼란이 두 아이에게 세상 속 자신에 대한 견고한 감각을 갖게 해주었다는 것, 그러한 자기 감각이 그들에게 친밀한 관계의 기회를 안겨주었다는 것을 클레어는 잘 알았다.

자기 자신을 편안하게 느끼는 능력과 친밀함에 대한 개방성, 이 두 역량은 서로 밀접하게 연결되어 있다. 혼자 있을 수 있는 능력은 타인들과의 관계를 통해 자라나며, 타인들과 친밀해질 수 있는 능력은 혼자 있을 수 있는 능력에 뿌리를 내리고 있기 때문이다.

많은 사람이 관계에서 완벽한 조화를 이루어야 할 뿐 아니라 상대와 매 순간 상호작용을 주고받을 수 있어야 한다는 압박을 느낀다. 항상 아이들과 놀아주어야 한다고, 혹은 힘든 일을 겪고 있는 친구나 파트너에게 조언해줄 준비가 늘 되어 있어야 한다고 말이다. 아동발달 분야에서 쓰는 서브 앤드 리턴이라는 용어는 정서적 성장이 상호작용에 뿌리를 두고 있다는 생각을 반영한다. 그러나 인생이라는 테니스 게임에서는 모든 서브를 리턴 해줄 수 없다. 자신을 있는 그대로 편안히 느끼기 위해서는 깊이 생각하고 문제를 해결할 공간이 필요하다.

이런 능력은 유아기부터 발달하기 시작하는 것으로 밝혀

졌다. 아이들이 막 태어난 초기에 클레어는 늘 아기를 품에 안고 육아에 완전히 몰두한 채 몇 주를 보냈다. 그런 뒤 이후 여러 해 동안은 아이들의 모든 필요를 충족시키는 데 '실패'함으로써, 아이들이 혼자 있는 것을 편안해할 수 있는 능력을 기르도록 해주었다. 그렇게 클레어는 아이들과 모든 걸 함께하지 않고도 자신이 곁에 있다는 인식을 심어주었고, 결국 아이들은 엄마 없이도 충분한 자신감을 안고 세상 속으로 나아갈 수 있게 되었다.

2장에서 우리는 D. W. 위니콧이 제시한 '그만하면 괜찮은 엄마' 개념에 대해 살펴보았다. 그보다는 덜 알려져 있지만, 발달단계의 한 성취인 혼자 있을 수 있는 능력을 다룬 위니콧의 글도 그 못지않게 중요하다.[1] 위니콧은 성인 내담자들이 치료 초기 침묵의 순간에 발산하는 큰 공포 혹은 분노에 대해 이야기한다. 그러다 어느 정도 분석을 이어나가면 내담자들이 새롭고 확고한 자기 감각을 갖추어 침묵 속에서도 편안히 있을 수 있게 되고, 그런 순간에는 침착하고 평화로운 느낌이 든다고 말한다. 내담자와 치료사가 함께 하면서도 각자 온전히 존재할 수 있게 되는 것이다.

위니콧은 내담자들과의 상담을 통해 편안히 혼자 있을 수 있는 능력이 초기의 부모-아이 관계에서 생겨난다는 것을 깨달았다. "혼자 있을 수 있는 능력은 누군가와 함께하면서도 각자 온전히 혼자였던 경험에 근거하며, 이런 경험을 충분히 하지 못하면 혼자 있을 수 있는 능력은 발달할 수 없다." 그는 이러한 역설을 이야기하며 다음과 같이 덧붙인다. "성숙함, 그리고 혼자 있을 수 있는 능력은 그 사람이 긍정적 환경에 대한 믿음을 쌓을 수 있을 만큼 그만하면 괜찮은 양육을 받았음을 암시한다." 2장에서 보았듯이 이 '긍정적 환경'에는 부모가 자신의 모든 필요를 채워주지 못하는 상황을 무리 없이 받아들이는 반복적인 경험도 포함되며, 이로써 아이는 자신과 타인에 대한 신뢰감을 키워갈 수 있게 된다. 이런 상호작용은 아이의 성격과 세상에서 살아가는 방식을 형성하는 요소로 작용하여, 홀로 바깥세상으로 나간 뒤에도 그들을 온전하게 지켜준다.

무표정 패러다임: 따로 또 같이

사회라는 세계에서 행동과 감정을 관리하는 개인의 능력은 건강과 안녕에 필수적이다. 무표정 패러다임은 자기 조절 능력이 관계의 상호작용 속에 어떻게 녹아 있는지를 밝혀냈다. 친밀함과 자기 신뢰는 동전의 양면과도 같다. 우리의 연구가 그만하면 괜찮은 엄마라는 임상적 개념의 타당성을 증명하듯이, 실험 환경에서 부모-아기 쌍들을 관찰한 내용은 혼자 있을 수 있는 능력의 발달에 관한 위니콧의 임상 관찰을 뒷받침하는 증거를 제시한다.

우리는 부모-아기 쌍들의 놀이 영상과 무표정 실험 영상을 분석하면서 차이점들을 관찰했다.[2] 전형적인 불일치와 복구 패턴을 보인 쌍의 경우, 아기들은 대체로 무표정 실험 상황에서도 자기 조절을 할 수 있었다. 엄마의 지지 없이 스스로 괴로운 상황을 처리하도록 내버려두어도 충분히 침착함을 유지했으며, 자신의 움직임과 행동을 동원하여 "나에게 반응해줘요!"라는 신호를 보냈다.

반면에 성장을 촉진하는 불일치와 복구 경험이 부족했던 일부 부모-아기 쌍들은 비전형적 상호작용을 보였다. 이는 복구까지 시간이 너무 오래 걸렸거나, 불안과 강요가 심한 양육자 때문에 복구할 기회를 별로 갖지 못했을 때 나타나는 특징이다. 이런 아기들은 무표정 실험이 주는 스트레스 상황에 직면했을 때 혼란스럽게 버둥대며 몸을 활처럼 뒤로 구부려 부모에게서 멀어짐으로써 스스로 위로하는 쪽을 택했다. 자기 위로 또한 적응 행동일 수 있으나, 이 아기들의 경우에는 모든 에너지를 자기 조절에 쏟는 듯했다. 자기를 조절하기 위해 세계를 향한 문을 닫아거는 셈이었다. 주의를 내면으로 돌리고 평정을 유지하는 데 자신의 모든 자원을 사용한

이 아기들에게는 재연결을 위한 에너지가 남지 않았다.

불일치와 복구 과정은 아기의 자기 감각을 키워주며, 양육자와의 관계에 대한 신뢰를 심어준다. 이 과정을 거친 아기는 상호작용을 주고받던 상대가 사라진, 어떤 면에서 '혼자'가 된 짧은 동안에도 여전히 평정을 유지한다. 엄마가 돌아오리라는 믿음이 있기 때문이다. 아기는 자기가 침착을 유지할 수 있다고, 다시 괜찮아질 거라고 믿는다. 그러나 불일치와 복구의 전형적인 경험을 하지 못한 아기들의 자기 감각은 더 빈약하다. 이런 아기의 경우, 상호작용을 주고받는 파트너의 뒷받침 없이는 일관성의 감각을 유지하지 못했다. 자기 혼자서 버텨내지 못하리라는 걸 몸으로 '알고' 있는 것이다. 이들 중 다수는 엄마가 다시 상호작용을 나누려 할 때도 완전히 무너져 있거나 계속 자기 위로에 의지한 채 위축된 상태를 유지했다.

이런 차이들은 모든 연령대에서 나타난다. 커플 치료사이자 저술가인 수 존슨은 무표정 패러다임이 성인 커플을 대상으로 한 자신의 임상 작업과도 깊은 관련성이 있음을 깨닫고 우리에게 성인 무표정 상황의 예시 동영상 제작을 도와달라고 요청해왔다.[3] 성인들이 각각 아기와 부모의 역할을 연기하는 서문의 실험과 달리, 이 영상은 한 성인 커플의 역할극을 보여준다. 자원한 참가자들에게 각자의 역할을 안내해주기는 했지만, 실제로 역할극이 시작되자 두 사람은 대본에서 벗어나 자연스럽게 즉흥적으로 상황을 만들어갔다.

이 영상에서는 남녀 한 쌍이 마주 본 채 열띤 언쟁을 벌인다. 남자가 말한다. "당신 가족들 집에 가고 싶지 않아. 그들은 나를 싫어해. 아는 척도 안 한다고." 대화 중반부에 남자는 자신을 닫아걸어, 표정도 연결감도 없는 얼굴을 보인다. 그런 다음 아예 몸을 돌려 시선을 바닥으로 향한 채 반복적으로 눈을 깜빡이다가 아예 눈을 감다시피 한다. 그의 파트너는 최초의 무표정 실험 동영상 속 아기처럼 감정적으로 무너진다. 목소리가 점점 높아지고, 몸은 남자를 향해 있지만 경직된 채 어쩔 줄 몰라 허둥댄다. 말로써 연결해보려는 절박한 시도가 실패하자 여자는 울기 시작하고, 이에 남자는 놀라 돌아선다. 고개를 드는 남자의 얼굴에는 다시 표정이 살아나 있다. 그는 부드러워진 목소리로 말한다. "당신이 마음 상한 거 알아. 이건 당신 때문이 아니야." 그는 여자의 가족들이 자신의 직업에 관해 질문을 퍼붓는 상황이 두렵다고 설명하고, 자신에게는 여자와 함께 계속 이야기를 나누는 것이 중요하다고 말한다. 여자가 고개를 들자 남자도 여자와 눈을 맞춘다. 이렇게 다시 연결되는 동안 그들의 표정은 부드러워진다.

존슨은 자신의 블로그에 다음과 같이 썼다.

아기와 엄마든 두 성인 연인이든, 관계의 춤은 동일한 감정들, 동일한 필요와 움직임으로 구성된다. 모든 사랑 관계는 연결과 단절의 춤이다. 닿고자 하는 춤이었다가, 반응이 없을 때는 항의와 외면과 감정 붕괴의 춤이 되며, 그 상황을 잘 헤쳐나갈 때는 복구와 재연결의 춤이 된다.

존슨은 많은 커플들이 일상에서 자신의 '무표정한' 행동이 상대방에게 미치는 영향을 전혀 의식하지 못한다는 점을 알아차렸다. 존슨은 이렇게 썼다.

커플들의 관계 복구를 돕기 위해 연구하는 동안, 우리는 성인 커플들이 자신을 닫아걸고 연인을 차단하면서도 상대에게 어떤 공포와 당혹감을 주고 있는지 전혀 모른다는 사실을 알게 되었다. 이는 주로 싸움을 피하려는 의도에서 나온 행동이지만, 이러한 단절의 행위는 오히려 상대의 화를 부추기고 극도로 흥분시키며, 반응을 이끌어내기 위한 부정적인 시도를 유도하기도 한다.

이 과정, 자신과 파트너가 보이는 무표정 행동과 그것이 촉발하는 반응을 의식하면 문제가 생긴 관계를 치유의 길로 이끌 수 있다. 자신의 괴로운 상황에 정신이 완전히 쏠릴 때 우리는 다른 사람과 연결할 수 없는 상태가 되며, 의도치 않게 파트너에게 '무표정'을 보임으로써 서로의 신호를 놓치고 의사소통에 난항을 겪는 악순환에 빠질 수 있다. 그런 순간에는 잠시 멈추고 호흡하면서, 명료하게 사고할 수 있을 만큼 충분히 마음을 진정시킬 방법을 찾아야 한다. 상대의 관점을 이해하고 받아들일 수 있을 때, 복구와 화합의 길도 열린다.

내면 아이를 위한 균형 찾기

아미르가 초등학교에 다니던 시절, 부모의 사이가 몹시 나빠지기 시작했다. 엄마의 악의 없어 보이는 말에도 아빠는 폭발해 경멸조의 신랄한 말을 쏟아내고는 방에서 뛰쳐나가곤 했다. 이런 싸움이 벌어질 때, 엄마는 몸은 아들 곁에 남아 있어도 감정적으로는 사라진 것이나 다름없었다. 그렇게 아빠와 엄마 모두가 갑자기 사라지면 아미르는 길을 잃은 것 같았다. 세상이 더 이상 이해되지 않았다. 부모와 함께하는 순간순간의 불일치와 복구 과정 대신, 복구 없이 길게 이어지는 불일치만 남아 있었다. 이런 싸움은 보통 하루가 저물 무렵에 벌어졌다. 이튿날 아침 아미르가 학교에 갈 준비를 할 때면 부모는 괜찮아 보였고, 모든 게 다시 정상으로 돌아온 것 같았다. 그러면 아미르는 불확실하고 일시적인 평온을 느꼈다.

결국 엄마와 아빠가 이혼하면서 아미르가 예측할 수 없고 무서운 충돌에 노출되는 상황도 끝났다. 아미르는 하루하루 그럭저럭 괜찮다고 느끼며 지냈다. 대학에 들어가고, 좋은 직업을 갖고, 결혼도 했다. 그러다 직장에서 스트레스 심한 하루를 보낸 어느 저녁, 아미르가 중요한 이야기를 하는데 남편 리언이 산만한 태도로 이메일을 들여다보고 있었다. 순간 설명할 수 없는 분노에 북받친 아미르는 자제력을 잃고 문을 쾅 닫으며 뛰쳐나갔다. 이 일 말고도 의도치 않은 불일치가 일어날 때면 아미르는 이처럼 극적이고 과도하게 반응하곤 했다.

어린 시절 아미르는 순간순간의 의미 만들기 경험을 반복적으로 놓치며 자기 감각을 차츰 상실해온 터였다. 침대에 누워 부모가 싸우는 소리를 듣는 내내 스트레스 호르몬인 코르티솔이 그의 뇌와 몸을 흠뻑 적셨고, 그렇게 불일치가 오랫동안 복구되지 못한 채 방치되는 반복적인 상황은 아미르의 몸이 스트레스에 반응하는 방식을 바꿔놓았다. 자신의 말에 주의를 기울여주지 않는 남편의 행동은 부모가 자신들의 괴로움에만 정신이 쏠려 그를 단절시킬 때 느꼈던 것과 똑같은 상실감을 불러일으켰다. 리언에 대한 반응은 아미르의 의식적 사고가 아니라 그의 몸에서 일어난 것이었다.

그렇게 격하게 뛰쳐나온다고 상황이 해결되는 것은 아니지만, 오랜 세월 이런 신체 활동으로 자신을 진정시켜온 아미르는 남편과 다시 연결되기 위해 몸을 움직일 필요가 있다는 걸 잘 알고 있었다. 한 블록 끝에 이를 즈음에는 예상대로 심박이 느려지고 호흡도 규칙적으로 돌아왔다. 이제 그는 방금 리언과 있었던 일을 사랑이 식었다는 신호로 해석하기보다 있는 그대로 볼 수 있었다. 일단 차분해진 몸에서 진정된 자신을 느끼자, 집으로 돌아가 조금 전의 폭발에 관해 리언과 이야기를 나눌 수 있었다.

아미르의 부모와 달리 리언은 불일치에 무응답으로 대응하지도, 복구하지 않은 채 내버려두지도 않았다. 게다가 그는 당장 성급하게 문제를 해결하는 게 능사가 아니라는 것도 알고 있었다. 리언은 아미르가 마음을 차분히 가라앉힐 수 있는 시간과 공간을 내주며 기다렸다. 아미르의 분노가 자신에 대한 것이 아님을 알았기 때문이다. 물론 아미르의 과도한 반응에 기분이 상하지 않은 건 아니었다. 리언은 좋아하는 음반을 틀어 음악에 몰두함으로써 감정을 추슬렀다. 아미르가 집으로 돌아왔을 땐 그의 말을 잘 듣고 사과를 받아주었다. 아미르가 그날 있었던 중요한 일에 관해 이야기할 때 그의 감정에 더 마음을 기울였어야 했다는 것도 인정했다.

이렇게 두 사람은 그 균열을 함께 수리할 수 있었다.

걷기라는 신체 활동은 아미르에게 말 그대로 자기 몸속에 존재하는 자기 자신을 느끼는 기회를 제공했다. 부모와는 달리 리언과의 관계에서는 불가피하게 발생하는 균열들에 직접 부딪치며 해결할 수 있었다. 그러자 세상 속 자기에 대한 감각이 발달하고 강화되면서 리언과의 관계도 더욱 깊어졌다. 리언에게는 아미르가 돌아와 다시 자신과 연결되리라는 믿음이 있었다. 그래서 기다릴 수 있었고, 아미르는 두려움을 놓아 보낼 수 있었다.

아미르와 리언 사이에 펼쳐진 이 장면은 다른 방식으로 전개될 수도 있었다. 예를 들어 이미 비슷한 일을 여러 번 겪어봤을 리언이 아미르가 폭발하는 순간 그것이 유년기 경험에 기인한 반응임을 이해하고 아미르에게 그렇게 말해줄 수도 있었을 것이다. 그랬다면 아미르는 더 쉽게 마음을 가라앉혀 애초에 밖으로 뛰쳐나가야 할 필요조차 생기지 않았을지도 모른다. 혹은 반대로, 이미 아미르의 마음이 상해 있는 상태에서 리언이 그런 해석을 제시함으로써 상황이 더 악화될 가능성도 충분히 있다. 이런 경우 두 사람이 다시 연결되기 위해서는 새로운 방법을 찾아야 했을 것이다. 둘 중 어느 경우든 실제로 일어난 일 못지않게 괜찮은 방식이었을 수 있다. 하지만 결국 가장 중요한 요인은 그들이 상황을 멈추고 서로에게 마음을 추스릴 공간을 제공했다는 것, 그런 다음 서로를 진정시켰다는 점이다. 유아기 때 겪은 첫 상호작용에서부터 시작된, 굳건한 인간관계를 쌓아가는 순간순간의 경험이란 바로 이런 것이다.

불일치를 복구로 이끌어가는 일에 구체적인 정답 같은 건 없다. 때로는 그냥 심호흡 몇 번만으로도 서로의 관점에 귀 기울일 수 있는 충분한 시간과 공간이 확보된다. 걷기와 음악 듣기 역시 누구나 활용할 수 있는 자기 진정 전략이다. 일단 자신이 잘 조절되어 있다는 느낌이 들어야 남의 말도 잘 들리는 법이다.

따로 또 같이 의미 만들기

교육자이자 아동발달 연구가인 J. 로널드 랠리는 신생아들이 출생 이후 사회적 상호작용의 맥락 속에서 계속 성장하고 발달하는 방식을 묘사하며 '사회적 자궁'이라는 용어를 사용한다.[4] 신생아는 유난히 무력하고 양육자에게 완전히 의존하지만 다른 어떤 생물에게서도 찾아볼 수 없는 복잡한 사회적 상호작용 능력을 지니고 있다. 태어난 지 겨우 몇 시간 지난 신생아도 목소리가 들리는 쪽으로 고개를 돌리고, 사람의 얼굴을 따라 시선을 움직인다. 놀 준비가 되었는지, 버거움을 느껴 포대기에 꼭 안겨 쉬고 싶은지 몸짓으로 알릴 수도 있다.

아기들의 생존은 처음부터 그들의 육체적 필요뿐 아니라 감정적 신호에 대한 양육자의 반응에 달려 있다. 위니콧의 안아주기 환경이라는 용어가 이 개념을 잘 포착한다. 아기의 괴로움을 받아주고 붙잡아주는 양육자의 능력은 아기가 자기 경험을 이해하고 대처하는 데 도움이 된다. 여기서 붙잡는다는 말은 통제하거나 감정을 제거한다는 뜻이 아니다. 오히려 아기가 버겁고 큰 감정들을 느끼도록 허용하되 감정적으로 무너지지 않게 하는 양육자의 능력을 가리키는 말이다. 아기를 안아주는 것이 그저 육체적인 행위로 여겨질지 모르지만, 이때 아기가 느끼는 중요한 것은 양육자의 정서적 존재감이다. 『항상 당신의 아이를 생각하세요』에 나오는 어느 맑고 더운 오후 호숫가의 장면은 안아주기의 육체적 측면과 정서적 측면 모두에 내재된 능동적 성질을 잘 포착한다.

> 한 엄마가 어린 아기의 머리에 모자를 씌운 뒤 모자 끈을 묶어주고 있었다. 아기는 모자를 쓰는 것이 마음에 들지 않는 듯했다. 엄마가 턱 밑으로 끈을 묶는 동안 아기는 까탈을 부리다가 있는 힘껏 비명을 내질렀다. 엄마는 다정하게 어르

며 아기의 짜증을 받아주고, 침착하게 말을 건네 달래주었다. 기분이 상했다는 것을 알지만 이 작은 균열쯤은 잘 버텨내리라 믿는다고, 차분한 태도로 엄마는 자신의 뜻을 아이에게 전달했다.

이 단순한 상호작용은 안아주기 환경 개념의 좋은 예시다. 여기서 엄마는 물리적으로 아기를 보살피는 동시에 아기의 감정적 경험도 인정해줌으로써, 아기 스스로 감당하기 어려워할 법한 감정들까지 조절할 수 있게끔 도와주고 있다. 아이는 이런 안아주기 환경 속에서 감정 조절을 배워간다. 무표정 실험에서 우리는 카 시트에 앉아 있는 아기의 엉덩이에 엄마가 손을 대고 있는 것만으로도 아기의 스트레스와 부정적 감정을 줄일 수 있다는 사실을 알아냈다.

누구든 세상 속에서 자기 존재를 파악하고 관리할 수 있으려면 상호작용을 나눌 상대가 필요하다. 상황에 대한 의미를 만들 수 없을 때 우리의 자기 감각은 위협을 받는다. 우리의 생존은 함께 의미를 만들어가는 일에 달려 있다.[5] 여기서 평생에 걸쳐 안녕감과 행위 주체성을 품은 채 새로운 상황을 대하는 개인의 능력은, 그 사람이 과거 생애 초기에 경험한 불일치와 복구의 역사를 반영한다.

우리는 엄마-아기 상호작용 동영상 중 하나를 관찰하다

가 의미를 함께 만들어가는 아주 초기의 사례를 발견했다. 생후 6개월 된 아기가 손 닿는 범위에서 약간 벗어난 장난감 하나를 잡으려 애쓰고 있다. 장난감이 잡히지 않자 아기는 화가 나고 속이 상해 시선을 딴 데로 돌린 채 제 엄지를 빤다. 잠시 진정하더니 한 번 더 장난감으로 손을 뻗지만, 이번에도 실패하고 또다시 속상해한다. 엄마는 긍정적이지도 부정적이지도 않은, 주의를 집중한 표정으로 잠시 지켜보다가 부드러운 목소리로 아기에게 말을 건넨다. 아기는 진정한 듯 조용해지더니, 완전히 집중한 표정으로 다시금 장난감을 향해 손을 뻗는다. 이번에는 엄마가 장난감을 아기의 손이 간신히 닿을 만한 거리로 당겨놓는다. 아기는 마침내 장난감을 붙잡아 자세히 살펴보고는 미소를 짓는다. 내가 해냈어!

엄마는 장난감을 아기에게 그냥 주는 대신, 아기가 겪은 감정적 경험을 이해하고 지지해주며 안전장치를 제공함으로써 부정적 감정을 긍정적 감정으로 바꾸도록 도왔다. 이 상호작용에서 중요한 것은, 아기가 자신을 진정시키기 위해 할 수 있는 몇 가지 행동들을 이미 알고 있었다는 점이다. 아기는 순전히 엄마에게만 의존한 것이 아니다. 이 필수적인 자기 조절 능력은 초기 관계에서 순간순간 서로를 조절하는 경험으로부터 생겨난다. 이 아기와 엄마는, 아기가 속이 상해도 감정적으로 무너지지 않을 수 있을 뿐 아니라 아기 스스로 마음을 추스르면 다른 사람의 도움을 받아 목표를 이룰 수 있다는 것도 함께 배웠다.

세상이 안전하고 대처할 수 있는 곳이라는 의미를 만든 아이들은 점차 혼자서, 그리고 새로운 사람들과 맺는 새로운 관계에서 새로운 의미를 발견하며, 그렇게 발견한 의미들을 통해 희망적인 호기심을 품고 새로운 경험에 더 많이 뛰어들 에너지를 얻는다. 이러한 상황에서 자기 조절과 상호 조절은 서로 균형을 이룬다. 우리는 행동과 감정으로 우리에게 꾸준히 영향을 미치는 타인들과의 상호작용 속에서 우리 자신의 행동과 감정도 조절하게 된다. 이 과정이 바로 상호 조절이다. 그런데 자기 조절이 가장 중요한 목표가 되면, 특정 상황에서 어려움을 초래하는 원인으로 작용하기도 한다(이에 대해서는 8장에서 심층적으로 알아볼 것이다). 다른 사람과의 상호 조절마저 희생시키는 과도한 자기 조절은 우울증이 있는 엄마의 아기들에게서 종종 나타난다. 이 아기들은 몸을 뒤척이거나 손가락을 빠는 등 자기 위로와 자기 주도적 조절 행동에 열중한다. 양육자에게서 충분한 안전과 보호를 확보받지 못하니 자기 자신에게 의지하는 것이다. 아기들과 비슷하게 그 엄마들 역시 몸을 웅크리고 시선을 돌려 자신의 내면으로 후퇴함으로써 자기를 조절한다. 이들에겐 아기와 더불어 상호 조절을 할 만한 여력이 없다. 이런 아기와 부모는 상호 조절이 아니라 상호 조절 장애를 일으키는 패턴으로 서로에게 영향을 미친다. 둘 다 불화를 해결하는 일을 포기하고, 그저 자기 자신을 닫아걸 뿐이다.

조절은 왜 중요한가

자기 조절은 태어나면서부터 시작되어 아이들이 감정을 언어로 표현하는 법을 배우는 발달 기간 내내 계속된다. 유치원생과 취학연령 어린이의 경우, 감정 조절과 신체 조절 외에 집행 기능도 자기 조절에 포함된다. 집행 기능이란 학습과 사회적 상호작용에서 중심을 차지하는 주의력과 유연한 사고, 충동 통제 능력을 포괄적으로 가리키는 말이다. 자기 조절은 사람에게 원래 있거나 없는 하나의 특성이 아니라 발달 과정에서 자라는 능력이다.

또한 앞에서 보았듯이 자기 조절은 내면에서만 생겨나는 것이 아니라, 타인들과의 상호작용을 통해서도 생겨나는 능력이다. 현재 우리 연구실에서는 '협력 조절'이라는 과정을 자세히 들여다보며 조산아의 부모와 우울증이 있는 부모를 대상으로 하는 실험을 진행하고 있다. 스트레스 연구에는 다양한 위험 요인이 포함되므로 특정 스트레스가 관계에 미치는 영향을 엄밀히 밝히는 것은 쉬운 일이 아니다. 우리는 스트레스가 다른 요인들과 무관하게 엄마를 불안하게 만들며, 그 결과 엄마가 아기와 나누는 상호작용 역시 불안해진다는 가설을 세웠다.

실험은 엄마들과 아기들을 두 그룹으로 나누어 진행한다.[6] 두 그룹 모두에서 처음에는 엄마가 아기와 얼굴을 마주 보며 놀아준다. 그런 다음 연구 보조원이 아기와 놀아주는 2분 동안 한 그룹의 엄마는 (자기 아기가 아닌) 아기들 몇 명이 우는 것을 녹음한 소리를 듣거나, (역시 자기 아기가 아닌) 한 아기가 기분 좋게 옹알이하는 것을 녹음한 소리를 듣는다. 이때 아기에게는 녹음을 들려주지도, 엄마가 듣는 모습을 보여주지도 않는다. 그런 다음 엄마는 다시 자기 아기와 놀아준다.

엄마와 아기의 두 번째 놀이 영상을 보며 부정적 감정을 분석하자, 옹알이를 들은 엄마의 아기들에 비해 울음소리를 들은 엄마의 아기들에게서 불편한 마음을 드러내는 비율이 더 높게 나타났다. 그러나 놀랍게도 엄마들의 표정과 발성, 신체 접촉, 아기와의 거리를 분석해보니 두 그룹 엄마들 사이에는 차이가 없었다. 엄마들에게서 어떤 시각적·청각적 신호도 읽히지 않음에도 불구하고, 마치 아기들이 엄마의 불편한 마음을 감지해 그들의 행동 역시 불안해진 듯 보였다. 이는 아기들이 성인보다 더 예민한 신호 체계를 지니고 있음을 의미한다!

아기의 행동과 엄마의 행동이 그만큼 긴밀하게 서로 얽혀 있다는 이야기다. 이러한 협력 조절 과정에서 아기의 기분은 엄마에게 영향을 미치고, 엄마의 기분은 아기에게 영향을 미친다. 실험에서 엄마가 들은 울음소리는 자기 아기의 울음소리가 아니었지만, 자기 아기의 울음을 들으면 훨씬 더 심한 스트레스를 느끼리라 짐작할 수 있다. 상호작용 패턴에 문제가 있어 이를 바꾸고 싶을 때는 관계를 살펴볼 필요가 있다. 상호 조절 패턴에서 상호 조절 장애 패턴으로 바뀌었다 해도 이는 아이의 탓이 아니듯 부모의 탓도 아니다.

세 살 난 루크는 언어 구사 능력이 발달한 아이로, 모든 것에 주의를 기울였다. 복도에서 진공청소기 소리만 들려도 놀이를 멈추고 "저게 뭐야?" 하고 물었다. 트럭이 지나갈 때면 그때까지 하고 있던 일은 까맣게 잊은 채 창가로 달려가 내다보고 그 트럭의 특징에 관해 이야기했다. 루크가 집에서 엄마 아빠와 놀 때는 이런 행동이 셋 모두에게 재미있고 흥미로웠다. 그러나 유치원에 들어가자 루크는 힘들어하기 시작했다. 아이는 자주 감정적으로 폭발하고 무너졌다. 어느 날 오전 아이들이 한 활동에서 다음 활동으로 넘어가느라 유난히 시끄럽고 혼란스러운 순간, 루크가 문밖으로 달아났다. 루크를 붙잡은 선생님은 놀라고 당황해 자신도 모르게 큰 소리로 꾸짖었고, 이 강렬한 감각 입력으로 괴로움에 압도된 루크는 비명을 지르며 바닥에 드러누워 선생님의 가슴에 발길질을 했다. 결국 엄마 칼리가 와서 루크를 데려가야 했다. 처음에 칼리는 충격과 부끄러움에 루크에게 모질게 물었다. "왜 그런 짓을 했어?" 분노 어린 날카로운 목소리였다. 물론 루크는 자기가 왜 그랬는지 알지 못했다. 아빠 돈은 루크에게 혼자 방에 가 있으라고 할 뿐 아무 질문도 하지 않았다.

이 사건으로 칼리는 자신이 유년기에 경험한 아버지의 언어폭력을 떠올렸다. 이런 과거 경험을 고려하면, 루크는 엄마의 기억 버튼을 누르는 달인이나 다름없었다. 분노와 엄격한 제한은 문제를 악화시키기만 했고, 돈과 칼리는 서로를 비난하는 못난 싸움을 시작했다. 루크는 루크대로 유치원에서 점점 더 충동적으로 변해, 자리에 둘러앉아 이야기를 나누는 시간에도 가만히 있지 못하고 교실 안을 뛰어다녔다. 이렇게 루크와 부모는 복구하지 못한 불일치의 상호작용만 반복하고 있었다.

유치원에 들어간 지 여섯 달째 되었을 때, 한 선생님이 루크가 ADHD일 가능성에 대해 이야기했다. 돈과 칼리는 대책을 세웠다. 어린이 행동 문제 전문가인 한 친구가 작업

치료사•를 만나보라고 권했다. 부부는 작업치료사의 도움으로 무엇이 루크의 행동 문제를 초래했는지 시간을 들여 자세히 검토했고, 감각적 예민함이 충동적 행동과 부주의의 근본 원인임을 알게 되었다. 하지만 엄한 꾸지람과 부부 갈등이라는 환경 요인도 무시할 수 없다. 연구에 따르면 충동적이고 부주의한 행동과 관련된 유전자들은 스트레스와 해결되지 않은 갈등이 많은 환경에서만 발현되기 때문이다.[7] 이는 상대적으로 스트레스와 갈등이 없는 상황에서는 그러한 유전자가 발현되지 않는다는 뜻이다.

돈과 칼리 둘 다 아들을 걱정했다. 루크에 관해 이야기할 때마다 그들의 불안은 점점 커졌고, 그러다 보면 서로에게 고함을 질러대는 지경에 이르곤 했다. 이제 그들은 루크의 행동에 관해 새로 얻은 통찰을 바탕으로 자신들의 동요를 잠재우고 루크가 괜찮아지리라는 확신을 나눌 방법을 찾기 시작했다. 특히 칼리는 루크가 자신을 자극하는 방식에 더 주의를 기울여야 했다. 남편을 적이 아닌 동맹으로 인식하자, 유난히 자기 마음을 불편하게 하는 상황이 왔을 때 남편의 도움도 기꺼이 받아들일 수 있었다. 칼리와 돈은 서로의

• 작업치료(occupational therapy)는 일상생활의 활동을 활용하여 육체적·인지적·사회적·심리적 문제를 치료하는 방법이다.

잘못을 찾고 비난하던 행동도 그만두었다. 시간의 여유를 두고 멈추고 심호흡하며 서로의 말을 경청했다. 세계를 경험하는 루크의 독특한 방식을 이해하게 되자 돈과 칼리 모두 더 너그러워졌다. 부모의 반응적 행동이 줄자 루크의 충동성도 이제 그리 심하지 않았다. 이러한 변화가 가정환경을 예민한 루크에게 더 알맞은 방향으로 바꾸었다.

예술적 창조성과 타인의 감정을 이해하는 능력 등 루크가 가진 예민한 감성의 가치를 깨달은 것 역시 가족의 긍정적 성장에 더욱 힘을 실어주었다. 그들이 루크에게서 막 싹튼 감정이입 능력을 알아본 덕이었다. 돈과 칼리는 루크의 선생님들과도 협력하여 교실에서 루크가 압도감을 느낄 만한 상황들에 대처해나갔다. 작업치료사는 루크가 한 번씩 짬을 내어 복도를 걷는 등 강렬한 감각 자극에 직면해서도 침착함을 유지하는 데 도움이 될 방법들을 제안했다. 이제 아이는 자신의 강렬한 반응을 통제하는 방법을 배워가면서 세상 속 자기에 대한 감각도 달라졌다.

루크의 문제 행동은 루크의 잘못도 부모의 잘못도 아니었다. 루크의 주의력을 떨어뜨리고 부모의 자기 조절 능력을 혹사시키는 방식으로, 세 사람이 서로에게 영향을 미치고 있었을 뿐이다.

비난이 무의미한 이유

특정 유형의 행동에 어떤 이름을 붙이든, 그 행동의 근본 원인이 무엇이든, 우리가 무표정 연구에서 배운 교훈은 상호작용의 질이 모든 관계 속 모든 유형의 행동에 영향을 미친다는 것이다. 부주의나 과잉 행동, 혹은 두 문제를 모두 가지고 있는 아이의 행동은 어머니와 아버지 각자에게뿐 아니라 부부의 관계에도 영향을 미치고, 부모의 행동 역시 아이에게 영향을 미친다. 또 상호작용의 모든 순간은 다음에 일어날 일들에 영향을 미치며, 이는 생애 전체에 걸쳐 발달의 어느 단계에서나, 어떤 관계 속 어떤 행동에 대해서나 똑같이 적용된다.

주의를 조절하는 능력은 일찌감치 발달하기 시작한다. 아기가 하루에도 여러 번 경험하는 아주 일상적인 사건인 기저귀 가는 일을 예로 들어보자. 많은 부모가 기저귀를 가는 동안 자연스럽게 그 일의 단계에 관해 중계하듯 아기에게 이야기한다. "이제 차가운 물티슈로 닦을 거야!" 엄마는 아기가 마음을 놓을 수 있도록 미리 경고해준다. "저기 탁자 위에 있는 발진 크림 가져올게." 아빠는 이렇게 설명하며 아기에게 잠시 보이지 않는 동안에도 자신이 계속 함께 있다는 느낌을 전해준다. 차가운 물티슈와 눈앞에서 사라진 아빠 같은 전형적인 불일치가 이리하여 재빨리 복구된다. 그러나 다른 자녀 때문이든 피로나 우울증 때문이든 다른 뭔가에 정신이 팔려 있는 양육자는 아마 상호작용을 주고받는 내내 아기의 주의를 계속 붙잡아두지 못할 것이다. 물론 기저귀 갈기 같은 일상적 과제에서 온전한 존재감을 전달하는 능력은 사람마다 다를 수밖에 없다. 그러나 양육자가 매번 집중하지 못하고 다른 생각에 빠져 있다면, 주의를 기울이는 아기의 능력에도 영향을 줄 수 있다.

우리의 동료이자 영국 레딩대학 교수인 린 머리와 피터 쿠퍼는 산후우울증이 아동발달에 장기적으로 미치는 영향 연구를 통해, 아기들이 주변 세계에 참여하기 시작하자마자 경험하는 대면 상호작용의 질이 주의력 발달에 영향을 미친다는 사실을 밝혀냈다.[8] 물론 아기들은 활동성과 주의력 수준에서 저마다 큰 차이를 지니고 세상에 태어나지만, 이런 차이들로 앞으로의 발달 과정을 예견할 수 있는 것은 아니다. 더 넓은 세상에서 주의를 기울이고 정보를 처리하는 아이의 능력을 예측하게 하는 것은 부모와 아기 사이에 일어나는 상호작용의 질이다. 우울증이 있는 부모는 대면 상호작용을 지속하거나 함께 놀아주기를 힘들어하는 경우가 많고, 그들의 자녀들은 이후 유아기에 행동 문제를 보일 가능성이 더 크다. 협력 조절에 실패하면 아기는 정서적으로 혼란에 빠지며, 이는 다시 아기의 주의를 혼란에 빠뜨리기 마련이다.

인생의 곤란한 문제들 때문에 아이에게 필요한 방식으로 반응해주는 능력이 저해된 상황을 부모의 탓으로 돌릴 수는 없지만, 그런 문제를 해결하는 것, 최소한 아이를 제대로 볼 수 있을 정도로 해결하는 것은 부모의 책임이다. 죄책감은 부모라는 직분에 자연스럽게 따라오는 감정 중 하나다. 그러나 "내 잘못이다"라는 말은 또한 "내게 책임이 있다"라는 의미이기도 하다. 잘못이라는 단어의 자리에 책임이라는 단어를 넣으면 어떻게 될까? 사람은 보통 책임을 질 때 권한을 가진 느낌을 받는다. 부모와 자녀 관계든, 연인 관계든, 직장 동료, 형제자매, 친구 사이든 관계가 틀어질 때는 누구 탓인지 따지기보다 관계 속에서 각자 해야 할 역할이 있다는 것을 인정할 필요가 있다. 저마다 다른 역할을 다르게 수행하기 위해서는 도움을 기꺼이 구하고 받아들여야 할 수도 있다. 9장에서 더 자세히 살펴보겠지만, 여기서 말하는 도움의 형태는 아주 다양하다.

제일 중요한 건 관계

한 현명한 동료가 이런 말을 했다. "키우는 식물이 잘 자라지 못할 때는 빛과 공간, 흙, 물이라는 환경을 고려해 보살펴야 해요." 환경은 식물의 건강을 좌우하는 중요한 요소다. 퓰리처상 수상 작품 『오버스토리』에서도 확인할 수 있듯이, 많은 연구에 따르면 나무들도 관계를 맺고 살아간다.[9] 나무들은 서로 의사소통을 하고, 이 의사소통은 의미 있는 방식으로 나무들의 성장에 도움을 준다. 최근 〈뉴욕 타임스〉에 실린 「식물의 보호자가 되는 법」이라는 글에도 이러한 사실이 잘 나타나 있다.[10] 글쓴이는 처음 식물을 집에 들였을 때의 적응 과정에 대해 설명한다. 식물의 성장에 맞춰 물을 주고 분갈이를 하는 방법에 관해 조언하는 내용을 읽다 보면 일종의 불일치-복구 과정을 보는 듯하다. "전문가들에 따르면 분갈이를 할 땐 원래 화분보다 딱 한 사이즈 큰 화분으로 옮겨야 한다." 그러니까 8호 화분에 심겨 있던 식물이라면 9호 화분으로 옮기라는 말이다. "너무 큰 화분을 쓰면 물을 더 많이 줘야 할 것 같은 기분이 들 수 있는데, 이는 식물의 건강에 해로운 일"이기 때문이다. 글쓴이는 "성공적인 식물 보호자가 되는 일에서 가장 큰 걸림돌은 과습, 즉 물을 필요 이상으로 많이 주는 것이다. 설마 싶겠지만 이런 일은 당신에게도 쉽게 일어난다."

한 친구는 정원은커녕 그 비슷한 것도 꾸릴 수 없다면서 "내 아이들 기르는 일만으로도 모든 에너지가 소진"된다고 말했다. 식물 가꾸기와 유사하게도 양육은 햇빛과 물 대신 주로 관계들로 이루어진 '환경', 그리고 아이들 각자가 지닌 특징들에 달려 있다.

불일치-복구 과정은 관계를 돌보고 키우는 데 필요한 에너지를 공급해준다. 생애 최초의 관계가 토대를 놓으면, 그 위에 부모, 형제자매, 친구, 동료, 연인과의 관계들이 쌓이며 세상 속 자기에 대한 감각을 형성해간다. 이 모든 상호작용을 통해 우리는 서로를 변화시킨다.

사람들은 흔히 자기 인생에 생긴 문제에 대해 자신이나 남을 탓한다. 무표정 연구를 통해 우리는 세상 속 자신을 이해하기 위한 지속적인 노력의 과정에서 비난은 아무 의미도 없다는 걸 배운다. 자신이 불일치가 복구되지 않는 패턴에 갇혀 있음을 깨달았을 땐 깊게 호흡한 뒤 이런 질문을 던져보면 어떨까. "상대가 옳다고 볼 부분도 있을까?"

이 장에서 우리는 일상에서 순간순간 일어나는 미세한 균열과 복구가 어떻게 자기 조절과 친밀함의 능력을 키워주는지 살펴보았다. 다음 장에서는 무표정 연구에서 얻은 이 모델이 삶의 큰 혼란들에 대한 우리의 이해를 어떻게 형성하는지 알아볼 것이다. 우리가 일상적 불일치와 복구 과정에서 느끼는 스트레스를 관리하는 방식은 더 큰 스트레스를 관리하는 방식의 토대로 작용한다. 어려운 시간을 헤쳐나갈 수 있다는 자신감이 있으면 고난이 닥쳐와도 희망과 행위 주체감을 갖고 접근할 수 있다. 반대로 불일치와 복구의 상호작용을 나눌 기회가 별로 없었던 사람이라면 사회적 연결에서 물러나 내면으로 침잠한 채 마음을 추수리기 위해 자기 위로 행동에 지나치게 의존한다. 그렇게 되면 위기의 시간에 무너져내릴 수도 있다.

5장

회복 탄력성 다시 생각하기

우리는 보통 회복 탄력성이 엄청난 '역경'이라 할 만큼 몹시 힘든 일을 극복하는 능력이라고 생각한다. 토네이도로 집이 파괴되거나 성폭행이나 참혹한 사고를 당하는 일처럼 두 번 다시 일어나지 말아야 할 사건들은 우리 인생에 광범위한 영향을 미친다. 하지만 트라우마를 초래하는 일을 겪고도 버티고 이겨내 벗어나는 사람이 있는가 하면, 인생이 완전히 무너져버리는 사람도 있다. 그런 차이는 어디에서 오는 걸까? 사별한 두 여인의 경험을 통해 이를 살펴보자.

캐럴은 일흔에 혼자가 되었다. 남편 앨런이 뇌졸중으로 갑작스럽게 세상을 떠난 것이다. 그는 몹시 비통해했고, 때때로 한밤중에 깨어나 앨런의 부재를 충격 속에서 다시금 실감했다. 낮에는 계속 보람 있는 활동을 하며 분주하게 보냈지만, 밤이 되어 정적이 찾아오면 남편을 잃은 고통이 매번 생경하게 다시 찾아왔다. 캐럴은 베개에 얼굴을 묻고 울면서 깊은 상실감에 자신을 완전히 내맡겼다. 슬픔의 담요로 자신을 에워싸고 남편의 죽음을 온전히 애도했다. 이러한 애도의 과정 자체가 캐럴이 새로운 인생을 구축하는 데 필요한 에너지를 길어냈다. 캐럴은 여행을 다니고, 지역 대학에서 강좌를 듣고, 새로운 친구들을 만났다.

캐럴이 남편을 잃은 직후, 캐럴처럼 길고 안정된 결혼 생활을 해온 친구 보니도 남편과 사별했다. 하지만 캐럴과 달리 헤어나올 수 없는 우울증에 빠져 보니의 인생은 점점 더 쪼그라드는 듯했다. 보니는 사별의 슬픔과 새로운 삶이 몰고 온 격변을 견딜 수 없었다. 남편 댄의 죽음을 온전히 애도하지 못한 채 마음 깊은 곳에서 조용히 타들어가는 절망에 빠져 살았다. 친구들에게 쉽게 화를 내고 퉁명스럽게 굴면서 우정 어린 관계에서도 위안을 얻을 수 없었다. 사별의 경험에 자신을 온전히 내맡기면 무너져버릴지 모른다는 두려움이 몰려와 그는 정해진 일과를 엄격히 지키고, 집에서 멀리 나가지 않고, 가족과 친구들의 초대도 거절하면서 부서지기 쉬운 일관성의 감각을 꼭 붙잡으려 했다.

비슷한 부정적 경험을 했지만 캐럴은 회복 탄력성을 보

인 반면 보니는 앞으로 나아가지 못했다. 캐럴의 경우 그 슬픔이 영원하지 않으리라는 믿음이 회복 탄력성의 큰 부분을 차지했다. 이는 시간이 지나면서 캐럴이 키워낸 믿음이었다. 슬픔에 빠진 초기에는 캐럴 자신조차 예상하지 못한 그 믿음이, 치유 과정에서 캐럴을 감정적으로 육체적으로 뒷받침해 준 것이다. 캐럴도 의식적으로 인지하지 못한 미래에 대한 희망적 감정의 핵심은 캐럴이 아주 어렸을 때부터 시작해 평생 맺어온 강하고 건강한 관계들에서 나온 결과물이었다. 하지만 보니에게는 그런 믿음이 없었다. 보니와 남편 댄 모두 편치 않은 가정에서 자랐다. 두 사람은 결혼 생활을 이어가며 편안한 균형 상태에 도달했지만, 더 넓은 사회적 세상에서는 감정적 개입을 회피하며 살아왔다. 자녀도 갖지 않았고 서로에게만 전적으로 의지했다. 이제 혼자가 된 보니는 어떻게 삶을 이어가야 할지 도무지 알 수 없었다.

회복 탄력성의 뿌리는 발달 과정에 있다

회복 탄력성은 타고나는 자질이 아니며, 재앙에 맞닥뜨려 획득하는 자질도 아니다. 그보다는 유년기 초기부터 시작해 사랑하는 사람들과의 관계에서 불가피한 수많은 불일치들을 헤쳐나가는 동안 발달하는 것이다. 우리는 일상적 회복 탄력성[1]이라는 단어를 사용하여 이러한 발달 과정을 설명할 것이다. 회복 탄력성은 시간이 지남에 따라 수백만 번의 순간들을 거치며 우리 존재의 구조 속으로 배어든다.

복잡한 사회적 환경을 헤쳐나가며 순간순간의 미세한 스트레스를 이겨내는 과정에서, 우리는 자신이 크고 작은 모든 역경을 딛고 훨씬 더 큰 힘과 이해를 얻을 수 있으리라는 믿음의 알맹이를 지니게 된다. 자신에게 불일치를 헤쳐나갈 능력이 있음을 깨달을 때 회복 탄력성이 자라난다. 회복 탄력성이란 최초의 관계에서 시작해 평생 이어지는 불일치를 복구해가는 동안 점점 커지는 일종의 근육 같은 것이다.

미세한 균열은 유아기부터 생기기 시작한다. 엄마의 눈을 피해 시선을 내리깔거나 아빠의 큰 목소리에 놀라 울음을 터뜨리는 식이다. 이때 복구는 교감의 미소를 지어 보이며 서로 눈을 맞추거나, 아기를 안고 흔들어주며 부드러운 목소리를 들려주는 식으로 이루어진다. 상황이 잘 흘러가면, 세상에 적응하는 아기의 능력이 자라는 만큼 균열과 뒤이은 복구의 과정도 원활하게 진행된다.

아기를 돌보던 엄마가 수유 중에 걸려 온 전화를 받느라 주의가 분산되면 소리 지르며 우는 아기를 요람에 그냥 둘 수도 있다. 하지만 엄마는 금방 돌아온다. 돌아온 엄마는 부드럽게 말을 건네며 다시 수유를 한다. 기다림의 스트레스를 버텨낸 아기는 이런 상황의 구조에 익숙해지며 발달의 더 높은 단계에 도달한다. 아이가 떼를 쓰며 폭발할 때 부모가 이를 저지하는 대신 감정적 연결을 유지하며 계속 함께 있어준다면, 아이는 무너지지 않고 버거운 감정을 처리할 수 있다는 자신감을 키워갈 수 있다. 갓 동생이 생긴 유치원생이 있다고 하자. 부모는 아이가 분노와 상실감이라는 '혼란'을 억지로 털어내도록 강요하지 않으면서도 행동에 제한을 설정함으로써 아이가 지탱하도록 도와줄 수 있다. 이러한 혼란을 겪고 버텨내는 동안, 버거운 감정을 처리할 수 있는 아이의 능력은 더 발달하고 동생에 대한 사랑도 커진다. 초등학교에 들어가 점점 더 복잡해지는 사회관계 속에서 항해하는 법을 배우기 시작한 아이들에게도 부모의 안내와 지지는 큰 도움이 된다. 아이들 사이에 불일치가 일어났을 때 부모가 아이 친구의 엄마에게 전화를 걸어 따지기보다는, 격려로 아이에게 안전감을 주는 한편 아이 스스로 해결을 시도해볼 여지를 만들어주는 것이다. 청소년들이 분리와 자기 발견의 드라마를 겪는 시기에는 균열도 그에 비례하여 더욱 강렬해진다. 아기가 걸음마를 하는 단계에 그랬듯, 이 시기에 부모는 침착함과 존재감을 유지하는 동시에 한계를 설정함으로써 격앙된 10대가 성인기로 옮겨가는 복잡한 과도기를 수월하게 통과하도록 이끌어줄 수 있다.

정신분석가 에릭 에릭슨은 인간의 8단계 발달 모델을 제시하며[2] 각 단계의 특징을 양극으로 대조적인 '가능성 스펙트럼'으로 설명했다. 예를 들어 걸음마를 시작한 유아기는 '자율성 대 수치심과 의심'의 시기로 묘사된다. 캐럴과 보니가 남편과 사별한 후 헤쳐나가던 발달단계에 대해 에릭슨이 제시한 이분법은 '자아 온전성(견고한 자기 감각) 대 절망'이다. 70대에 도달한 두 사람은 각자 평생의 경험에 의해 형성된 자기 고유의 세상 속 존재 방식을 지니고 있었다. 그렇다면 그 경험들의 어떤 측면이 한 사람을 희망과 회복 탄력성으로, 다른 한 사람은 암담함과 절망으로 이끈 것일까?

좋은 스트레스부터 호된 스트레스까지

하버드대학 아동발달센터 연구자들은 소아과 의사 잭 숀코프의 지도하에 어린이들이 삶에서 겪는 다양한 스트레스를 이해하기 위한 틀을 만들었다.[3] 이 틀에 따르면 긍정적 스트레스는 심장박동수와 스트레스 호르몬의 일시적인 증가를 동반하는 일상적 스트레스다. 견딜 만한 스트레스는 심각하긴 하지만, 지탱해주는 관계에 의해 충격 완화가 가능한 일시적인 스트레스 반응이다. 유독성 스트레스는 "안전하고 안정적인 양육 관계가 부재한 상태에서 스트레스 반응 체계가 장기간 활성화되어 있는 상태"를 말한다.

위의 용어들이 주로 주목을 받아왔지만, 어린이의 경험 범위를 말할 때 우리는 좀 다른 용어를 선호한다. 바로 좋은 스트레스, 나쁜 스트레스, 호된 스트레스다. 좋은 스트레스란 전형적이고 일상적인 상호작용 중 발생하는 스트레스로, 우리가 비디오로 촬영한 순간순간의 불일치와 복구 상황에서 볼 수 있다. 나쁜 스트레스는 무표정 실험에서 보았던 것처럼, 양육자가 이해할 수 없이 갑자기 사라져버린 상황에서 오는 스트레스다. 건강한 엄마-아기 쌍을 대상으로 한 실험에서, 그동안 미세한 스트레스들을 극복한 경험을 쌓아온 아기는 복구 과정에서도 나쁜 스트레스를 쉽게 이겨낸다. 호된 스트레스는 아기가 정서적 방임 같은 상황에서 복구를 경험할 기회를 반복적으로 놓쳐, 그 결과 더 버겁고 긴장의 강도가 큰 모든 일을 감당하지 못하게 될 때 발생한다. 아기가 경험에 대해 만드는 의미가 스트레스의 정도를 결정하는 것이다.

나쁜 스트레스를 견딜 수 있는 것은 긍정적 스트레스, 즉 좋은 스트레스 덕분이다. 긍정적 스트레스를 받은 뒤 곧이어 순간순간의 상호작용으로 복구하는 경험을 충분히 축적한 아이는 삶의 큰 균열들에서 오는 견딜 만한 스트레스도 처리할 준비를 갖추게 된다. 또한 발달 과정에서 불일치와 복구 과정에 대한 신뢰를 키웠으므로 양육자와의 관계도 안전하고 안정적으로 이어진다.

불일치와 복구를 충분히 경험하지 못하며 자란 아이들은 자신의 생리적·행동적·감정적 반응을 조절하는 대처 기제를 발달시키기가 어렵다. 우리는 짧고 빠르게 일어나는 불일치에서 발생하는 미세한 스트레스를 함께 복구하며 회복 탄력성을 키워가는 발달 과정을 설명할 때 조절 지지라는 용어를 사용한다. 양육자는 아이가 어려운 일을 극복하는 경험을 할 수 있도록 '괜찮은' 지지대를 제공함으로써 복구 기간이 너무 길어지지 않도록 하되, 복구할 여지 없이 일치만 촘촘히 이어지지도 않게끔 해야 한다.

완충제로서의 관계:
초기의 경험은 어떻게 몸에 새겨지는가

1995년 질병통제센터와 캘리포니아에 본부를 둔 의료기관 카이저 퍼머넨테이의 협업으로 시작된 '부정적 아동기 경험 연구'는 원래 비만의 원인을 찾는 일에서 출발했다.[4] 의사들은 성인기 비만의 가장 큰 예측 요인 중 하나가 아동기의 성적 학대 경험이라는 사실을 발견하고 깜짝 놀랐다. 이후 수십 년에 걸친 후속 연구에서 이들은 부모의 정신질환, 부부 갈등과 이혼, 물질 남용 같은 비교적 흔한 아동기의 부정적 경험들을 비롯해, 정서적 방임과 신체적 방임, 가정 폭력, 부모의 수감, 육체적 학대와 성적 학대 같은 호된 스트레스 요인들에 대한 조사를 이어갔다.

개인이 아닌 전체 인구 집단 단위로 살펴본 역학 연구를 통해, 아동기에 겪은 부정적 경험의 수와 광범위하고 장기적인 부정적 결과 사이에 연관관계가 있다는 것이 밝혀졌다. 부정적 결과에는 당뇨병, 심장병, 천식 등 신체 건강 문제뿐 아니라, 우울증과 알코올의존증 같은 사회적·정서적 건강 문제도 포함된다. 이는 특정 문제에 대한 특정 원인을 밝혀낸다기보다 건강 상태와 그 원인으로 짐작되는 요인의 연관관계에 대해 증거를 제시하는 연구다. 여기에서 이러한 의문이 남는다. 이 초기 경험들이 몸과 뇌에 자리 잡는 메커니즘은 무엇인가? 아동기의 역경은 어떻게 해서 장기적인 건강 문제를 초래하는가?

위의 연구와 우리의 연구 결과를 종합해보면, 모든 종류의 부정적 아동기 경험은 충격을 완화해주는 조절적 상호작용이 제대로 이루어지지 않은 상태로 이해할 수 있다. 즉 부정적 아동기 경험이란 관계의 빈곤과 복구 경험의 부재가 더해진 결과인 셈이다.

앞에서 보았듯 버거운 감정들을 고스란히 느끼고도 무너지지 않을 수 있는 힘, 타인과 가까운 관계를 형성할 수 있는 능력은 최초의 관계들 속에서 순간순간 상호작용을 주고받으며 함께하는 조절 경험에서 생겨난다. 최초의 관계들은 부정적 경험에 맞서 충격을 완화해줄 수도 있고 충격의 영향을 증폭시킬 수도 있다. 어느 쪽이든 우리는 그 관계들에서 얻은 세계 속 존재 방식을 품고 미래로 나아간다. 경험이 우리의 뇌와 신체를 변화시켜, 우리가 평생 친구나 교사, 형제자매, 연인 들과 맺는 새로운 관계 속에서 행동하고 반응하는 방식을 만드는 것이다. 이후의 관계들에서도 비슷한 상호작용 패턴이 반복된다면 생애 초기의 경험이 남긴 효과는 더욱 심화될 수 있다. 심지어 더 이상 부정적 상황에 놓여 있지 않더라도 스트레스를 받으면 생애 초기에 겪은 혼란이 튀어나와 자기 조절 능력의 퇴행으로 이어지기도 한다.

인간관계가 역경의 완충 역할을 할 수 있는지 없는지는 개인이나 환경의 위험 요인들에 달려 있다. 여기서 위험이란 비축된 에너지를 고갈시키는 무언가를 의미한다. 예컨대 가난은 환경적 위험 요인이다. 가난한 생활은 양육자에게서 에너지를 빼앗고, 그럼으로써 양육자가 스트레스의 충격에서 아이를 지켜주는 일을 더 어렵게 만든다. 위험 요인이 아이의 내부에서 생길 수도 있다. 예를 들어 3장에서 살펴본 헨리의 경우처럼 소리에 강렬한 반응성을 갖고 태어난 아이는 그런 민감성이 없는 아이에 비해 더 많이 울고 안정감을 느끼는 데 더 어려움을 겪을 것이다. 괴로워하는 아기를 돌보는 일에는 잠자는 아기나 조용히 깨어 있는 아기를 돌보는 것보다 훨씬 더 많은 에너지가 필요하다. 아기의 뇌가 급속히 발달하는 생애 초 수주, 수개월 동안 상호 조절에 참여하는 양육자의 역량에 부정적 영향을 미치는 모든 것은 이후 그 아이의 회복 탄력성에도 영향을 미칠 수 있다.

전형적인 발달 과정을 거치는 경우 부모-아기의 상호 조절은 대체로 성공하며, 종종 불가피한 실패가 생기더라도 신속히 복구된다. 이때 양육자는 아이의 대처 역량을 초과하는 혼란스러운 사건으로부터도, 양육자 자신의 한계에서 생기는 혼란스러운 영향들로부터도 아기에게 완충 역할을 해줄 수 있다. 하지만 가난이나 지역사회의 폭력 같은 외적 사건들, 혹은 우울이나 불안 같은 내적 사건들로 인해 자기 조절 에너지가 고갈된 양육자는 아이를 스트레스의 충격으로부터 보호하지 못할 뿐 아니라 사실상 자신의 스트레스를 아기에게 옮길 수도 있다. 다시 말해, 괴로움으로 정신이 산란한 어른은 불안한 아기를 진정시킬 수 없고 차분한 아이를 불안하게 만들 수도 있다는 뜻이다. 시간의 흐름에 따라 축적되는 복구와 완충의 경험은 아기에게 대처 능력과 회복 탄력성을 키울 자극을 주는 반면, 만성적인 복구의 실패는 아기의 자원을 감소시키고 무력함과 취약함의 감정을 유발한다.

관계는 역경의 충격을 완화한다

리베카의 언니 리사는 마약성 진통제 오피오이드에 중독되면서 약에 대한 압도적인 욕구로 인해 아직 아기인 아들 이언을 돌볼 능력이 심하게 훼손되었다. 이언은 아무런 보살핌도 받지 못한 채 놀이 울타리 안에 몇 시간이고 혼자 앉아 있곤 했다. 리사는 수시로 화를 터뜨리며 욕을 쏟아냈고, 그가 언제 무엇 때문에 짜증을 낼지는 그 누구도 알 수 없었다. 언니의 치료와 회복을 도우려는 리베카의 노력도 아무 소용이 없었다. 리사를 끌어당기는 약물의 힘은 온 가족이 나서도 상대가 안 될 만큼 막강했다. 이언이 걸음마를 시작하면서 예컨대 신발 신기를 거부한다든가 하는 그 또래 아기들의 전형적인 행동을 보이자, 파괴적인 무질서의 한가운데서 자기 감정조차 처리할 수 없었던 리사는 때때로 이언의 얼굴을 때렸다. 어느 날 이언이 뺨에 멍이 든 채로 탁아소에 나타나자 선생님은 아동보호센터에 신고했고, 당시 아이가 없었던 리베카와 남편 폴이 조카를 입양하겠다고 했다. 중독의 파괴적인 길로 점점 더 깊이 들어서고 있던 리사가 친권을 포기하면서, 이언의 세 번째 생일이 지나고 얼마 후 입양 절차가 마무리되었다.

리베카와 폴은 리사 때문에 괴롭긴 했지만 부모가 된다는 이 예상치 못한 기회에 마음이 설렜다. 이언에게 사랑이 가득한 가정을 줄 수 있을 것 같았다. 하지만 평화롭고 고요한 허니문 기간이 금세 지나고 처음으로 안전하다는 느낌을 갖게 되자 이언이 행동화•를 보이기 시작했다. 생애 초에 축적되어온 상실의 경험들이 입힌 폐해였다. 이언은 리베카가 소아과 의사에게 '폭발적'이라 묘사한 행동을 보였다. 심하게 떼를 쓰며 성질을 부리는 일이 그들의 나날을 채웠다. 행동 관리 전략들도 아무 효과가 없었다. 어떤 잡지 기사들을 읽으니 이언이 양극성장애일지 모른다는 의구심도 들었다. 그러다 어느 날 운 좋게도, (방송) 〈60분〉에서 오프라 윈프리가 텍사스주 휴스턴 아동트라우마아카데미의 아동 정신의학자 브루스 페리를 인터뷰한 부분을 보게 되었고,[5] 그제야 그들은 성장 중인 이 가족이 어느 방향으로 나아가야 할지 깨

• acting out. 자신이나 타인에게 해롭거나 충동적인 행동을 해서 괴로운 감정을 표출하는 것으로, 억눌린 고통을 해소하려는 무의식적 욕구에서 발현한 일종의 방어기제다.

달았다.

페리는 전 세계를 돌아다니며 교육자, 치료사, 사회복지사, 위탁 양육기관 등을 대상으로 트라우마 이해에 기초한 돌봄 기법을 가르친다. 오프라와의 인터뷰에서 그는 아이의 행동을 바꾸려 하기 전에 먼저 그 아이에게 어떤 일이 일어났는지를 이해할 필요가 있다고 설명했다. 뇌는 아기가 초기 관계들을 맺는 동안 배선되며, 그 관계들이 혼란스럽다면 뇌의 배선 또한 혼란의 영향을 받는다. 페리는 '관계의 빈곤'과 '관계의 건강'을 대조하여 설명하면서, 잘못된 뇌 배선을 바꾸기 위해서는 그가 '치유의 그물망'이라 부르는 완전히 새로운 관계들 속으로 아이를 깊이 들어가게 하는 일이 필요하다고 말했다.

페리의 모델은 우리가 무표정 패러다임을 사용해 개발한 모델과도 일맥상통한다.[6] 앞에서 보았듯 자기 조절 역량은 협력 조절 과정에서 갖춰진다. 이언의 경우 그를 안전하게 지지해줄 받침대는 친엄마의 물질 남용에 의해 훼손되었을 것이다. 이언의 엄마를 비난하려는 것이 아니다. 부모와 자녀가 함께 건강한 방향으로 나아가기 위해서는 부모가 자녀에게 순간순간 균열이 복구되는 경험을 제공할 수 있어야 한다는 점을 짚고 넘어가려는 것이다.

역경이라는 단어는 양육자의 자원을 고갈시키는 것, 그

들이 현재에 온전히 머물며 자신과 아기의 심리 상태를 조절하는 것을 방해하는 모든 요소로 이해할 수 있다. 물질 남용, 가정 폭력, 부모의 정신질환, 부부 갈등과 이혼은 부모와 자녀가 불일치와 복구를 통해 함께 마련했어야 할 안전 지지대를 박탈함으로써 아이에게 해로운 영향을 미치고 회복 탄력성의 발달을 방해한다.

삶의 초기 경험이 이언에게 미친 영향을 잘 알지 못했던 리베카와 폴은 그동안 이언의 행동을 '대립'이나 '반항' 같은 단어로 묘사하며 자신들을 '힘들게 하는' 행동으로 해석했지만, 페리 박사로부터 새로운 통찰을 얻은 뒤로는 이를 달리 받아들일 수 있게 됐다. 단순히 행동 관리법이나 약물로 문제 행동이나 증상을 제거해야 하는 문제가 아님을 이해한 것이다.

그들은 이언을 새로운 관계 환경에 깊이 들어가게 하고, 다양한 경험—그들 부부와 함께하는 경험뿐 아니라 이웃의 놀이 모임, 가족 치료사, 작은 학급들로 이루어진 학교 환경, 의지할 수 있는 다양한 관계들과(그들은 개도 한 마리 입양했다) 함께하는 경험—을 할 수 있게 함으로써 아이의 발달 경로를 새롭고 건강한 방향으로 바꿔줄 수 있었다. 한편 여전히 중독에 빠진 채 시도 때도 없이 그들의 삶에 끼어드는 리사에게 지속적으로 시달려온 리베카와 폴은 이언에게 필요한 부모가 되기 위해서는 자신들을 위한 '치유의 그물망'도 찾아야 했다.

리베카는 뜨개질 모임에 가입했다. 매주 모임에 나가 리드미컬하게 부딪치는 바늘 소리를 들으며 지친 신경을 가라앉혔고, 빠뜨린 코부터 이언이 문제를 일으켰다는 선생님의 전화까지 일상의 불일치들을 헤쳐나가는 과정에서 뜨개질 동호회 친구들의 우정이 큰 힘이 되었다.

리베카와 폴이 이언의 초기 경험에서 비롯한 행동의 의미를 깨닫지 못한 채 계속 아이의 행동만 관리하려 했다면 이언과 가족 모두 괴로운 발버둥의 패턴에 갇혀버렸을 것이다.

회복 탄력성과 시간

강렬한 감정에 압도되어 진정하는 게 불가능하게 느껴질 때면 시간도 그 의미를 잃을 수 있다. 명료하게 생각할 수 없게 되면서 이 끔찍한 순간이 영원히 이어지라는 확신에 사로잡히는 것이다. 뇌 발달기를 혼란스러운 환경에서 보낸 아이들은 이후 사랑이 넘치는 새로운 환경으로 옮겨간 뒤에도 장난감을 정리하라는 잔소리처럼 아주 사소한 스트레스에도 순식간에 시간 감각을 상실할 수 있다. 이럴 땐 행동을 바꾸면 보상을 주겠다는 약속도, 진정하지 않으면 벌하겠다는 위협도 무의미하다.

위니콧은 시간의 이러한 측면을 다루며 우리가 스트레스와 혼란에 직면해서도 일관된 자기 감각을 확고히 지켜내는 방식을 존재의 연속성이라는 사랑스러운 용어로 담아냈다.[7] 이는 부모와 아기 사이에 일어나는 최초의 상호작용들 속에서 생겨나는 경험으로, 위니콧은 그 개념을 실제 분 단위에 맞추어 공식화했다.[8] 위니콧의 설명에 따르면, 엄마가 '$x+y$분' 동안 보이지 않을 때 아기는 엄마의 이미지를 유지할 수 있지만, 엄마가 '$x+y+z$분' 동안 보이지 않을 경우엔 엄마의 이미지를 유지하지 못하고, 이때 아기의 관점에서는 마치 엄마가 더 이상 존재하지 않는 것과 같다. 위니콧은 이 '$x+y+z$분'의 경험을 트라우마라고 부르는데(우리는 이를 호된 스트레스라고 부른다), 그 트라우마는 아기에게 자신마저 더 이상 존재하지 않는다는, '상상조차 할 수 없는 불안'을 안길 수 있다.

위니콧이 말한 불안은 막 움튼 자기 감각을 상실하는 일이며, 이는 마음의 평온을 심각하게 파괴한다. 예를 들어 이언은 유치원에서 급식을 기다리며 줄을 서 있을 때 다른 아이가 너무 가까이 붙어 서면 극도의 스트레스 반응을 보였고, 이내 투쟁 또는 도피 반응 모드가 되어 그 아이를 밀쳐버렸다. 진정하지 않으면 집으로 보내버리겠다는 선생님의 말도 이언에게는 아무 소용이 없었다. 강도 높은 스트레스가 이언의 마음을 '지금 이 순간'에 굳건히 붙잡아두어 미래의 시간은 상상도 할 수 없게 만들었기 때문이다. 선생님이 자기를 굽어보며 엄한 목소리로 꾸짖는 순간 "나는 이언이다"라는 기본적인 느낌조차 희미하게 사라지고 있었을 것이다. 이 자기 감각의 상실이 바로 위니콧이 말한 '상상조차 할 수 없는 불안'이다.

위니콧의 개념들은 그의 주의 깊은 임상 관찰에서 비롯했다. 존재의 연속성 개념이 중요하다는 사실을 뒷받침하는 증거는 감정적 경험뿐 아니라 생물학적 현상 속에도 존재한다. 우리 연구실에서는 불일치에서 복구로 넘어가는 시간이 길수록 아기의 코르티솔 반응성이 높아지고 그 수치가 떨어지는 속도는 느려지는 것을 관찰했다.[9] 이는 엄마와 아기의 초기 상호작용 중 불일치에서 복구로 넘어가는 속도가 빠를수록 아기의 스트레스 조절 능력이 좋아진다는 사실을 증명한다.

3장에서 이야기했듯 스트레스 반응은 시상하부-뇌하수체-부신 체계에 의해 조절된다. 이 체계가 자율신경계와 정보를 주고받으며 코르티솔을 혈류로 방출하는 것이다. 이러한 스트레스 반응의 역할은 스트레스를 초래한 위험 또는 위협에 대처하기 위한 에너지를 우리 몸에 충분히 공급하는 것이다. 일시적으로 상승한 코르티솔 수치는 '지금 여기'의 상황에 대처하는 데 도움을 주지만, 그 수치가 만성적으로 높아진 상태라면 삶의 이후 단계에서 스트레스 요인을 잘 조절하지 못하거나, 면역 기능이 저하되거나, 불안 같은 스트레스 관련 문제에 시달리는 등 부정적인 결과가 생길 수 있다.[10]

불일치 이후 복구 시간이 아기가 감당할 수 없는 정도로 지연되면 코르티솔 수치가 상승한다. 스트레스는 누적될 수 있으며, 이후에 생기는 스트레스는 이미 높아져 있던 코르티솔 수치로 인해 한층 더 왜곡되기도 한다.

스트레스 반응 체계의 민감도가 높아질수록 더 많은 양의 코르티솔이 분비되고, 이는 신체와 뇌에 장기적인 손상을 입힌다. 문제는 시간이다. 불일치에서 복구까지 문자 그대로 '몇 초가 흘렀는지'가 그 경험이 좋은 스트레스인지 나쁜 스트레스인지 호된 스트레스인지를 결정한다. 너무 오래 기다리면 좋은 스트레스도 나쁜 스트레스가 되고, 나아가 호된 스트레스가 될 수도 있다. 그러나 기다리는 시간을 0으로 줄일 때도 좋은 스트레스는 사라진다. 불일치와 복구 경험을 가지지 못한 아이는 가까운 인간관계에서 자기 행동과 감정을 조절하는 법을 배우기 힘들고, 그 결과 버겁고 커다란 감정에 금세 압도되어 시간 감각을 잃어버릴 수 있다. 이런 아이들에게는 "난 이 느낌에 갇혀 있어" "나는 감당할 수 없어" "나는 무력하고 연약해" 같은 의식이 생겨난다.

반대로 불일치에서 복구로 넘어가는 경험을 차근차근 축적한 아이는 극도로 괴로운 상황에 맞닥뜨리더라도 존재의 연속성을 유지할 수 있다. 이것이 회복 탄력성의 본질이다. 존재의 연속성이 유지되면 압도적이고 힘든 감정들을 경험하면서도 앞으로 언젠가는 상황이 나아지리라는 의식을 유지할 수 있다. 남편을 떠나보낸 뒤 캐럴이 그랬던 것처럼 말이다. 이러한 나날의 회복 탄력성 경험이 축적되지 않은 사람은 큰 감정들이 몰려올 때 쉽게 무너진다. 보니의 경우처럼, 이들에게는 미래로 나아갈 길이 보이지 않는다. 커다란 상실에도 불구하고 자기 감각을 놓치지 않은 캐럴과 달리, 보니는 마음의 동요가 너무 심해 자기 존재가 지속될 수 있다는 믿음을 가질 수 없었다. 이는 아마 보니에게 '상상조차 할 수 없는' 불안이었을 것이다. 그는 자신이 무너져버릴지도 모른다는 공포 때문에 남편 없이 살아가는 새로운 존재 방식을 경험해볼 엄두도 내지 못했다. 캐럴은 90대까지 살았지만, 안타깝게도 보니는 서서히 건강이 나빠지다가 남편이 죽은 지 몇 년 만에 세상을 떠났다.

다른 미래를 상상할 수 있을 때, 지금은 상황이 나쁘지만 좋아질 날이 올 것임을 알고 앞날을 바라볼 수 있을 때 우리는 역경을 헤치고 나아갈 용기를 낸다. 그러나 불일치에서 복구로, 단절에서 연결로, 혼자에서 함께로 순조롭게 나아간 경험이 없는 사람들은 한순간에 옴짝달싹 못 하게 묶여버릴 수 있다. 화가 났다면 언제나 화난 상태로 있을 것이고, 슬픔을 느낀다면 항상 그 슬픔에 빠져 있을 것이다. 결코 다른 감정을 느끼지 못할 것이다. 그 순간이 일종의 영원이 되는 것, 이것이야말로 절망감의 본질이다.

마라톤 훈련을 하는 러너들이 매번 정식 마라톤 거리를 달리는 건 아니다. 그보다는 매일 일정 정도를 달리며 여러 주에 걸쳐 거리를 늘려간다. 이렇게 지구력을 키우는 훈련은 유아-부모 상호작용에서 키워가는 대처 전략들과 유사하다. 지구력과 회복 탄력성은 달린 거리 혹은 복구의 경험 횟수에서 생겨난다. 회복 탄력성은 이런 순간들이 모여 구축된다. 우리는 수많은 미세 스트레스들을 이겨냄으로써 더 큰 스트레스를 처리할 탄력성을 키울 수 있다.

회복 탄력성이 이런 방식으로 길러진다는 것을 이해하면 창조적 활동, 특히 다른 사람들과 함께하는 창조적 활동이 치유와 회복 탄력성을 키우는 데 왜 중요한지도 알 수 있다. 춤, 드럼 연주, 무술처럼 움직임을 반복하는 활동은 자기 조절뿐 아니라 타인과 친밀한 관계를 만드는 능력도 키워준다. 요가 수업에서 배우는 동작들은 개개인에게 차분하고 통제된 느낌을 주기도 하지만, 그에 못지않게 강사와의 관계며 동료 수강생들과 나누는 일상적 대화를 통해 우리의 안녕감을 높이고 세상을 잘 헤쳐나가는 새로운 방식을 찾게끔 도와준다.

신속한 해법만 찾는 오늘날의 사회에서 많은 사람이 문제를 해결하는 단 하나의 답을 기대하고, 그 답이 실패하면 다른 답으로 옮겨가곤 한다. 그러나 회복 탄력성은 수많은 불일치와 복구의 경험을 통해 자라나며, 따라서 노력해도 잘 풀리지 않는다고 느껴질 땐 순간순간의 상호작용을 나눌 새로운 기회를 찾아볼 필요가 있다. 이런 기회를 찾기 위해서는 관계 맺을 수 있는 환경과 인내심, 그리고 시간이 필요하다.

대물림되는 일상적 트라우마

이제 우리는 회복 탄력성이 수많은 불일치와 복구 경험에서 생겨난다는 것을 알게 됐다. 그러고 보면 오늘날 너무도 흔하게 트라우마라는 단어가 사용되는 방식에 의구심이 생긴다. 트라우마가 고통스러운 것은 반복되는 성질 때문인데도,

사람들은 트라우마를 일회성 사건을 가리키는 단어처럼 사용하기 때문이다. 물론 일회적인 트라우마 사건도 분명 존재한다. 그러나 일반적으로 어떤 경험을 트라우마로 만드는 조건은 복구되지 않은 호된 불일치다. 회복 탄력성을 설명할 때 그랬듯, 트라우마라는 포괄적 용어에 포함되는 것 중 많은 경우는 아주 일상적인 유형이다. 프랭크와 린지의 예를 살펴보자.

어린 시절 프랭크가 가족 모임에서 울고 떼를 쓰며 유년기의 전형적인 행동을 보였을 때, 아버지는 벌로 지하실 맨 아래 계단에 몇 시간씩 앉혀두어 프랭크에게 수치심을 안겼다. 이후 어른이 된 프랭크는 열두 살 난 딸 린지와 관계가 갈수록 험악해지자 이를 해결하기 위해 치료사의 도움을 받게 되었다. 그는 자신의 유년기를 표현할 때 트라우마라는 단어를 사용하지 않았다. 아버지의 정서적 학대는 그의 삶에 스며든 일상적 경험이었기 때문이다.

그러나 막 청소년기의 자아를 형성해가는 딸에게 자신이 어떻게 반응하고 있는지 찬찬히 생각해보니, 딸과 갈등을 빚는 순간마다 과거의 기억이 주는 스트레스 때문에 마음의 문을 닫아걸고 있다는 것을 깨달았다. 평소에는 사려 깊고 공감력이 뛰어난 그가 막상 갈등의 순간을 맞닥뜨리면 딸에게 그냥 닥치라고 윽박질렀던 것이다. 치료사와 상담을 하면서 프랭크는 그런 갈등의 순간마다 딸에게 자신이 감정적으로 존재하지 않는 사람이 된다는 것, 그리고 그런 일이 생기는 빈도가 점점 높아지고 있다는 것을 깨달았다. 프랭크와 치료사는 혹시 린지가 프랭크를 시험하고 있는 게 아닌가, 자신이 감정적으로 매우 위태로운 이 발달단계를 잘 헤쳐나가도록 아버지가 적절히 이끌어주기를 기대하고 있는 것이 아닌가 하는 의문을 갖게 되었다.

일단 이런 과정을 인식하자 프랭크는 더 온전하게 린지 곁에 있어줄 수 있었다. 생각 없이 반응하는 대신 일단 멈춰서 호흡을 고르고 린지의 입장을 생각하게 된 것이다. 그러자 린지가 이제 10대에 접어든 아이답게 급격한 감정 변화를 보여도 이를 너그럽게 받아들이며 새롭게 형성되는 사춘기 정체성의 맥락에서 이해할 수 있었다. 곧 아버지와 딸이 대립하는 빈도와 그 강도는 린지의 발달단계에서 일반적인 수준까지 내려갔다. 프랭크는 전처럼 다시 딸의 존재에서 기쁨을 느끼게 되었음을 깨닫고 깊이 안도했다.

프랭크가 어린 시절에 경험한 일은 매일의 트라우마 혹은 일상적 트라우마라는 용어로 표현할 수 있다. 이는 친족이 총을 맞는 장면이나 집이 산사태에 휩쓸리는 장면을 보는 것과는 다른 경험이다. 일상적 트라우마란 자신이 안심과 지지를 기대하는 상대에게서 오히려 고립과 모욕만을 경험하는 것, 복구되지 않는 만성적인 불일치를 의미한다. 린지의 행동이 과거 기억을 상기시킬 때마다 프랭크 또한 린지에게 정서적 유기를 반복했던 셈이다. 이러한 역학 관계를 의식적으로 인지하고부터 그는 자신의 어린 딸에게 복구의 기회를 주고 관계를 더 건강한 방향으로 이끌 수 있게 되었다.

틀에서 벗어나기

떨어지는 빗방울 하나하나가 풍경에 스며들듯, 발달단계 내내 무수히 일어나는 순간순간의 상호작용은 한 개인으로서의 자신 및 타인과의 관계 속에서 자기감각의 풍경을 형성한다. 이 과정에서 어떤 경험에 한 가지 의미만을 부여하고 그 고정된 의미에 함몰된 채 단절과 의사소통 오류의 패턴에서 빠져나가지 못하면 그 경험은 트라우마가 된다.

마크와 팀 부부와 두 살 난 아기 메이슨도 그런 틀에 갇혀 있었다. 예정일보다 8주 일찍 태어난 메이슨은, 초기 개입 전문가의 표현을 빌리면 '미성숙한 조절 체계'를 갖고 있었다. 일상에서 이 말이 의미하는 바는, 무엇보다 메이슨이 수면 상태를 좀처럼 유지하지 못한다는 것이었다. 메이슨이 팀의 가슴 위에 누워 잠이 들면, 팀은 아기를 깨우지 않고 요람으로 옮기기 위해 무려 30분에 걸쳐 천천히, 아주 미세한 동작으로 움직여야 했다. 팀의 동작이 조금이라도 빨라지면 메이슨은 온몸으로 놀람 반응을 일으키며 곧바로 잠에서 깼다. 메이슨을 돌보는 일에는 마크와 팀이 예상했던 것보다 훨씬 많은 에너지가 들어갔지만 두 사람은 서로 도우며 힘이 되어 주었고, 메이슨의 취약성을 알고 있었기에 그 과제를 기꺼이 받아들였다.

6개월 차에 메이슨은 호흡곤란을 겪었다. 팀은 메이슨이 발작을 일으키는 거라고 생각해 구급차를 불렀다. 팀의 어머니도 발작 장애가 있어서 어렸을 때 무서운 발작 장면을 여러 번 보았기 때문이다. 그는 메이슨이 죽을지도 모른다는 공포에 휩싸였다. 의사가 메이슨은 발작을 일으킨 것이 아니니 괜찮다고 안심시켰지만, 팀은 공포로 제정신이 아니었다. 원래 마크와 팀 둘 다 아기와 같이 자는 것에 반대하는 입장이었지만, 이제 팀은 메이슨을 자기네 침대에서 같이 재워야 한다고 확신했고 마크도 마지못해 동의했다.

걸음마를 시작할 무렵 메이슨은 밝고 활동적인 아기로 자라 있었다. 하지만 스트레스를 받을 때면 민감한 조절 체계가 드러났다. 차고 문이 열릴 때처럼 갑자기 큰 소음이 들리면 그 즉시 놀이가 중단되고, 메이슨은 온몸으로 놀람 반응을 보이며 격하게 울어댔다. 메이슨은 계속 아빠들의 침대에서 자며 팀의 몸이 제공하는 안아주기 환경에 의존해 취약한 신경계를 진정시켰다. 메이슨의 몸은 옆에 누운 아빠 없이 혼자서 긴장을 풀고 잠드는 법을 몰랐다.

그러나 집에서 메이슨을 돌보는 팀과 달리 상근직으로 일하는 마크는 2년 동안 불편한 잠자리에 시달리다가 더 이상 참을 수 없는 지경에 이르렀고 마크와 팀 사이에 다툼이 생겼다. 마크는 팀이 자기 마음 편하자고 메이슨을 계속 같은 침대에 데리고 있다며 비난했다. 그는 아기와 함께 자는 것이 못마땅했다. 예쁜 아기 침대를 선물해준 부모님 눈치도 보였다. 그렇게 가족 전체가 굳은 틀에 갇혀 옴짝달싹 못 하고 있었다.

어쨌든 수면 상황을 바꿔야 한다는 점에 대해서는 둘 다 같은 생각이었다. 그들을 상담한 양육 전문가는 당장 메이슨을 자기 방에서 재우기 시작하라고 조언했다. 그러나 팀이 생각하기에 오랜 시간에 걸쳐 만들어진 상호작용 패턴이라면 시간을 두고 서서히 바꾸는 게 좋을 것 같았다. 메이슨이 아빠의 물리적 존재 없이도 스스로 평온함을 느낄 수 있도록 도와줄 필요가 있었다. 더하여 그로서는 어머니가 발작을 일으키는 모습을 속수무책으로 바라볼 수밖에 없었던 어린 시절 기억과 얽혀 있는, 메이슨을 잃을지 모른다는 깊은 두려움도 해결해야 했다. 또한 마크의 부모 문제까지 얽혀 있는 둘 사이의 갈등도 풀어야 했다.

의식적으로 의미 만들기를 염두에 둔 것은 아니지만, 팀은 단순히 해결책을 정하기보다 그들이 함께 마음을 모을 수 있는 새로운 수면 습관 들이기를 점진적으로 만들어가야 한다는 걸 본능적으로 알았다. 처음에 마크는 반대했지만, 팀은 가족이 맞닥뜨린 이 중요한 과도기에 무엇보다 필요한 것은 시간과 세심한 주의라며 마크를 설득했다.

유아-부모 정신건강 전문가와 상의하며 그들은 수면 습관과 패턴을 바꾸는 작업을 시작했다. 갈등들이 생겨났다. 순조로운 날도 있었지만 어떤 밤에는 메이슨이 잠들지 못한 채 몇 시간이나 울어댔고, 그럴 때마다 마크는 메이슨과 함께 집 안을 빙글빙글 걸어다니다가 책을 읽어주며 아이를 진정시켰다. 몇 주 동안은 세 사람 모두 거의 잠을 자지 못했다. 그들은 문제를 해결해가는 과정의 이 혼란스럽고 불확실한 시간을 받아들이기로 했다.

자신의 성장기를 기준으로 생각했던 마크는 부모 노릇이 깔끔하고 질서 정연한 일일 거라 예상했다. 그러나 팀이 며칠 집을 비울 일이 생기면서 갑자기 마크가 1차 양육자가 되었고, 그는 어린 아들과 보내는 현실 생활이 사실 엄청나게 혼란스럽다는 사실을 금세 깨달았다. 추상적인 규칙들은 통하지 않았다.

다소 두서없고 무질서하게 느껴지는 시간이 지나자, 수면과 관련한 가족 전체의 경험에 변화가 생겼다. 메이슨은 팀의 가슴 위에 누워 있지 않을 때도 부모가 자기 곁에 있다는 믿음을 갖게 됐다. 메이슨의 몸이 아빠와의 물리적 접촉 없이도 침착해지는 법을 배운 것이다. 팀과 마크는 서서히 메이슨을 자기 방에서 혼자 재우기 시작했다. 수면 박탈과 만성피로가 서서히 물러났다. 세 사람 모두 유능감과 효능감을 갖게 되었고, 메이슨이 밤새 깨지 않고 잠들 수 있게 되면서 그들은 새로운 수준의 성장과 연결에 도달했다. 잠과 관련한 새로운 의미를 만들어가는 혼란스러운 경험 속에서, 메이슨은 자신이 부모와 서로 호응하며 유연하고 일관성 있는 관계를 맺고 있다는 사실을 알게 되었다.

두 살 메이슨에게 새겨진 의미를 두 아빠가 바꿔주는 것은 더 나이든 사람의 의미를 바꾸는 것에 비하면 쉬운 일이지만, 그래도 여전히 배려와 노력이 필요한 일이다. 그렇다고 의미를 바꿔주려는 노력을 하지 않는다면 어떻게 될까? 8장에서 살펴보겠지만, 고정된 의미에 계속 붙잡혀 있으면 시간이 지남에 따라 관계와 경험에서 그 의미가 미치는 영향이 증폭될 수 있다. 만약 메이슨의 부모가 자신들의 괴로움과 갈등에만 정신이 팔려, 잠들기라는 게임의 새로운 규칙을 차분히 가르쳐주기는커녕 메이슨을 자기 방에 혼자 두고 서로 싸우기만 했다면 어땠을지 상상해보라. 이런 관계는 메이슨의 몸과 마음에 다른 방식으로 표상을 만들고, 그 표상들은 유아기와 청소년기, 심지어 성인기의 관계로까지 이어지며 의미를 왜곡했을 것이다.

잠들기 '게임'은 타인들과 관계 맺는 법을 배우는 한 방식이다. 실제로 게임이라는 단어를 사용하지는 않지만, 우리는 평생 가족 안에서, 친구들 사이에서, 직장에서도 수많은 게임에 참여한다. 다음 장에서는 까꿍 놀이나 작별 인사 놀이 같은 어린 시절의 게임들이 우리의 내면에 어떻게 새겨지는지 알아볼 것이다. 게임은 발달기는 물론 성인기의 삶 전반에 걸쳐 우리가 속한 특정 문화와 공동체의 맥락 안에서 자기 자신을 이해하도록 도와준다. 우리가 배우는 새로운 게임 하나하나가 끊임없는 불일치와 복구 과정을 통해 우리의 소속감을 형성해주는 것이다.

6장

게임으로 소속감을 배우다

두 형제의 모습을 상상해보자. 롤런드는 다섯 살, 오스틴은 18개월 된 아기다. 롤런드는 자기가 발명한 놀이를 동생에게 가르쳐주고 있다. 방 안을 가로질러 달려가 쿠션 위에서 점프를 하고 다시 원래 자리로 달려오는 놀이다. 이때 오스틴이 놀이를 배우는 과정에는 설명이나 시범보다 반복과 불가피한 실수가 더 큰 부분을 차지한다. 놀이는 벌써 한 시간 가까이 계속되고 있다. 처음에 오스틴이 쿠션 위에서 점프를 하는 대신 그대로 앉아버렸을 때, 롤런드는 너무 답답해서 몸을 반으로 접고 두 손으로 머리를 움켜쥐었다. 그러나 곧바로 다시 발딱 일어났다. 여러 차례 더 시도한 끝에 마침내 오스틴이 쿠션 위에서 점프하고 다시 방을 가로질러 달려

오자, 두 아이는 숨이 넘어갈 듯 깔깔 웃어대며 연결이 주는 순수한 기쁨을 만끽했다. 놀이를 반복하는 횟수가 늘어감에 따라 오스틴은 점차 놀이의 '규칙'을 파악했다. 이런 즐거운 반복은 두 형제를 더 깊이 연결할 뿐 아니라, 서로 맞지 않는 순간이 있더라도 결국은 함께 조화를 이루게 되리라는 생각을 두 아이 모두에게 강화해준다. 오스틴의 실수까지 필연적으로 포함하는 이 놀이의 리듬을 통해 아이들은 '이게 우리가 노는 방식'임을 배운다.

우리는 흔히 문화를 언어에 새겨진 것으로 이해하지만, 어린아이들은 언어능력이 생기기 훨씬 전부터 자신을 둘러싼 세계에 대한 의미를 만들며 특정 문화의 일부가 된다. 문화는 우리가 세상과 소통하는 데 사용하는 여러 시스템—감각, 동작, 호르몬, 자율신경, 유전, 후성유전—에 내재되어 있다. 함께 놀기, 달리기, 넘어지기, 주저앉기, 실수했을 때의 스트레스까지, 이 모든 신체적 경험은 오스틴에게 놀이 자체만이 아니라 소속되는 방법까지 가르쳐준다.

가장 넓은 의미에서 문화란 함께하는 활동, 가치, 목표, 관습의 집합, 다시 말해 이 세상에서 살아가는 공통된 방식이다. 발달이란 우리 각자가 평생 여러 집단—직업적, 종교적, 지리적 집단을 포함한 수많은 집단—에 소속되는 방법을 배우는 과정이다. 늘어나는 가족의 문화에 소속되는 방법을 배우는 것 또한 발달의 일부다.

젊은 두 연인을 생각해보자. 초기의 아찔한 흥분 단계를 지나 더 진지한 규칙에 따라 함께 지내고 미래를 계획하고 자녀를 키우는 단계로 넘어가면서, 각자 서로의 가족 문화를 배워야 할 일이 생긴다. 그들은 원래 가족의 문화에서 어떤 요소를 새로운 가족으로 가져올까? 몇몇 요소들은 다소 단순한 과정만으로도 충분하다.

제이든네 4형제와 아버지는 야구와 농구, 특히 제이든이 제일 좋아하는 축구 등 여러 스포츠의 통계에 관해 백과사전에 가까운 지식을 가지고 있다. 반면 키아라 가족에게는 음악이 공통의 언어였다. 키아라의 아버지는 키아라에게 그때그때 흘러나오는 재즈 곡의 작곡가가 누구인지 퀴즈를 내곤 했다. 키아라는 야구 선수들에 관해 아무것도 몰랐고, 제이든 역시 마일스 데이비스에 관해 전혀 몰랐다. 언젠가 키아라는 디지 길레스피라는 이름을 들어본 적조차 없다는 제이든의 말에 웃음을 터뜨려 의도치 않게 그의 마음을 상하게 했다. 키아라는 사과한 다음, 음악 지식이 없다며 제이든을 놀리는 대신 다양한 장르의 음악을 그에게 소개하기로 했다. 얼마 후 둘 다 좋아하는 밴드들이 생겼고, 함께 콘서트에 가는 일은 그들이 가장 좋아하는 활동이 되었다. 제이든 역시 처음에는 친구들과 함께 가는 스포츠 이벤트에 키아라를 끼워주지 않았다. 그러나 일요일마다 자신을 두고 축구 경기를 보러 가는 제이든 때문에 키아라가 속상해하자, 그는 시간을 내어 키아라에게 축구에 관해 가르쳐주었다. 곧 축구 경기를 보러 가는 일도 두 사람이 좋아하는 또 하나의 활동이 되었다.

그러나 이들의 문화 차이 중에는 도무지 좁혀지지 않는 것들도 있었다. 외동인 키아라는 제이든의 대가족이 스스럼없이 걸어오는 장난을 받아들이기가 어려웠다. 키아라가 자라며 경험해온 관계의 모델은 일대일로 진지하게 나누는 상호작용이었다. 키아라는 한자리에 몇 시간씩 앉아 중요한 생각에 관해 대화를 나눌 때 편안함을 느꼈다. 추수감사절에 뒷마당에서 미식축구를 하고 좋아하는 음식이 바닥나기 전에 서둘러 접시를 채우는 제이든의 가족들과 함께하는 시간은 불편하고 어색하기만 했다. 제이든은 제이든대로, 처가의 추수감사절 만찬에서 키아라의 가족들이 몇 시간이고 여러 주제에 관한 토론을 이어가는 동안 가만히 앉아 있는 게 너무 힘들었다. 손바닥에 땀이 차고 온몸이 들썩일 정도였다. 그러나 두 사람은 관계의 발전을 위해서라도 상대의 가족이 안기는 복잡한 감정의 혼란 속으로 들어가야 했다.

그들은 각자의 친구나 가족을 따로 만나 시간을 보내며 이런 감정을 처리하기도 했지만, 그에 더해 가족 모임 중에, 또는 끝난 뒤 둘이 함께 달리기를 하는 루틴도 만들었다. 신체 활동이 그들의 마음을 충분히 가라앉혀주었고, 그 결과 두 사람은 가족 모임에 필연적으로 따라붙는 불편한 대화에도 민감하거나 방어적인 태도를 취하는 대신 서로의 말을 경청할 수 있었다.

첫아이가 생기자 상황이 더 복잡해졌다. 두 사람 다 각자의 가족에서 본보기로 삼고 싶은 점과 피하고 싶은 점에 관해 분명한 생각이 있었다. 키아라는 자기 가족의 지적 호기심에 가치를 두었지만, 감정적 거리감은 좋게 생각하지 않았다. 아이들은 자신이 제이든의 가족에게서 배운 포용의 감각을 갖고 성장하기를 바랐다. 제이든은 형제자매와의 가까운 관계에 가치를 두었지만, 종종 그를 짓누르는 책임감의 부담은 아이들에게 물려주고 싶지 않았다. 제이든과 형제자매 모두 성인이 되어 각자의 가족과 책임이 생겼는데도 여전히 가족 모임 때마다 요구되는 융통성 없는 기대치가 억지스럽고 가식적으로 느껴지기도 했다.

제이든과 키아라는 그들만의 새로운 가족 문화를 위해 새로운 규칙들을 함께 만들 필요가 있었다. 그러나 새로운 규칙을 만드는 건 결코 쉬운 일이 아니다. 원래 속해 있던 가족의 문화는 의식적으로 사고하는 것이 아니라 몸속에 심겨 있기 때문이다. 새로운 문화로 옮겨가는 일에는 혼란과 불화가 필연적으로 따른다. 이때 갈등 속으로 들어가 해결하려는 노력은, 다른 사람과 함께 살아가는 새로운 방식으로 옮겨가는 과정에 필요한 에너지를 만들어낸다. 먼저 싸움 속에 뛰어든 다음 불화를 복구할 방법을 찾아냄으로써 한 쌍의 동반자는 새로운 한 단위의 가족으로서 새로운 수준의 일관성을 얻게 된다. 이러한 과정을 염두에 두면 여러 문제를 피할 수 있고, 어쩌면 어긋나버린 결혼까지 구할 수 있을지 모른다.

놀이는 필수다

갓난아기는 자신이 태어난 세계의 규칙에 관해 아무것도 모른다. 적응할 준비도 되어 있지 않고, 예측할 수 없는 환경 속에서 일이 어떻게 돌아가는 것인지 하나하나 배워야 한다. 갓난아기들은 각 문화의 고유한 방식을 따라 타인과 함께하는 방법을 배운다. 이 배움은 어떻게 이루어질까?

D. W. 위니콧은 놀이가 발달에서 필수적인 역할을 한다는 것을 알았다. "아이든 성인이든 개인이 창의성을 발휘하고 자신의 성격 전체를 사용하는 것은 놀이를 할 때뿐이며, 그렇게 창의성을 발휘함으로써만 자기를 발견할 수 있다."[1] 이는 당장 장난감 가게로 달려가라는 뜻이 아니다. 그가 말하는 놀이란, 특정한 목적이나 결과를 염두에 두지 않은 자

발적이고 느슨하게 조직된 행동이다.

놀이가 왜 그렇게 중요할까? 놀이에는 동작과 감정과 기억, 타이밍과 우발성에 대한 감각, 행위 주체성, 주의력이 동원된다. 서로 다른 이 여러 체계는 우리가 함께하는 놀이를 통해 에너지와 정보를 끊임없이 쌓아간다. 이 에너지와 정보는 막 움트고 있는 아기의 자기 감각을 구성하며, 아기가 사람 또는 사물의 세계와 상호작용하는 동안 아기의 행동을 조직하고 안내한다.

우리가 하는 수많은 놀이를 통해 새로운 의미들이 우리의 일부가 된다. 조금씩 커가며 놀이에 참여하고 놀이를 발명하는 사이 우리는 사회적 자아의 안전 지지대를 형성할 정보를 수집하고 처리한다. 스포츠 팀에 참여할 때든 다른 사람들과 한 가족이 될 때든 새로운 일을 배울 때든 다른 나라에서 살게 되었을 때든, 아기가 소속되어가는 과정은 우리가 어딘가에 소속되는 법을 배울 때 어떻게 성공하는지, 또 어느 지점에서 넘어질 수 있는지에 관해 많은 것을 가르쳐준다.

대학 신입생 환영 파티에서 '큐피드 셔플'•을 배우는 신입생들은 아기들이 가족 안에서 의미를 만들어낼 때와 유사한

• 사람들이 한 줄로 늘어서서 노래 〈큐피드 셔플〉에 맞추어 추는 희극적인 라인댄스.

방식으로 자신이 속한 새로운 사회적 환경에서 의미를 만들어낸다. 처음에는 비틀거리고 스텝이 꼬이고 박자도 어색하지만, 학생들은 점차 서로 동작을 잘 맞출 수 있게 된다. 이 성취는 처음의 불일치 때문에 더욱더 즐겁다. 불일치에서 서로 연결되는 기쁨으로 나아가며 함께 의미를 만들기 때문이다.

피카부 게임•을 할 때도 비슷하다. 처음에 부모는 이 게임의 양쪽 역할을 모두 해야 한다. 무슨 일이 벌어지고 있는지 모르는 아기는 자기가 할 수 있는 갖가지 행동으로 반응한다. 부모 쪽을 봐야 할 때 다른 데로 시선을 돌리기도 하고, 신발을 잡아당기거나 자기 손을 쳐다보기도 한다. 이때 아기들이 하는 행동은 뒤죽박죽이고 변덕스럽고 불안정하고 혼란스럽다. 그러나 시간을 들여 반복함에 따라 아기들은 점점 더 주의를 기울이고, 결국 '부' 하는 순간 부모의 얼굴이 나타나리라는 것을 예상할 수 있게 된다. 혼란의 일부가 바로잡히기 시작하는 것이다.

반복하는 횟수가 쌓일수록 아기들은 게임의 속도를 조절하기 시작한다. 자기 손으로 얼굴을 가린 채 타이밍을 재기도 하고, 마침내 스스로 피카부 게임의 주체가 된다. 게임의

• 아이와 마주 보고 얼굴을 가렸다가 '피카부'라는 말과 함께 손을 펴 얼굴을 보여주는 까꿍 놀이.

두 역할을 모두 배운 것이다. 아기가 놀이 동작에 대한 반응을 조절함에 따라 일정한 순서와 리듬이 만들어지고, 상대의 의도를 추측하는 아이의 능력도 더 좋아진다. 그렇게 무수한 반복을 거쳐 아기는 게임을 완전히 흡수하고 쌍방의 호흡이 완전히 하나가 된다.

아기들은 피카부 게임을 스스로 깨우칠 수 없다. 그 경험의 안전 지지대 역할을 해줄 더 나이 많은 아이나 어른에게 의지해야 한다. 세상에 존재하기 위한 다른 모든 방식을 배울 때도 마찬가지다. 그들은 목욕을 하고 옷을 갈아입고 먹고 잠드는 게임—루틴—을 배운다. 이 게임들은 여러 날, 여러 주, 여러 달에 걸쳐 수없이 반복된다. 각 게임은 개인에 따라 서로 다른 형태를 갖추며, 아이들은 특정한 파트너와 함께하며 이를 습득한다.

피카부 게임 같은 반복적인 상호작용을 통해 특정한 사람과 성공적인 서사를 만들면, 아기에게는 우리는 불일치를 복구할 수 있다는 내적 인식이 생긴다. 아기는 아직 언어를 알지 못하므로 언어화되지는 않았음에도, 이는 발달 중인 신뢰감, 안전감, 안정감을 더욱 키워주는 매우 강력한 인식이다. 성공적인 복구의 경험을 쌓아감으로써, 아기는 잘 조절되지 않은 감정 상태와 뭔가 잘못되었다는 느낌이 긍정적인 상태로, 또 모든 게 잘되고 있다는 느낌으로 바뀔 수 있다는 걸 알게 된다.

피카부 게임은 삶에서 오가는 것들, 균열과 복구의 과정을 적절히 표상한다. 이 전형적인 반복 게임을 익히며 아기는 위니콧이 존재의 연속성이라 부르는 것에 대한 감각을 쌓아간다.

무표정 패러다임을 사용한 일련의 실험 중, 우리는 추상적 사고를 담당하는 뇌 부위의 발달이 완료되기 훨씬 전에 의미 만들기에서 게임이 하는 역할을 탐구했다.[2] 먼저 언어 능력이 없는 아기들의 뇌와 마음에 관계가 표상되는 방식을 알아보고자 특정 아기와 엄마 쌍들이 얼굴을 마주 보고 하는 그들만의 '게임'이 무엇인지 확인했는데, 이는 각 쌍에 따라 신체 접촉이기도 했고 특정한 발성 주고받기, 또는 잘 알려진 흔한 놀이이기도 했다. 실험 중 무표정을 보여주는 부분에서 우리는 '아기가 엄마의 주의를 끌기 위해 게임을 이용할까?'에 대한 답을 찾고자 했다. 관계적 기억이라 불리는 것, 즉 우리가 다른 사람과 함께하는 특정한 방식에 대한 기억을 어떻게 만들어가는지 검토하기 위해서였다.

이 실험에서 우리는 드라마틱한 장면을 목격했다. 한 엄마가 손뼉을 치면서 즐겁게 노래한다. "네가 행복하다면 그걸 안다면 손뼉을 치세요!" 엄마는 아기의 손을 잡고 함께 손바닥을 마주치며 놀이의 규칙을 가르쳐준다. 그때 실험자가 엄마에게 무표정한 얼굴을 하라고 지시한다. 엄마의 기이한 행동을 이해할 만한 언어가 없음에도, 어쨌든 아기는 엄마와 연결되기를 원한다. 아기가 자기 오른손을 내려다본다. 이어 옆구리에 놓여 있던 그 손을 천천히, 꽤 노력을 기울여 들어 올린다. 그런 다음 왼손을 가슴 앞으로 당겨 오른손에 맞대며 살짝 손뼉 치는 동작을 한다. 그 순간 무표정 구간이 끝나고 엄마는 다정한 미소를 지으며 기분 좋게 두 손을 내밀어 모아 쥔 아기의 두 손—아기가 해낸 기적적인 노력의 결과—을 잡아준다.

생후 9개월인 이 아기에겐 나는 엄마와 게임을 하고 있어, 그러니까 손뼉을 쳐서 엄마를 다시 돌아오게 할 거야라고 생각할 능력이 없다. 아기의 미성숙한 뇌는 아직 언어 능력을 발달시키지 못했기 때문이다. 아기가 언어로 사고할 능력이 없고 그 노래의 가사를 모르는 것은 분명하지만, 자신과 엄마의 관계라는 음악은 이미 아기의 몸과 뇌 속에 살고 있다고 할 수 있다. 아기는 엄마의 반응을 이끌어내기 위해 손과 팔이 특정한 방식으로 움직이도록, 자신의 운동뉴런들이 피질에서 출발해 뇌간을 거쳐 척수를 따라 내려가 자기 손과 팔의 근육에 신호를 보내도록 만들었다. 이 동작은 언어와 상징적 사고를 담당하는 뇌의 층에 의해 조절되는 것이 아니다. 그 부위들은 아직 완전히 발달하지도 않았다. 그러므로 엄마와 연결되겠다는 동기는 피질이 아니라 뇌의 더 깊숙한 구조물에 자리 잡고 있는 것이다.

우리는 이 아기에게서 행위 주체성의 감각을, 긍정적 경험을 만들어내기 위해 환경에 영향을 가하는 능력을 본다. 그러나 이는 단어와 사고의 형식으로 존재하는 것이 아니라, 엄마와 놀이를 하는 아기의 몸동작을 통해 뇌에 새겨진 감각이다. 이처럼 관계는 아이가 자라고 발달하는 동안 양육자와 함께하는 수많은 놀이들을 통해 뇌와 마음속에 표상된다.

인사 게임: 문화적 차이

1970년대에 우리는 케냐 남서부의 인구밀도가 높은 고지대에 가서 반투어를 쓰고 농경 생활을 하는 구시족의 부모-아기 관계를 연구했다.[3] 국립과학기금이 후원한 그 프로젝트를 이끈 사람은 대학원 시절 구시의 신앙 체계를 연구했던 인류학자 로버트 르빈이었다. 르빈 연구팀은 관찰 기법을 활용해 다양한 문화들을 연구하고 있었다. 당시에는 5분간 관찰하는 것만 해도 혁명적인 수준이었지만, 우리는 아이들이 어른들과 나누는 상호작용을 여러 날에 걸쳐 종일 관찰하며 다양한 모습을 비디오로 촬영하기로 했다. 현지인들과 보내는 시간이 길어지면서 그들이 우리에게 익숙해지자 우리의 존재는 이내 배경으로 녹아들었다.

그곳에서는 시선을 맞추는 것이 서구 문화에서와 매우 다른 의미를 띠고 있었다. 사안•이라는 개념을 믿는 구시인들은 삶의 취약한 시기에 남들의 시선에 노출되는 것을 위험하다고 여겨 시선을 주고받는 행위에 큰 의미를 부여했다. 우리는 이런 문화적 맥락 속에서 아기들이 어떻게 인사 게임의 규칙을 배우는지 흥미롭게 관찰했다.

구시 엄마와 아기가 서로 인사를 주고받는 방식은 북미 사람들의 활달한 인사와 확연히 다르다. 구시 엄마와 아기가 인사를 나눌 땐 눈을 꼭 맞출 필요가 없으며, 부모와 아기 사이에 오고 가는 정서적 분위기는 한결 차분하다. 아이는 좀처럼 어른을 쳐다보지 않고, 양쪽 모두 큰 흥분이나 감정을 드러내지 않는다. 또한 미국의 어른과 아기처럼 얼굴을 마주 보고 놀이를 하는 일도 없다. 미국의 부모들은 대화하듯 말 거는 것을 좋아하며 아기를 상호작용의 파트너처럼 대한다. 연구팀이 구시 엄마들에게 아기와 얼굴을 마주 보며 놀이를 해 달라고 부탁하자, 그들은 무슨 그런 바보 같은 소리를 하냐는 듯 우리를 쳐다봤지만 그래도 부탁을 들어주었다.

• 邪眼(evil eye). 악의를 담아 상대를 노려보며 저주를 거는 눈.

촬영한 영상을 프레임 단위로 분석해보니, 아기들이 눈을 맞추며 미소 짓는 순간 엄마들이 곧바로 시선을 돌린다는 것을 알 수 있었다. 서구의 엄마-아기 상호작용 대부분에서 나타나는 것과 정반대의 패턴이었다. 엄마가 눈을 돌리면 이에 반응하여 구시 아기들도 눈을 돌렸고 미소도 사라졌다. 아기들은 실제로 풀이 죽은 것처럼 보였다. 아기가 시선과 미소를 통해 나는 엄마와 상호작용하고 싶어라는 의미를 전달했지만, 엄마는 이에 대해 난 그러고 싶지 않아, 더 정확히는 이런 방식으로는 아니야라는 의미를 비언어적으로 표현하며 불일치의 반응을 보인 것이다.

이 엄마들은 왜 시선을 돌리는 것일까? 구시 엄마들은 아기가 활짝 웃을 때도 함께 웃어주지 않는 편인데, 이는 엄마의 인사 방식이 그런 활달한 표현을 배제하는 구시 문화 특유의 형식으로 이미 굳어졌기 때문이다. 그들에게 직접적 시선과 강한 애정 표현은 문화적 규범을 위반하는 일이다.

그렇다면 이 부족의 엄마와 아기는 어떻게 서로 조화를 이루며, 그들이 보이는 조화는 어떤 모습일까? 우리는 아기와 양육자가 문화적으로 적절한('자연스러운') 그들만의 상호작용 형식을 찾아내 함께 만들 것이라는 가설을 세웠다. 모든 아기가 사회적 게임을 배울 때 그러듯, 구시 아기 또한 양육관계 속에서 스스로 점진적인 과정을 통해 자기 문화에 적절한 인사법을 터득한다. 시간이 흐르는 동안 수많은 상호작용을 반복하면서 차분한 구시 인사법에 걸맞은 일련의 행동을 선택하는 것이다. 이렇게 계속되는 반복을 통해 그들은 고유의 문화에 소속되는 법을 배운다.

구시의 인사 게임은 서로 다른 문화에 속한 사람들의 존재 방식이 얼마나 극단적으로 다를 수 있는지를 보여주는 수많은 예 중 하나다. 만약 미국 엄마가 구시 엄마처럼 아기를 외면한다면 의사들은 엄마에 대해서도, 엄마와 아기의 관계에 대해서도 우려를 표할 것이다. 구시 엄마가 미국식으로 아기와 표현을 풍부하게 주고받는 모습을 본다면 구시 의사가 어떻게 생각할지는 짐작만 할 수 있을 뿐이지만, 낯설고 예외적인 일로 보리라는 점만은 분명하다. 요컨대 구시인과 서구인의 인사 방식에 두드러진 차이가 있기는 하지만, 두 방식 모두 불일치와 복구의 반복적 선택 과정을 거쳐 양육자와 아기 쌍이 함께 구성한 것이라는 사실이다. 시간이 지남에 따라 이 과정은 부모-아기 관계를 더욱 복잡하면서도 일관성 있게 만들며, 각 패턴은 각 문화의 맥락 안에서 아기들의 성장을 촉진한다.

사회적 게임은 뇌와 마음을 성장시킨다

관계는 사람들이 발달 과정 전반에 걸쳐 경험하는 게임들을 통해 표상된다. 최근 '이원성의 종말'이라는 제목으로 열린 표상에 관한 콘퍼런스에서 뇌/마음 구별에 관한 최신 연구가 소개되었다.[4] 급속도로 발전 중인 이 분야의 연구 내용을 살펴보면, 마음(인식되는 것과 인식되지 않는 모든 정신적 과정)과 뇌(이 과정을 지탱하는 신경구조)를 구별하는 것이 인위적이고 억지스러운 일임을 알 수 있다. 마음과 뇌는 하나다.

일반적으로 관계란 의식적 사고와 단어들로 표상된다고 여겨진다. 예를 들어 우리는 부모와의 관계를 설명할 때 언어를 사용한다. 가깝다거나 갈등이 많다거나, 더 복잡하게 묘사할 때도 그렇다. "내 어머니는 일을 많이 하셔서 감정적 거리감을 느끼게 한 적도 많았지만, 때로는 내게 전적으로 주의를 기울여주셨다." 이는 어떤 관계를 말로 표상한 문장이다. 그러나 앞서 살펴보았듯이 관계는 의식적 사고 외에 다른 많은 시스템에도 새겨져 있다. 수많은 상호관계 게임을 통한 사회적 경험은 뇌와 신체의 내용이 된다. 축구팀 동료들은 말을 나누기보다 신체 동작에 새겨진 상호작용의 패턴을 조정하여 골을 넣기 위해 협력한다. 이는 조직체 전체에서 관계의 표상이 어떻게 나타나는지 보여주는 예다.

8장에서 살펴보겠지만, 우울증을 앓는 부모나 공포심을 일으키는 부모와의 상호작용처럼 관계를 구성하는 비전형적 게임들도 다른 모든 사회적 게임과 똑같은 방식으로, 다시 말해 의식되거나 의식되지 않는 뇌와 신체 시스템 모두를 활용하여 학습된다. 그 영향은 이후 다른 관계들과 경험들 속에서 더욱 증폭될 수 있다.

일라나와 앤드루가 커플 치료를 시작하면서, 일라나는 자신이 어머니와의 관계에서 경험한 불건전한 상호작용을 남편과의 관계로 끌고 왔다는 사실을 깨달았다. 그러나 이를 알아차리는 것과 그것을 바꾸는 것은 전혀 다른 일이다. 말과 생각만으로는 충분하지 않았다. 일라나와 치료사는 일라나가 특정 방식으로 반응하는 이유를 이야기로 풀어서 설명하는 일종의 '사례 개념화'• 작업을 했다. 그러나 정작 남편과의 상호작용에 문제가 벌어질 때 당장 그에 대처하기 위해 치료 세션에서 사용했던 단어와 개념을 떠올리려 하면 시간이 너무 오래 걸렸다. 일라나는 치료사에게 "대화가 너무 빨리 흘러간다"고 하소연했다. 일라나와 앤드루는 심리치료 시간에 자신들의 관계에 관해 이야기하는 것 외에도, 말로 설명할 필요가 없는 새로운 상호작용 방식을 찾아내야 했다.

• case formulation. 심리, 행동, 관계에서 겪는 문제의 원인과 영향을 밝히기 위해 세우는 가설.

의식적 사고를 요구하지 않는 새로운 관계 방식을 찾아내는 데는 볼룸댄스 수업이 결정적인 역할을 했다. 그들은 스텝을 배우느라 우왕좌왕하고 실수를 연발하며 웃음을 터뜨렸다. 마침내 음악에 맞춰 하나처럼 움직일 수 있게 되었을 땐 그들의 관계도 돈독해졌다.

테니스 게임을 배울 때 우리는 제일 먼저 라켓 쥐는 법, 서브하는 법, 눈으로 공을 따라가는 법을 배운다. 그러나 일단 게임의 규칙을 익힌 다음에는 그 규칙들에 대해 생각하지 않는다. 몸과 뇌에 심어져 자동적인 것이 되었기 때문이다. 인사 게임이 그렇듯, 테니스 또한 암묵적 관계 인식이라 불리는 것의 한 예다. 암묵적 관계 인식이란 두 사람 사이에서 정기적으로 일어나지만 그들이 의식적으로 인지하지는 못하는 상호작용의 패턴을 일컫는다. 이 용어를 만든 이들은 에드 트로닉, 루 샌더, 알렉산드라 해리슨, 댄 스턴 등의 정신분석학자들과 유아 연구자들로 이루어진 보스턴변화과정그룹(자칭 '놀이울' 단체)이다. 이 단체는 정기적으로 모여 유아-부모 관계가 성인의 정신분석과 어떤 관련이 있는지 토론한다. 제롬 브루너는 지네에게 붙잡힌 개미의 우화를 들어 암묵적 지식의 개념을 설명했다.[5] 지네에게 잡아먹히기 직전 개미는 한 가지 질문에 답해달라고 부탁한다. 지네가 허락하자 개미는 이렇게 묻는다. "당신의 스물세 번째 다리는 쉰일곱 번째

다리가 무엇을 하고 있는지 어떻게 아나요?" 지네는 그 답을 생각하느라 꼼짝없이 굳어버렸고, 그사이 개미는 유유히 그 자리를 떠난다.

만약 여러 해 동안 테니스 라켓을 잘못 쥐고 있었다면, 라켓 쥐는 법을 새로 배우기까지 수많은 실수를 거치며 노력해야 한다. 그러나 라켓을 휘두를 때마다 매번 멈춰서 새로운 방법을 생각한다면 테니스 자체를 할 수 없을 것이다. 동작은 자동적으로 이루어져야 하며, 이는 어떤 의미에서 비언어적으로 이루어져야 한다는 말이다. 마찬가지로 불건전한 관계를 바꾸기 위해서는 언어를 기반으로 한 이해뿐 아니라 하루하루 혼란스러운 상호작용을 거치며 함께하는 새로운 방식을 만들어나가야 한다. 이는 일터에서도 그대로 적용된다.

일터의 게임

새로운 직업을 갖게 됐을 때, 그 일이 요구하는 게임의 규칙을 배우기까지는 시간이 필요하고 실수도 피할 수 없다. 일부 직장에서는 직원들이 실수를 통해 배우며 앞으로 나아가도록 기꺼이 유도하기도 한다. 갓 대학을 졸업하고 한 극단의 기술팀에서 일을 시작한 엘리엇은 자기가 일을 망쳐버릴지 모른다는 생각에 몹시 두려웠다. 열흘쯤 지나자 그 두려움이 현실이 되었다. 필이라는 다른 직원과 함께 연극 소품으로 쓸 가구를 옮길 때였다. 큰 옷장을 트럭에 싣고 끈으로 묶은 뒤 창고에서 극장으로 이동하는데 갑자기 옷장이 미끄러지기 시작했다. 필이 트럭을 세웠고 엘리엇은 뒤로 달려가 미끄러지는 옷장을 멈춰보려 했지만 도무지 무게를 감당할 수 없어 결국 몇 초 만에 옷장이 트럭에서 떨어지고 말았다. 둘은 근심에 휩싸인 채 손상을 점검했다. 문짝 하나가 빠져 1미터쯤 떨어진 곳에 널브러져 있었고 한쪽 면에는 작은 흠이 생겼다. 그나마 완전히 부서지지 않은 게 다행이라고 생각하며 그들은 옷장을 다시 트럭에 싣고 극장으로 갔다. 두 사람이 마지못해 상사에게 이 일을 보고하자 상사는 "무슨 짓을 한 거야?" 하고 소리쳤지만 바로 다음 순간 흥분을 가라앉히고 이렇게 덧붙였다. "하긴, 나도 몇 번 그런 적이 있었지." 상사는 그 일을 비교적 가벼운 사고로 치부하고 넘겨버렸다.

바로 그 순간 엘리엇은 자기가 팀의 진짜 일원으로 느껴졌다. 또 다른 일원과 함께 실수를 극복하고 그 경험을 넘어섬으로써 기술팀 문화에 깊은 소속감을 가지게 된 것이다. 엘리엇은 업무에 더 많은 노력을 기울이게 되었고 직업적 유능함에 대한 의식도 높아졌다. 그는 더 큰 책임을 떠맡으며 팀 전체의 효율성을 높였다.

일터 환경에서 우리는 불일치와 복구에 대한 내성도 사람마다 차이가 난다는 것을 알게 된다. 어떤 동료들은 아이디어를 나눌 여지를 전혀 두지 않는 반면, 어떤 이들은 문제를 풀어나가는 과정을 불편해하지 않는다. 후자에 해당하는 사람들과 깊은 관계를 맺으면 전자와의 관계에도 더 유연하게 대처할 수 있다. 그러나 경직성이 꼭대기에서부터 내려오는 경우라면 그 일터의 문화는 소속감을 이끌어내기 어렵다.

세스는 오랜 친구 아서의 새로운 벤처 사업에 동참하기로 했다. 아서가 주요 관리직을 맡고 있는 회사에서 새로운 분야로 확장을 계획하던 시점이었는데, 마침 세스가 그 분야에 대한 상당한 전문 지식을 갖춘 터라 일자리를 제안받게 된 것이다. 친구를 상사로 모셔야 한다는 불편함이 있긴 했지만, 세스는 새로운 아이디어를 키워나가는 기회에 참여하고 싶다는 열망으로 그런 찜찜함을 밀어냈다.

한동안 세스와 아서는 여가 시간이면 함께 프리스비 게임을 즐기며 전형적인 팀 동료처럼 지냈다. 그러나 얼마 지나지 않아 세스는 아서가 직장에서 자신과 다른 규칙들을 배워왔음을 알게 되었다. 아서의 직속 상사인 사장은 남들 위에 군림하는 스타일이었다. 모든 말과 몸짓으로 자신이 다른 모든 직원 위에 있음을 분명히 표현하는 사람이었다. 그는 개방적인 대화와 불화를 억눌렀고, 그의 말에는 아무도 토를

달 수 없었다. 경직되고 위계적인 문화가 회사 환경 전체에 퍼져 있었다. 그런 환경에서 줄곧 일해온 아서는, 이제 자기 밑으로 들어온 친구에게도 사장과 비슷한 태도를 취하기 시작했다.

그래도 한동안은 세스와 아서가 함께 일하는 게 가능해 보였다. 그들의 관계가 어느 정도의 타협을 용인할 수 만큼 가까웠기 때문이다. 그러나 회사의 부사장이 갑작스레 퇴사하면서 조직 전체가 불안정해졌고, 그들의 관계를 지배하던 경직성이 본격적으로 문제를 드러냈다. 아서는 세스의 모든 움직임을 통제하려 했다. 결국 세스는 이런 조직 문화에서는 자신이 성장할 수 없겠다고 판단해, 회사를 그만두고 자신의 창의성을 편안히 발휘할 수 있는 직장을 찾았다. 세스는 분명히 알았지만 아서는 알지 못했던 사실이 있다. 경직된 사고가 주를 이루고 불화의 혼란스러움에 저항하는 직장 문화는 성장하지 못한다는 것이다. 세스의 생각은 정확했고, 몇 년 뒤 그는 그 회사가 문을 닫았다는 소식을 들었다.

놀이는 태어나자마자 시작된다

가브리엘라와 스테펀은 큰아들 맥스의 대학 졸업식 날 강당에서 식이 시작되기를 기다리며 감상적인 기억을 나누었다. 맥스가 태어나기 전, 둘 다 셰프였던 두 사람은 하루에 열네 시간씩 일하며 바쁜 날들을 보냈다. 가브리엘라는 출산 후 병원에서 돌아와 맥스를 침대에 눕히고 스테펀을 향해 돌아서며 "이제 어떻게 하지?" 하고 물었던 일을 떠올렸다.

갓 부모가 된 사람들에게는 자신이 전적으로 책임져야 할 새로운 존재와 관계 맺고 의사소통하는 법을 배우는 일이 아주 어려운 과제로 느껴질 수 있다. 부모들과 전문가들에게 '베이비 위스퍼러'라 불리는 T. 베리 브래즐턴은 소아과 의사로 일하는 수십 년 동안 이런 불안을 수없이 목격했다. 예비 부모들은 초조해하며 그에게 묻곤 했다. "내 아기가 어떤 종류의 사람인지 알려면 어떻게 해야 할까요?"

99세의 나이로 세상을 떠나기 직전, 한 인터뷰에서 브래즐턴은 그 질문에 이렇게 답했다.[6] "아기와 함께 놀이를 해보면 바로 알게 됩니다." 그는 자신의 자녀를 양육하면서, 또 소아과 의사로서 신생아 가족들과 무수한 상호작용을 나누면서 각각의 아기가 자기만의 고유한 특징과 의사소통 방식을 지니고 태어난다는 사실을 깨닫게 되었다. 이 인터뷰에서 브래즐턴은 직접 고안해낸, 놀이하듯 신생아들을 관찰하는 방법인 '신생아행동평가법'을 가리켜 "내가 한 가장 큰 기여"라고 말했다.[7] 신생아행동평가법은 사람들이 이상적 환경에서 서로를 알아갈 때 따라붙기 마련인, 장난기와 놀이의 요소를 활용한다. 예를 들어 엎드린 채로 기기 시작하는 아기를 지켜보면서 부모들은 기뻐하며 환호한다. "애가 힘이 엄청 세요!" 또 아기가 딸랑이를 두세 번 흔들어도 아무 반응 없이 조용히 자는 모습을 보면서 부모들은 자기 수면을 보호하는 아기의 능력에 경탄한다.

보스턴어린이병원 브래즐턴연구소의 교육자인 J. 케빈 뉴전트와 동료들은[8] 신생아행동평가법을 활용하여 신생아행동관찰법을 개발했다. 아기를 평가하기 위해 만들어진 신생아행동평가법과 달리, 신생아행동관찰법은 건강한 관계들을 구축하기 위한 임상 도구로 사용된다. 이것은 테스트가 아니며, 그보다는 아기와 양육자가 함께하는 모습을 어떤 식으로 관찰해야 하는지를 부모에게 알려주는 수단이라 할 수 있다. 이 관찰법은 브래즐턴이 늘 들고 다니던 세면도구 가방 속 물건들을 모델로 한 아이템들을 사용해 호기심과 혼란스럽고 장난스러운 개방성이 어떤 것인지 보여준다. 신생아행동관찰법은 조산사, 소아과 의사, 수유 상담사, 조기 개입 전문가 등 아기가 있는 가족과 접하는 다양한 직종의 업무에도 포함시킬 수 있다. 아기의 형제자매나 다른 가족 구성원들 역시 그 과정에 참여할 수 있다.

다라와 칼로스에게 둘째 아이가 태어나기 전 얼마간은

기쁨과 흥분이 아니라 공포와 두려움으로 가득했다. 세 살 된 아들 로넌이 임박한 동생의 탄생에 대해 명백한 분노를 표현했기 때문이다. 엄마와 너무나 가까운 로넌은 엄마의 부재를 잠시도 견디지 못했다. 이미 세 식구라는 구성으로 확고히 굳어진 상호작용 패턴에 새로 태어날 아기를 어떻게 끼워 넣을 수 있을지, 로넌의 부모는 상상도 되지 않았다.

조산사인 글래디스가 다라의 병실에 들어가보니, 로넌이 엄마 옆에 딱 달라붙어 있었다. 엄마와 동생 레이를 보러 온 로넌의 얼굴은 눈물 범벅이었고, 표정은 고통스럽게 일그러져 있었다. 다라가 로넌을 안고 있는 동안 아빠 칼로스는 방 한구석에 앉아 긴장한 얼굴로 그들을 바라보았다. 글래디스는 레이가 잠들어 있는 요람을 침대 옆으로 밀고 가면서 로넌과 갓난아기에게 말을 걸었다. 그리고 레이가 잠에서 깨어나자 밝은 빨간색 공을 꺼냈다. 태어난 지 몇 시간밖에 안 된 아기들이 특정 물체나 목소리, 사람 얼굴에 대해 보여주는 선호도를 확인할 때 사용하는 '정향 도구' 중 하나였다. 강렬한 흥미를 보이며 빨간 공을 눈으로 따라가는 레이의 모습을 보자 로넌은 긴장을 푸는 것 같았다. 로넌이 호기심 어린 얼굴로 엄마에게서 몸을 뗐다. 글래디스는 소리를 듣고 방향을 인지하는 신생아의 능력을 확인할 때 쓰는 작은 딸랑이를 꺼내 로넌에게 내밀며 "네가 좀 도와줄래?" 하고 물었다. 로넌이 잠시 망설이다가 엄마 곁을 떠나 요람 쪽으로 걸어왔다. 그러곤 자기 인생에 들어온 이 새로운 존재를 내려다보며 글래디스가 가르쳐주는 대로 살며시 딸랑이를 흔들었다. 레이가 소리를 향해 고개를 돌리자 로넌의 얼굴에 기쁨의 웃음이 번졌다. 다라와 칼로스는 몇 달 만에 처음으로 편안히 숨을 쉴 수 있었다. 그 순간 그들은 조화로운 4인 가족으로 나아갈 수 있는 열린 틈새를, 하나의 가능성을 보았다.

이러한 열린 관찰의 과정은 탄생의 순간부터 부모-아기 관계와 형제자매 관계에 불일치와 복구를 모두 내포한 놀이 기회를 제공한다. 오늘날 많은 부모가 완벽해야 한다는 부담감을 짊어진다. 의사들과 치료사들이 충분히 시간을 두고 부모와 갓난아기에게 귀 기울인다면 그들에게 정해진 '정답'이 있는 게 아님을 알려줄 수 있고, 그에 따라 양육자와 아기는 함께 자신들의 문제를 풀어나갈 것이다.

신생아는 신경계가 완전히 성숙하지 않아 혼란으로 무너지기 쉬우므로 신생아와 함께 놀 때는 충분한 시간과 집중이 필요하다. 스트레스를 받은 부모는 이런 식으로 놀아주기가 어렵다. 스트레스의 원인은 다양하다. 까다로운 아기, 직장 업무와 자녀 양육을 병행할 때 따르는 나날의 과제, 그리고 이런 일들을 대체로 대가족의 도움 없이 해내야 하는 상황 등. 그 밖에 가족 간의 관계에서 오는 스트레스도 있을 수 있고, 가난이 주는 압박이나 독신 부모로서 겪는 부담에서 오는 스트레스도 있을 수 있다. 부모들은 이런 스트레스에 다양한 방식으로 대처한다. 어떤 방식들은 적응에 도움을 주기도 하지만, 어떤 방식들은 단절의 악순환으로 이끌기도 한다.

오늘날 많은 부모가 자기 자신은 물론 아이의 스트레스 해소를 위해 스마트폰이나 컴퓨터 화면에 의지한다. 화면을 들여다보는 행위 자체에 대해 객관적으로 좋거나 나쁘다고 말할 수는 없다. 중요한 것은 그런 화면들이, 그리고 모든 형태의 테크놀로지가 관계에 영향을 미치는 방식이다. 화면 보는 시간을 허락하거나 금지하는 것을 두고 부모와 아이 사이에 어떤 일이 벌어지는가? 사회적 상호작용에 압도될 때 화면을 들여다보는 것이 자기 조절에 도움이 될까? 그렇게 도움을 주었던 환경이 사회적 상호작용을 회피하게 함으로써 문제가 되는 것은 어느 시점부터일까? 다음 장에서는 테크놀로지가 부모뿐 아니라 삶의 모든 측면에서 사람들이 하는 게임들을 바꿔놓는 방식을 알아본다. 그리고 무표정 연구가 테크놀로지의 긍정적 효과와 부정적 효과 모두를 이해하는 데 어떻게 도움이 되는지, 또 어떻게 하면 부정적 영향을 줄일 수 있는지 살펴볼 것이다.

7장

테크놀로지와
무표정 패러다임

소셜 미디어의 중독성[1]과 스마트폰의 휴대성, 그리고 여기에 스마트폰 사용에 대한 사회적 용인까지 더해지면서 양육자의 정신을 산만하게 만드는 유행병이 번지고 있다며 우려하는 사람이 많다. 심지어 ADHD를 부모의 주의력결핍으로 보는 이들도 있다. 무표정 실험에 관해 들어보거나 읽어본 사람들은 혹시 스마트폰 사용이 발달기의 아이들에게 늘 무표정 실험과 같은 상황을 초래하는 것은 아닌지 궁금해한다. 그러나 실제 무표정 실험에서는 주의를 다른 데 쏟지 않는다. 그저 아이와 함께 있으면서도 함께 있지 않을 뿐이다. 그 잠깐의 시간은 아기에게 이해할 수 없는 상실이고, 아기는 그 상황에 대한 의미를 만들려 애쓴다.

『대화를 잃어버린 사람들』[2]에서 셰리 터클은 패스트푸드 레스토랑에 앉아 어린 자녀와 함께 식사하는 부모들의 행동을 일화적으로 관찰한 소규모 연구에 관해 언급한다. 연구자들에 따르면 "전반적으로 어른들이 아이들보다 스마트폰에 더 많은 주의를 기울였다." 아이들은 소극적이고 단절된 상태에 머물거나, 부모의 주의를 끌어오기 위한 행동을 보이기 시작했다. 터클은 이를 아이가 스마트폰과 경쟁하는 상황이라고 정확히 지적한다. "우리가 본 것은 아이들이 자기가 무슨 짓을 하든 테크놀로지와의 경쟁에서 이길 수는 없다는 사실을 학습하는 모습이었다." 이어 터클은 무표정 패러다임의 용어를 가져와 그 순간 아이가 경험하는 상황을 표현한다. "눈을 맞추지도 않은 채 '무표정한 얼굴'을 보이는 부모를 마주한 아기는 불안해하다가, 위축되다가, 결국 우울한 상태가 된다." 우리의 연구를 언급해준 점은 고맙지만, 원래의 무표정 실험에 참여했던 아기는 우울해지지 않았다는 점을 분명히 해두고 싶다. 게다가 아기가 스마트폰을 사용하는 부모와 함께 있는 상황은 무표정 실험의 상황과 근본적으로 다르다. 여기서 아이가 부모와 얼굴을 마주 보고 상호작용하지 못하는 건, 부모가 다른 것에 관심을 쏟고 있기 때문이다. 이때 부모는 무표정한 얼굴을 하고 있는 것이 아니다.

스마트폰을 사용하는 부모에 대해 아이들이 어떻게 의미

를 만들 수 있을까? 그들은 부모가 자신이 아닌 다른 뭔가에 주의를 기울이고 있는 모습을 본다. 아이들에게 이는 하루 종일 직장에서 힘든 하루를 보내고 퇴근한 부모가 함께 앉아 놀아주지도 않은 채 곧바로 저녁을 만들기 시작하는 것과 비슷한 상황이다. 부모의 얼굴과 목소리에서 아이가 아닌 다른 뭔가에 주의를 기울이고 있음이 드러나는 것은 구식 전화기로 통화하고 있을 때도 마찬가지다. 스마트폰 이전 시대에 아이를 키운 부모들은 아이가 혼자서 즐겁게 놀다가도 자신이 수화기를 드는 순간 갑자기 전적인 주의를 기울여주기를 요구했던 상황들을 기억한다. 많은 아이들은 부모가 자신이 아닌 다른 뭔가에 주의를 기울이는 일을 박탈로 경험했다.

무표정 패러다임과 스마트폰을 들여다보는 부모의 차이점이 무엇인지 이해하면, 기술 사용이 급증하면서 우리가 직면하는 사회문제들에 대해 한 가지 통찰을 얻을 수 있다. 스마트폰을 사용 중인 부모는 부재하는 것이 아니라 주의를 다른 데 쏟고 있는 것이다. 스마트폰이 어디에나 존재하며 강한 중독성을 지녔다는 점만 제외하면, 이는 부모가 구식 전화기로 통화하고 있는 상황과 그리 다르지 않다. 다만 스마트폰을 사용하는 부모에 대해 아이들이 의미를 만드는 방식은 그들이 발달 초기부터 경험해온 순간순간의 상호작용에 뿌리를 두고 있다.

상호작용의 파트너가 스마트폰을 사용하고 있을 때 사람들이 보이는 반응은 그 관계의 역사에서 비롯한다. 어떤 사람은 그냥 잠시 뭔가 다른 할 일을 찾지만, 어떤 사람은 짜증을 낸다. 또 1장에서 살펴본 제니퍼가 그랬듯 상대방의 스마트폰 사용을 버림받는 상황으로 받아들여 감정적으로 완전히 무너져버리는 사람도 있다. 무표정 패러다임은 바로 이런 차이들을 밝혀준다. 순간순간의 상호작용에서 해명과 재적응의 과정을 거치며 견고한 역사를 쌓아온 사람이라면 패스트푸드 레스토랑에 앉아 있던 일부 아이들에게서 나타난 조절 장애와 와해의 모습을 보일 확률이 매우 낮다. 반대로 복구의 경험이 부족한 사람에게는 스마트폰이 슬픔, 불안 혹은 극단적 분노를 일으킬 수도 있다. 불일치에서 복구로 나아간 경험이 없는 사람들은 스스로 무너지지 않기 위해 끊임없는 연결에 의존하고, 그런 연결이 없을 때 감당하지 못할 감정에 압도되고 마는 것이다.

스마트폰을 들여다보든 메일을 확인하든, 주의를 분산시키는 다양한 일에 빠져 주의를 기울여주지 않는 상대에게서 단절감을 느낄 때 우리가 느끼는 스트레스의 강도는 각 관계의 역사에 따라 결정된다. 만일 상대와 연결이 끊어져 괴로운 감정을 달래기 위해 자신 또한 스마트폰에 의지한다면 악순환에 빠질 수 있다. 이는 단절을 더욱 깊게 하고 불안을 악화하는 행동일 뿐 아니라, 3장에서 설명한 대면 상호작용이 주는 진정 효과를 스스로 박탈하는 행위이기도 하다. 단절에서 생겨난 불안은 계속해서 우리를 다시 화면 앞으로 이끌 것이다.

문제는 기기 자체가 아니라 관계들에 만연한 스트레스다. 패스트푸드 레스토랑의 엄마들이 느끼던 스트레스는 무엇이었을까? 터클이 인용한 이 연구에서 연구자들은 이들 사이에 여러 해에 걸쳐 이어져온 상호작용 문제의 패턴을 목격한 것인지도 모른다. 예를 들어 거의 아무런 지원 없이 혼자서 신생아와 또 다른 자녀들을 보살피느라 버거움을 느끼는 부모라면 어린 아기에게 필요한 순간순간의 상호작용에 참여할 여력이 없었을 것이다. 자기 조절 능력이 제대로 발달하지 않은 아이들은 과도하게 떼를 쓰기도 하고 수면 패턴도 예측할 수 없어 보살피기가 더 어렵다. 수면 박탈과 끊임없는 실랑이는 부모들에게 더욱 큰 스트레스를 안기고, 그러면 부모들은 감정적으로 더욱 닫힌 상태가 되어 이미 자신의 행동과 감정에 잘 대처하지 못하는 아이들의 문제를 더욱 악화한다. 통제하기 어려운 아이를 양육하는 데서 오는 스트레스는 부모 자신과 아기 모두를 저 전자기기로 도피하게 만들 수 있다(물론 부모의 경우 반드시 전화를 써야 할 때도 있지만). 스마트폰 사용은 문제의 원인이 아니라, 복구되지 않은 불일치의 상호작용들이 순간순간 쌓여온 역사의 결과인 셈이다. 9장에서 자세히 살펴보겠지만 이 문제의 해결책은 사용을 제한하는 것이 아니라, 터클이 옹호하듯이 실질적인 대면 상호작용과 그에 대한 집중이다.

자폐장애과 테크놀로지

2017년 5월, 프랑스 일간지 〈르 몽드〉에 자폐장애 증가와 부모의 스마트폰 사용 사이의 관련성을 암시하는 기사가 실렸다.[3] 기사는 어린아이들이 걸음마를 시작할 무렵 부모의 주의가 전자기기로 옮겨가면서 무표정 상호작용을 자주 경험한다는 가설을 제시했다. 터클 역시 자신의 책에서 이 문제를 거론하며, 부모들이 스마트폰 사용과 아스퍼거증후군의 연관성을 우려하고 있다고 말했다.[4] (현재는 아스퍼거증후군 및 그와 관련된 기타 발달 문제들을 통합하여 '자폐스펙트럼장애'라고 칭한다.)

스마트폰과 자폐장애의 관련성에 대해서는, 자폐장애 진단의 급격한 증가가 스마트폰 사용이 유행병처럼 번지기 이전에 일어났다는 사실만으로도 간단히 반박할 수 있다. 하지만 이러한 문제 제기는 스마트폰 사용과 자폐장애 관련 행동들이 어떤 식으로 연관될 수 있는지 생각해볼 기회를 제공한다. 4장에서 이야기했듯이 우리는 부모와 아이의 행동을 개별적으로 살펴보아야 할 뿐 아니라, 그들이 순간순간의 상호작용에서 서로 영향을 미치고 변화시키는 방식, 다시 말해 우리가 상호 조절 모델이라 부르는 것도 검토해야 한다.

감각적으로 민감하거나 신경생물학적 취약성을 지닌 아이는 엄청난 노력을 기울여 외부 세계를 차단하는 식으로 환경에 적응할지도 모른다. 사람과 어울리는 일을 어려워하는 아이는 반응을 요구하지 않는 화면이 제공하는 순조롭고 수동적인 참여 쪽으로 자연스럽게 기울 것이다. 그러면 부모는 아이와 연결을 맺으려 할 때 느끼는 극도의 스트레스를 진정시키고자 자신의 스마트폰에 의지하게 될 수 있다. 상황을 더욱 복잡하게 만드는 것은, 스트레스를 받은 부모가 그 스트레스를 아이에게 옮길 수 있으며 그러면 아이는 자기를 조절하고 스트레스와 불안을 줄이기 위해 기술에 더욱 의존하게 된다는 점이다.

빌리는 두 살 때 영화 〈알라딘〉에 나오는 모든 노래의 가사를 외웠다. 누나가 함께 이 영화를 볼 때마다 노래에 맞춰 연기를 했고, 빌리의 동작은 등장인물의 동작과 거의 완벽하게 일치했다. 이 독특한 습관은 화면에 대한 빌리의 강박 가운데 유쾌한 측면에 속했다. 그러나 더 자라 가족 휴가를 떠나서도 게임보이를 절대 놓지 못하는 빌리를 보며 부모인 스텔라와 짐은 걱정이 늘어갔다. 게임보이 사용을 제지하면 빌리는 감정적으로 폭발했는데, 이런 반응은 가족이 외식을 할 때 특히 문제가 되었다. 그들 가족뿐 아니라 다른 손님들의 식사까지 망칠 수 있었기 때문이다. 스텔라와 짐은 빌리의 누나만이라도 그 시간을 망치지 않도록 빌리를 내버려두는 경우가 많았고, 그럴 때면 아이의 행동을 통제하지 못하는 부모의 무른 태도에 대한 비난의 눈초리를 감수해야 했다.

빌리가 자폐스펙트럼에 속할지 모른다는 한 치료사의 말을 듣고서야 스텔라와 짐은 빌리의 소셜 미디어 사용이 그 증상 중 하나임을 인식하게 되었다. 그들은 무작정 화면을 못 보도록 제지함으로써 문제에 대응하기보다, 빌리가 감당할 만한 사회적 삶의 방식에 노출되도록 애썼다. 어느 아이에게나 감각적 과부하를 안길 수 있는 장소인 장난감 상점에 가면 빌리는 장난감 악기 코너에서 유독 편안해했다. 스텔라는 빌리가 마음의 평정을 찾는 데 도움이 되도록 더욱 세심한 방식으로 음악을 활용하기 시작했고, 빌리와 함께 음악을 들을 기회도 자주 마련했다. 빌리를 진정시키는 데는 특히 클래식이 도움이 되었다. 빌리와 스텔라는 함께 음악 수업도 들었다. 빌리가 작은 기타를 잡을 수 있게 되자 스텔라는 빌리를 기타 교습소에 등록시켰고, 3학년 때 빌리는 학교 밴드의 멤버가 되었다.

빌리의 음악 사랑은 중학교에 들어가 실력 있는 미술 선생님과 친해지면서 미술로도 확장되었다. 빌리는 주로 함께 어울려 노는 어린아이들의 모습을 다채로운 이미지로 묘사했다. 이렇게 예술적 재능을 활용해 유년기의 불편한 대인관계를 풀어냄으로써 빌리는 자신의 초기 경험에 대한 의미를 만들어낼 수 있었다. 수년 뒤에는 그래픽디자이너로 일하기 시작했고, 집에 있는 조용한 작업실에서는 회화 작업도 이어갔다. 시간이 지나면서 그의 사회적 불안감은 점차 줄어들었고, 사람들과의 사회적 상호작용에서 뿌듯한 경험을 쌓으며 화면 사용도 스스로 줄여나갔다.

이 이야기에서 우리는 테크놀로지 사용이 빌리가 겪는 어려움의 원인이 아닌 결과임을 알 수 있다. 빌리에게 비디오게임은 사회라는 세계에서 쏟아져들어오는 압도적 자극의 도피처가 되어주었다. 스텔라와 짐은 소통하기 어려운 아들과의 혼란스러운 상호작용 문제를 헤쳐나가면서 서로에게 힘이 되어주기도 했지만, 더 큰 지원 체계의 도움도 받았다. 그러한 관계망이 없었다면 두 사람은 서로에게서 물러나 스마트폰을 상호작용 파트너로 삼았을지 모르고, 그랬다면 단절의 악순환은 더욱 심해졌을 것이다. 3차원의 실제 세계에서 벌어지는 상호작용은 뒤죽박죽 얽혀 복잡하고 대처하기 어렵지만, 사람들에게 불일치와 복구 과정을 통한 변화의 기회가 되어주기도 한다. 스마트폰으로 달아나면 그런 경험의 기회를 잃고 정체된 채 더 이상 성장하지 못할 수도 있다.

불안, 우울, 소셜 미디어

문제를 일으킬 정도의 스마트폰 사용과 스트레스, 우울, 불안 사이에는 분명한 연관 관계가 존재하지만, 스마트폰 사용 자체가 그 문제들을 초래한다는 증거는 거의 없다.[5] 자폐장애 관련 행동들이 그렇듯이, 스마트폰은 원인이라기보다 반응일 가능성이 크다. 헌터칼리지 심리학 교수 트레이시 데니스-티와리는 〈뉴욕 타임스〉 기사를 통해 현재 젊은이들 사이에 만연한 불안에서 첨단 기술이 어떤 역할을 하는지 이야기했다. "우리는 불안할 때 당장의 불안을 무디게 해주는 경험 쪽으로 이끌린다. 모바일 기기는 10대들이 이해할 수 있는 2차원의 반쪽짜리 인생을 향해 열린 완벽한 탈출구로, 바로 이 지점을 파고든다."[6]

연구 결과들은 낮은 자존감과 소셜 미디어 사용 사이에도 분명한 연관이 있음을 증명한다. 그러나 심리학자 에린 보걸이 즉각 지적했듯이, 소셜 미디어 사용이 낮은 자존감의 원인인지 아니면 자존감이 낮은 사람이 소셜 미디어에 끌리는 것인지는 분명하지 않다. 보걸은 이 문제를 분명히 밝히는 것을 목표로 연구를 진행하고 있다.[7]

소셜 미디어에서 사람들은 자기 인생의 긍정적인 측면을 전시한다. 머리는 헝클어지고 옷에는 아기가 토한 자국이 묻어 있는 지친 부모의 사진이나, 격한 다툼 뒤 각자 다른 방에서 자고 있는 부부의 사진은 볼 수 없다. 이렇게 하나같이 긍정적인 이미지들에만 노출된 사람은 자신이 실제보다 더 초라하다고 느끼게 된다. 보걸은 이를 검증하고자 캘리포니아대학 샌프란시스코 캠퍼스 연구실에서 대학생들을 대상으로 한 가지 실험을 설계했다. 그는 몇 개의 소셜 미디어 프로필을 임의로 만들어 실제 대학생들의 계정이라며 학생들에게 보여주었다. 그러자 자신보다 댓글과 '좋아요'를 더 많이 받은, 매력적이고 몸매도 좋은 두세 명의 프로필을 보고 난 후 학생들의 자존감은 일시적으로 떨어지는 것으로 나타났다.

실험에서 알 수 있듯이 소셜 미디어는 자존감을 떨어뜨린다. 그런데 만일 특정 순간이 아니라 발달단계 전반에 걸쳐, 관계의 질에 따라 어떤 반응이 나타나는지 검토할 수 있다면 우리는 어떤 차이들을 보게 될까? 자기 감각이 견고하지 않은 사람은 강한 자기 감각을 지닌 사람에 비해 그러한 프로필들에서 더 큰 영향을 받을 것이다. 이들은 항상 곁에 있는 테크놀로지 때문에 끊임없이 타인과 자신을 비교하며 괴로움을 느끼고, 그 괴로운 감정을 가라앉히려 다시 모바일 기기를 사용하는 악순환에 빠져버릴 수 있다.

증상으로서의 테크놀로지 사용

앞의 예들은 테크놀로지의 과한 사용이 문제 자체가 아니라 더 뿌리 깊은 문제의 증상임을 알려준다. 테크놀로지 사용이 적응을 돕는 것이다. 특정 행동의 기저에 있는 문제를 직접 해결하려면 그 행동이 어떤 기능을 하는지 이해해야 한다. 행동에는 목적이 있기 마련이다. 또한 행동에는 의미가 담겨 있다. 패스트푸드 레스토랑에서 관찰한 부모들은 양육이라는 힘든 과제에서 오는 스트레스를 풀기 위해 스마트폰을 사용했고, 그러느라 뜻하지 않게 상호 조절 장애를 초래했다. 그들의 아이들은 상호작용의 상대를 매끈한 2차원의 표면에 빼앗겼을 뿐 아니라 3차원의 대면 상호작용이 제공하는 안전용 지지대도 박탈당했다. 특이한 사회적 행동을 보이는 아이들—그리고 그 부모들—도 연결이 결핍되면 이와 유사하게 스마트폰이 제공하는 연결의 환상에 끌릴 수 있다. 사람들이 다양한 감정적 어려움에 시달릴 땐 테크놀로지로 복잡한 기능을 수행할 수도 있을 것이다. 다음의 이야기가 예시하듯, 행동을 바꾸기 위해서는 먼저 그 행동의 목적을 이해해야 한다.

진짜 관계를 대체하는 테크놀로지

정신분석학자 대니엘 크나포는 우리가 2장에서 다루었던 현대사회의 완벽주의와 테크놀로지의 관계에 관한 사례연구를 제시한다.[8] 그는 40대 후반의 내담자 잭과 나눈 상담을 들려준다. 처음 세 번의 상담을 진행하며 잭은 무척 문제가 많았던 부모의 결혼 생활에 관해 털어놓았다. 아버지가 어머니에게 복종하는 태도로 살았다며 자신은 그런 상황을 피하고 싶다고 했다. 동시에 그에겐 친밀한 관계에 대한 욕망도 있었다. 잭은 두 차례 결혼에 실패했다. 네 번째 상담에서 그는 크나포 박사에게 마야라는 여자와의 새로운 관계에 관해 이야기했다. 크나포는 이렇게 썼다.

> 그는 마야와 사귀면서 타협을 요구하지 않으면서 자신의 필요를 온전히 채워주는 사람을 찾아낸 듯 보였다. 마야는 잭

이 과거의 관계들에서 느낀 실망과 그의 일상적 스트레스를 이해하는 여자, 그가 원할 때마다 사랑을 주는 여자, 완벽하게 순응해주는 특별한 여자였다.

잭은 나를 뚫어져라 바라보더니 거의 속삭이듯이 말했다. "나의 마야는 진짜 인형이에요, 박사님."

나는 그가 웃는 모습을 가만히 지켜보았다. 그는 웃으며 몸을 좌우로 흔들다가 무릎 아래 깔고 있던 손을 빼내 살며시 무릎을 쳤다. 그 순간 뭔가 내 뇌리를 스쳤다. 설마, 그럴 리가.

"맞아요. 마야는 인형이에요." 이윽고 그의 웃음이 잦아들었다. "진짜 인형이요."

관계의 혼란을 피하고 싶다는 소망은 새로운 현상이 아니다. 1940년대 초반 밀스 브러더스의 노래 〈종이 인형〉은 12주 동안 싱글 차트 정상을 차지했다. 싸우고 떠나버릴 수도 있는 진짜 여자와 달리 언제나 믿음직하게 집에서 기다려주는 종이 인형에 대한 소망을 노래한 곡이다. 그러나 이제는 완벽함에 대한 환상을 멋지게 실현해주는 테크놀로지가 등장했다. 잭을 상담하며 낯선 상황에 부딪힌 크나포는 그때부터 성애 인형 현상을 조사했다. 요즘 인형은 팽창식 고무로 만든 과거의 반려 인형과 차원이 다르다. 크나포가 알게 된 '리얼돌'은 수백만 달러 규모의 회사에서 생산하는 제품으로, 인형 하나에 1만 달러나 하는 것도 있다. 오늘날의 성애 인형은 해부학적으로 정밀할 뿐 아니라 촉감도 실제 사람의 살을 만지는 것 같다.

크나포는 잭과 정신분석 작업을 이어가며 결국 그가 진짜 사람과 관계를 맺는 단계로 넘어가도록 도왔다. 크나포는 이렇게 썼다. "때로 그는 인생이 더 쉽고 덜 혼란스러우며 통제하기도 수월하다고 느끼던 시기를 회상하며 마야를 그리워했다." 그러나 크나포 박사와 상담하면서 잭은 생애 초기 경험이 자신에게 어떤 영향을 미쳤는지 점차 이해하게 되었고, 분석 작업을 끝낼 무렵에는 온갖 불완전함을 품은 진짜 사람과의 인간관계를 맺을 준비가 되어 있었다.

크나포는 잭과의 상담 이후 하이테크 인형이라는 주제에 대해 연구하던 중 최첨단 '가짜 아기' 현상을 알게 되었다.[9] 1990년대 말에 등장한 이 새로운 시장은 유사 양육 경험을 가능하게 한다. 크나포는 '리본ReBorn'이라는 신생아 인형을 구매하는 동기 중 상실감의 역할에 주목했다. 뛰어난 기술 덕분에 인형에서는 온기가 느껴졌고, 숨을 쉬고 우는 것처럼 보이기까지 했다. 그가 생각하기에는 인형 아기의 엄마 노릇을 하는 것이 "아기를 잃었거나 아기를 가질 수 없는 상황, 혹은 실제 아이가 있더라도 그 아이와 제대로 관계를 맺지 못하는 상황에서 비롯한 트라우마를 달래주는 것"이 아닐까 싶었다. 크나포가 만나본 한 인형 제작자는 일곱 번이나 유산한 뒤 아기 인형을 만드는 일에서 자신의 '소명'을 발견했다고 말했다.

아이를 잃고 견딜 수 없는 상실감으로 괴로워하는 엄마들에게 리본 인형은 일시적인 해결책이 되어줄 수도 있을 것이다. 리얼돌 마야에 대한 잭의 애착이 진짜 사람과 내밀한 관계를 맺지 못하는 어려움을 드러내는 증상이었듯이, 리본 인형에 대한 애착은 충분히 애도하지 못한 결과 생긴 증상으로 이해할 수 있다. 유산 경험에도 애도의 시간과 공간이 필요하다는 것을 알게 된 것은 그리 오래된 일이 아니다. 잃은 아이를 애도하는 일에 끝이란 없다. 두 종류의 인형 모두, 증상에는 적응적 기능이 있음을 보여준다. 모든 행동에는 의미가 있다. 증상을 없애고 치유를 향해 나아가기 위해서는 행동에 담긴 의미를 이해해야 한다.

5장에서 보았듯이 역경을 직면하고 회복하는 능력인 회복 탄력성은 수많은 불일치와 복구의 경험에서 나온다. 우리는 서로 해명하고 바로잡고 적응하는 과정을 통해 신뢰, 사회적 자신감, 세상의 관계들 속에서 더욱 복잡해지는 자기 감각을 갖게 된다. 화면의 매끈한 2차원 표면은 바로 그런 경험들을 제한한다.

잭과 크나포 박사는 정신분석을 통해 사람과의 연결보다 인형을 선호하는 잭의 취향이 어떤 의미를 지녔는지 이해하게 되었다. 크나포 박사가 그 행동 저변에 깔린 의미를 알아보지도 않고 무작정 잭에게 인형 사용을 그만두라고 설득하려 했다면, 잭은 더 실제적이고 만족스러운 진짜 사람과의 관계로 나아갈 수 없었을 것이다. 특정 증상이 어떤 기능을 하는지 인지하지 못한 채 증상만 제거해서는 증상의 기저에 깔린 문제를 해결하지 못한다. 테크놀로지와 소셜 미디어의 지나친 사용을 하나의 증상으로 이해한다면 사용 시간을 줄이고 좋은 콘텐츠를 찾아보라는 단순한 훈계로는 불충분하다는 것을 알 수 있다. 테크놀로지와 소셜 미디어에 과도하게 의지하는 습관은 인간관계의 혼란으로부터 멀어지고자 하는 사회·문화적 움직임의 징후일 수 있다. 그렇다면 문제를 해결할 방법은 관계 속으로 더 깊이 들어가는 것뿐이다.

증상을 적응 수단으로 보는 개념은 테크놀로지에 대한 과도한 의존을 이해하는 일에서뿐 아니라, 모든 형태의 감정적 괴로움을 이해하고 해결하는 방식과 관련해서도 중요하다. 다음 장에서는 괴로운 관계와 감정적 고통에 직면할 때 사람들이 하는 행동들이 어떻게 그 나름의 목적에 기여하는지 살펴볼 것이다. 단순히 이 문제 행동을 제거하기보다는 그것들이 어떤 목적을 지니고 있는지 확인할 필요가 있다.

우리가 '증상'이라 부르는 것은 자기 조절과 상호 조절 사이의 균형이 무너졌음을 알려준다. 스스로 마음을 가라앉히는 것이 중요한 만큼, 타인들이 마음을 가라앉히기 위해 하는 행동도 헤아릴 줄 알아야 할 것이다.

8장

의미가 왜곡될 때

누구나 길을 잃은 듯한 기분이 들 때가 있다. 감정적으로 휘청대거나 아예 무너져버릴 수도 있다. 그러나 생애 초기의 경험이 우리 존재의 일부가 된다는 것을 알려주는 무표정 패러다임의 통찰을 길잡이로 삼는다면 생후 6개월에도 16세에도 심지어 60세에도 치유와 성장의 방향을 새롭게 잡아갈 수 있다. 생애 최초의 관계들이 현재 함께하는 사람들을 보는 관점을 왜곡할 때, 우리는 타인들과 다르게 연결을 맺음으로써 이를 치유하려 애쓴다.

무표정 패러다임을 통해 아주 어린 아기들조차 어려운 상황에 적응하는 능력이 있음을 배웠다. 그러나 역설적이게도 바로 그 적응이 문제를 불러올 수도 있다. 우울한 엄마의 아기들은 정서적으로 닫혀 있는 양육자로부터 자신을 보호하기 위해 내면을 향하고, 그럼으로써 엄마와 맺었던 것과는 다른 경험을 줄 수 있는 다른 인간관계들까지 미리 차단하게 된다. 이는 불일치와 복구를 통한 성장 기회까지 날려버리는 일이다.

살다 보면 당장의 감정적 고통에서 벗어나기 위해 한 행동이 장기적으로 건강한 관계를 쌓아가는 데 걸림돌로 작용하기도 한다. 누구나 어느 정도는 그런 선택을 한다. 이상한 일도 이례적인 일도 아니다. 다만 자신을 가둔 듯 느껴지는 건강하지 못한 관계를 변화시키려면 이런 일이 어떻게 일어났는지 이해해야 한다.

버니는 점점 더 깊은 좌절을 느끼고 있었다. 그는 마약성 약물 오피오이드에 중독된 젊은이들의 회복을 돕기 위해 치료 모임을 운영하고 있었다. 회원들 거의 대부분이 몹시 힘든 유년기를 보냈다는 사실도 잘 알고 있었다. '부정적 아동기 경험'에 관한 이야기가 중독 치료 분야에도 흘러들어와, 생애 초기의 경험들이 물질 남용을 초래하는 중요한 요인이라는 인식이 점점 높아지는 참이었다. 그러나 매주 거듭되는 그룹 토론의 화제는 매일 약물 치료를 받으러 다니느라 생기는 어려움, 자녀를 만나려 할 때마다 아동보호서비스 측과 빚는 마찰에 대한 답답함, 그 외에 일상의 다양한 난관에 관한 이야기들에만 머물러 있었다. 그런 걱정거리들이 중요하지 않다는 것은 아니었다. 하지만 버니가 느끼기에 그들은 그저 문제의 표면만 건드리고 있는 듯했다. 다들 성찰의 여지는 없이 불평거리만 끝없이 늘어놓으며 서로를 부추기고 있었다. 수십 년 동안 치료사로 일해온 버니는 내담자가 자신의 문제와 연결된 감정들을 경험해야 비로소 행동이 바뀌기 시작한다고 배웠다. 그런데 이 모임은 고정되고 경직된 리듬에만 갇혀 있었다.

그러다 아이디어가 하나 떠올랐다. 그는 유튜브에 올라온 무표정 실험 영상에 대해 알고 있었지만, 회원들이 그 영상을 보면 마음의 동요를 심하게 느낄 것 같았다. 그래서 영상 대신 양육 관련 블로그에 올라온 포스트를 그들에게 공유하기로 했다.[1] "양육자가 존재하지만 양육이 부재하는" 환경에서는 집에 사람이 가득해도 아이가 외로움을 느낄 수 있다는 내용이었다. 버니는 이것이 무표정 실험 영상의 요지를 잘 포착했다고 느껴 회원들에게 그 글을 읽어주었다. 버니와 회원들 사이에 충분한 신뢰감과 안전감이 형성된 상태였으므로, 이 작은 개입만으로도 큰 변화가 일어났다. 처음에 회원들은 그 포스트의 내용을 아버지로서 자신들의 경험과 연관 지으며, 자녀들의 삶에 일관된 존재감을 유지해주지 못한 것에 죄책감을 표현했다. 그러다 대화가 멈췄고 잠시 후 한 젊은 남자가 입을 열었다. "나도 저랬어요." 갈라진 목소리였고 이어서 눈물이 흘렀다. 그는 부모가 자기 존재를 거의 알아주지 않는 집안에서 하나의 '실수'로 취급받으며 자라온 경험을 털어놓았다. 회원들이 귀 기울이고 있는 동안 그는 고통에 자신을 완전히 담근 채, 부모와의 잃어버린 관계에 대한 슬픔을 갓난아기인 자기 딸에 대한 깊디깊은 사랑으로 연결하며 이야기를 이어나갔다. 복구되지 않은 불일치에 대해 털어놓는 것은 위태로운 모험이었지만 그에겐 버니나 다른 회원들과 연결될 수 있다는 믿음이 있었다. 그 순간부터 다른 사람들도 비슷한 위험을 무릅쓰고 자신들의 감정을 열어 보였고, 그에 따라 치료 모임의 역학에 변화가 생겼다. 그들은 서로를 각자 자기만의 이야기를 지닌 복잡한 개인들로 바라보기 시작했다. 이제 이 의미 있는 소통에서 중독이라는 꼬리표는 중요하지 않았다. 회원들은 버니와의 관계, 그리고 서로 간의 관계를 통해 회복의 길 위에서 중요한 한 걸음을 함께 내디뎠다.

통제력을 잃다

버니의 회원 중 무표정 실험에서 얻은 통찰에 힘입어 처음 감정의 물꼬를 튼 젊은이의 초기 경험을 들여다보자. 서문에서 언급한 영상을 비롯해 수많은 버전의 무표정 실험에서 우리는 아이가 엄마와 나누는 상호작용 덕분에 글자 그대로 온전한 존재를 유지하는 듯한 상황을 목격한다. 엄마라는 안전지지대를 상실하자 아기의 몸은 평온을 잃고 버둥대며 팔다리는 아무렇게나 움직인다. 마치 접착제들이 녹아내려 그 조그만 사람의 구조가 무너지는 것 같다. 사람들이 이러한 모습을 견디고 영상을 계속 볼 수 있는 유일한 이유는 엄마가 재빨리 되돌아오면서 아기의 일관성도 거의 즉각적으로 회복되기 때문이다. 위니콧이 존재의 연속성이라 부른 것이 바로 이 일관성이다. 막 움트기 시작한 아기의 자기 감각, 나는 존재한다라는 개념의 성립은 엄마가 돌아오리라는 것을 아기가 신뢰할 수 있는지 없는지에 달려 있다.

그런데 만약 엄마가 정말로 돌아오지 않으면 어떻게 될까? 엄마의 부재를 이해할 방법이 없는 아기는 자신이 존재한다는 감각까지 위협받게 된다. 위니콧은 이 경험을 미쳐버린다는 다소 케케묵은 표현으로 묘사했다. "여기서 미쳐버린다는 것은 자기 존재의 연속성이 확보되는 동안 존재하던 무언가가 해체되는 상태를 의미한다."[2]

미쳐버림을 관계의 관점에서 생각하다 보면 아주 깊은 감정적 괴로움에 빠질 수 있다. 물질 남용은 부정적 아동기 경험에서 특징적으로 나타나는 만성적 불일치와 복구의 실패로 인해 한 사람이 처하게 되는 여러 문제적 경로 가운데 하나에 지나지 않는다. 그런 경로들이 발달 과정 중 어디서 유래했는지를 이해하면 치유의 방향도 잡힌다. 극심한 감정적 괴로움에 처했을 때 사람들은 "그걸 잃고 있어"•라고 말한다. 무엇을 잃는다는 뜻일까? 무표정 연구에 견주어보면, 관계가 마련해주는 안전 지지대가 없으면 사람이 자기 자신에 대한 감각 자체를 잃을 수도 있다는 것이다. 의미, 대처, 회복 탄력성은 불일치와 복구의 혼란스러운 과정에서 생겨난다. 이런 경험이 없을 때 우리는 휘청거리며, 불안하고 경직된 태도로 고립을 자초하거나 절망에 빠질 수 있다.

자살은 존재의 연속성이 최종적으로 실패에 부딪힌 결과라 할 수 있다. 2018년 봄, 케이트 스페이드와 앤서니 보데인이라는 미국의 두 유명인이 스스로 목숨을 끊으며 자살이라는 주제에 상당한 관심이 집중되었다. 〈뉴욕 타임스〉의 한 기사에서 정신의학자 리처드 프리드먼은 지난 몇십 년 사이 심장병과 HIV로 인한 사망이 감소한 반면 자살률은 더욱 증가한 이유에 대해 의문을 제기했다.[3] 그에 따르면 자살 예방에 진척이 없는 것은 연구에 대한 지원이 부족하기 때문이었

• I'm losing it. 너무 강렬한 감정 때문에 감정적 통제력을 잃을 때 쓰는 표현.

다. "그렇게 오래도록 자살이 방치되어온 이유는 간단하다. 바로 낙인 때문이다. 자살은 사람들에게 두려움을 안긴다. 사람들은 자살을 인격의 결함이나 도덕적 결함, 심지어 죄를 짓는 행위라고 오해한다. 숨겨야 하는 수치스러운 일로 여기는 것이다."

프리드먼이 말하는 공포와 수치는 자기 존재에 대한 감각이 휘청거려 아무 의미도 만들지 못할 때 느껴지는 감정을 잘 포착한다.

저널리스트 로버트 휘터커는 「프로작 시대의 자살」이라는 설득력 있고 치밀한 기사에서 항우울제를 비롯한 각종 치료법의 발전에도 불구하고 수십 년에 걸쳐 자살률이 증가한 현상을 이해해보려 했다. 프리드먼은 자살을 의학적 문제로 보지만 휘터커의 시각은 다르다.[4]

> 1990년대 후반 정신의학자들과 제약회사 경영진들이 미국 자살재단을 이끌기 시작했다. 이들은 의학적 맥락에서 자살을 개념화한 서사를 널리 알렸다. (…) 하지만 그 시기 이후 자살률은 증가했고 이는 의학적 접근이 역효과를 낸 것은 아닌지 의심해볼 타당한 이유다.

자살이라는 주제는 매우 방대하고 이 책에서 다루는 범

위에서도 벗어난다. 하지만 자살에 대한 휘터커와 프리드먼의 견해가 저렇게 엇갈리는 것을 보면서, 감정적 고통을 제대로 이해하려면 발달과 관계의 측면에서 접근해야 한다는 걸 다시금 실감하게 된다. 무표정 패러다임이 제시하는 관점은 의학적 관점과 다르다. 앞에서도 보았듯 정서적 안녕과 정서적 괴로움은 매 순간 반복되며 우리를 우리로 만드는 상호작용의 차이에서 생겨난다. 스펙트럼의 한끝에는 불일치에서 복구로 이어지는 견고한 상호작용 덕분에 세계는 안전하며 사람들은 신뢰할 수 있는 존재라고 느끼는 이들이 자리한다. 반대쪽 끝에는 복구의 경험을 하지 못해 공포와 불신을 자기 자신과 자신을 둘러싼 세계에 대한 이해의 바탕으로 삼게 된 이들이 존재한다. 이 두 극단은 그 사이에 자리한 일반적인 경험들을 이해하는 데도 도움이 된다. 생애 초기 경험에서 만든 의미들은 그대로 고정되는 것이 아니라, 우리가 새로운 관계들을 맺고 자신과 세계에 대한 의미를 만들어가는 동안 자라고 변화하면서 계속 달라진다.

감정적 고통에 낙인을 찍어야만 그 복잡성을 제대로 파악할 수 있는 것은 아니다. 발달과 관계의 맥락을 인정하는 것이 수치심을 안기는 일이어서는 안 된다. 사람들은 저마다 다른 방식으로 불일치와 복구의 기회를 놓친다. 극단적인 예로 열 명의 아기가 위탁 가정에서 자란다고 생각해보자. 양육자들의 관심을 거의 받을 수 없고 사회적 상호작용의 기회는 최소한밖에 누리지 못하는 환경에서 이들의 불일치는 대부분 복구되지 않은 채 넘어갈 것이다. 더 흔하게는, 불일치에서 복구로 넘어가는 과정이 지나치게 길어서 괴로움이 지속되는 시간이 아이가 감당할 수 있는 정도를 넘어서는 상황을 들 수 있다. 이런 일은 양육자가 우울증, 물질 남용, 부부 갈등, 압도감, 탈진, 외로움 등 다양한 어려움 때문에 아이의 정서를 일관되게 보살피지 못할 때 일어난다.

불일치를 억압하려는 노력도 복구 기회를 박탈하는 원인이 될 수 있다. 자녀의 실패를 허용하지 않는 헬리콥터 부모는 아이들이 스트레스를 딛고 성장하며 회복 탄력성을 키울 여지를 미리 차단한다. 자기가 정한 목표에 순응할 것을 요구하고 불일치에 처벌로 응하는 권위적인 부모 또한 실수할 여지를 주지 않음으로써 아이의 자신감을 뭉개버린다. 아이는 이런 문제적 상황에 적응하려는 한 방편으로 과도하게 간섭하는 부모를 회피할 수도 있다. 그러나 그런 방식이 다른 사람들과의 상호작용에까지 확장되면, 타인과의 관계 회피가 지속적으로 발달을 방해하고 새로운 관계들을 통한 성장 기회를 막아버리게 된다.

음식보다 위안을 더 갈구했던 할로의 원숭이들부터 최초의 아기 대상 무표정 실험과 성인 대상 무표정 실험, 그리고 이 책에 실린 여러 임상 사례들까지, 우리는 정서적 안녕이 초기 관계의 질에 뿌리 내리고 있음을 누차 확인했다. 수많은 복구의 순간들이 희망의 핵심 감각(나는 이 일을 극복할 수 있어)을 주는 한편, 복구 기회의 결여는 절망의 핵심 감정(아무것도 소용없을 거야)을 남긴다. 모든 사람이 경험하는 온갖 다양한 정서적 괴로움들은 이러한 의미 만들기 스펙트럼의 어느 지점엔가 해당한다. 우울증이라 불리는 상태는 사실 자신이 힘든 순간을 무사히 통과할 수 없으리라고 생각하는 상태일 수 있다. 나는 여기 꼼짝없이 갇혔어. 아무것도 변하지 않을 거야. 우리가 불안증이라 부르는 것 역시, 자기가 해체될 것만 같은 느낌이 들 때 자기를 붙잡아준다고 믿는 행동에 완고하게 집착하는 상태로 볼 수 있다. 지금 이 행동을 바꾼다면 무슨 일이 일어날지 어떻게 알아?

그러나 절망하지는 말자. 다음 장들에서 자세히 알아볼 테지만, 우리의 마음과 뇌는 평생에 걸쳐 중요한 변화를 이뤄낼 능력이 있다. 중요한 것은 세상 속 자신에 대한 감각은 지속적인 발달 과정에서 생겨나고 성장하고 변화한다는 점이다. 우리의 감정은 우리가 지나온 관계의 역사에서 빚어진다. 비록 생애 초기에 더없이 끔찍한 역경을 경험했다 해도, 불일치와 복구의 공간이 충분한 새로운 관계들 속에 자신을 푹 담근다면 절망의 의미를 희망의 의미로 바꿀 수 있다.

산산조각난 자기 감각

부모는 항상 아이를 떠난다. 실제로 자기와 주변 세계에 대한 아이의 감각은 이런 자연스러운 오고 감을 겪으며 발달한다. 엄마, 어딨어요? 아, 여기 있구나. 이런 경험들이 존재의 연속성을 둘러싼 아이의 핵심 감정을 형성한다. 그러나 분리 기간이 아이가 감당할 수 있는 수준을 넘어서면 참을 수 없는 불안이 촉발된다. 엄마의 부재에 대한 의미를 만들 수 없는 아이에게 이는 엄마가 더 이상 존재하지 않는 상황과 같다. 그리고 만약 엄마가 더 이상 존재하지 않는다면 자기 존재에 대한 아이의 감각 역시 휘청인다. 공포나 슬픔이나 분노를 넘어서는 전적인 부정, 즉 나는 존재하지 않는다라는 감각을 갖게 되는 것이다.

와이엇은 두 자녀를 둔 아빠에 성공적 경력을 이어온 데다 쉰 살이나 되었는데도, 나이 든 어머니가 사소해 보이는 가족의 갈등 상황에서 어린 시절 자주 보았던 식으로 반응하자 순식간에 세 살 아이로 돌아간 느낌이 들었다. 어린 시절 아버지와 어머니 사이에 어떤 불화나 의견 차이가 생길 때마다 어머니는 도저히 닿을 수 없는 슬픔의 장막 뒤로 들어가 버린 듯 느껴졌고, 어린 와이엇에게 이는 너무나 공포스러운 상황이었다. 그런데 지금 또다시 그 슬픔의 장막이 어머니를 덮친 것이다. 어릴 때는 수시로 감정의 문을 닫아거는 어머니를 어떻게 이해해야 할지 몰라 길을 잃은 듯한 감정에 빠졌다. 그러나 이제 그는 아내와 10대 자녀들과의 관계에서 지지를 얻는 성인으로서, 어머니의 행동에 대한 자신의 반응을 한 걸음 떨어져 관찰할 수 있게 되었다. 시간과 심리치료, 그리고 일련의 새로운 관계들이 그간 그에게 어머니의 간헐적인 감정적 부재를 재해석할 기회를 마련해준 덕분이다. 그렇게 오랜 세월이 흐른 뒤에도 어머니의 행동은 여전히 그에게 불안과 놀라움을 안겼지만, 그래도 어렸을 때처럼 내적 공황과 자기 감각의 붕괴로 치닫지는 않았다. 이제 그는 자신의 반응과 그 상황을 편안한 거리에서 관조할 수 있었다.

어머니가 감정적으로 물러날 때마다 어린 와이엇은 자신이 어머니에게 상처 입히는 행동을 한 게 아닐까 걱정하곤 했다. 완전히 방향을 잃은 느낌이었다. 그러한 경험을 이해할 다른 방도가 없었으므로 자기 행동의 뭔가가 어머니에게 해를 입혔을 거라고 생각할 수밖에 없었다. 떨칠 수 없는 수치의 감정이 그의 내면에 자리 잡았고 이를 극복하는 데 수십 년이 걸렸다. 그와 상호작용해줄 어머니의 정서적 부재가 어린 와이엇을 존재의 핵심까지 뒤흔들어놓았다. 그리고 이러한 경험은 그의 몸속에 살아 있었다. 3장에서 살펴본 다미주 이론을 다시 생각해보자. 어린 시절 혼란스러운 사회적 상호작용에 직면하여 뿌리 깊은 위협의 감정을 느낄 때마다 와이엇의 몸은 원시 미주신경의 작용으로 차단되었다. 자기가 어머니에게 해를 입힐 수 있는 사람이라면, 세상에 나가서는 어떤 해를 입히게 될까? 유년기 내내 와이엇은 극도로 수줍고 억제된 아이였다. 조용히 숨어 지내는 것이 최선이라고 생각했다.

와이엇에게 자녀가 생기자 어머니는 아들에게 자신의 이야기를 들려주었다. 어머니와 충분한 대화를 나누자 와이엇은 자신의 경험과 어머니의 경험을 모두 이해할 수 있었다. 이후 모자 관계는 계속 성장하고 변화했다. 와이엇은 자신이 태어나기 전에 어머니가 여러 번 유산했다는 사실을 알게 되었다. 그 시절에는 애도를 위한 시간과 공간이 없었다. 유산을 경험한 부모들을 위한 커뮤니티 게시판 같은 건 존재하지 않았다. 건강한 아이를 출산한 뒤에도 그 슬픔은 어머니의 마음에서 떠나지 않았고, 와이엇 생애의 첫 몇 달, 몇 년 동안 어머니의 행동을 통해 계속 모습을 드러냈다. 이런 일은 드물지 않게 벌어지며, 오늘날이라면 산후우울증으로 진단할 수 있을 것이다. 그러나 어머니의 갑작스럽고 불가해한 감정적 부재는 와이엇의 내면에서 간헐적으로 존재의 연속성을 깨뜨리는 결과를 초래했다.

케이트 앤드 애나 맥개리글의 〈바이크 송〉 가사에는 어머니에게 닿지 못하는 어린아이의 괴로움이 잘 포착되어 있다. 가사는 화자가 이제 어른이 되었음에도 어린 시절 경험한 이해할 수 없는 단절에서 아직 풀려나지 못했음을 암시한다. 가수의 목소리에서 우리는 고통과 그리움, 이해할 수 없는 마음을 듣는다. 자기가 울 때 봐달라고 애원하는 가사를 들으면 이 딸이 일종의 무표정 상황을 겪고 있었음을 짐작할 수 있다. 그는 어머니가 자기를 사랑하게 만들려면 자신이 어떤 존재가 되어야 하는지 궁금해한다.

와이엇 어머니의 감정적 부재는 애도하지 못한 상실을 드러내는 현상이었다. 여러 번의 유산이 초래한 슬픔 속에 여전히 갇혀 있던 어머니는 아들을 '사랑하게 되는' 일을 억제함으로써 참을 수 없는 슬픔으로부터 자신을 보호하려 했다. 그렇게 왜곡된 의미들이 쌓여 만들어진 두꺼운 단절의 벽이 두 사람 사이에 박혀 그들을 격리하고 있었던 것이다.

남들이 나를 알아주지 않는다고 느낄 때

성인의 인간관계에서 우리는 상대방이 우리를 있는 그대로 봐주지 않는다고 느낄 수 있고, 반대로 상대가 의도하지 않은 의미를 그들의 행동에 투사하며 그들의 말에 귀 기울이지 못하는 자신을 느낄 때도 있다. 이런 패턴은 남이 나를 알아주지 않았던 초기의 경험에서 유래한 것일 수 있다.

어린아이가 자신이 해체되고 있다는 무시무시한 감정을 느낀다면, 이는 아무도 자기를 보아주지 않는 경험 때문일지도 모른다. 어린 시절의 경험을 되돌아보면서 와이엇은 어머니가 물리적으로는 존재하지만 감정적으로는 부재했던 순간들에 대해 "마치 내가 존재하지 않는 것 같았다"라고 말했다. 부모가 자기 자녀를 알아가는 복잡한 일에 선뜻 나서지 못하도록 하는 방해 요인은 무엇일까? 와이엇 어머니에게 그것은 아이를 잃은 일이었고, 따라서 새로 태어난 와이엇은 대체 아이라는 용어로 표현할 수 있는 존재였을 것이다. 오늘날 이런 종류의 상실을 다루는 온라인 토론방이나 그 밖의 여러 지원 기구에서는 유산이나 아기의 죽음이라는 폭풍우 후에 태어난 건강한 아기가 주는 기쁨과 빛을 표현하기 위해 무지개 아이라는 좀 더 다정한 용어를 사용한다. 아이를 잃은 슬픔은 결코 해소될 수 없지만, 그렇다고 애도를 위한 시간과 공간을 마련하지 않으면 그 슬픔은 길을 막고서 살아 있는 아이와의 관계까지 비극으로 만들 수 있다. 와이엇의 어머니처럼 일종의 생존 본능에 이끌려 새로 태어난 아이를 마음껏 사랑하지 못한 채, 그 가능성은 낮을지언정 자신에겐 너무도 현실적인 또 다른 상실로부터 자신을 보호하려고 경계 태세를 갖추게 되는 것이다.

지속적으로 관계 문제를 겪거나 과거의 것이든 현재의 것이든 해결되지 않은 갈등에 정신이 쏠린 부모는 자녀를 자기 자신의 아이로 보는 걸 어려워할 수 있다. 부모의 선입견은 때때로 아이가 태어나기도 전에 형성된다. 어떤 엄마는 임신 기간 내내 툭하면 화를 내고 거칠게 벽에 밀치는 배우자와 지내며 아직 태어나지 않은 아들을 난폭한 아이라 여겼고, 자기를 아프게 하는 발길질은 아기가 '꼭 제 아빠 같은' 아이임을 보여주는 신호라고 느꼈다. 또 다른 엄마는 만성질환을 앓던 자기 어머니가 자신을 임신하면서 건강이 급속히 나빠졌다고 털어놓으면서 이런 말을 했다. "엄마는 내 평생에 걸쳐 죽어가고 있어요." 이어 그는 아직 태어나지 않은 자기 딸에 대해 집요한 아이라는 표현을 썼는데, 이 단어는 자신의 발달기 내내 어머니가 지속적인 혼란을 야기하는 방식으로 자기에게 '집착'했던 경험을 반영하는 것일 수 있다.

아이를 만나기도 전에 부모의 마음에 자리 잡은 고정관념과 속단은 아이에 대한 호기심을 원천에서 차단하고, 결국 부모 자신이 만든 의미들을 아이의 행동에 투사하게 된다. 대조적으로 부모가 불확실함 속에서 우리 함께 사귀어보자, 그렇게 나는 널 알아가고 너도 날 알아가는 거야라는 태도를 취한다면 아이에게 성장의 공간을 열어줄 수 있다. 이 과정에 따르는 혼란은 아기의 자기 감각, 아기가 타인들 및 주변 세계와 맺는 관계들의 일관성과 복잡성을 더욱 키워준다. 이런 호기심 있는 태도는 성인의 삶에서도 건강한 관계를 구축하는 데 도움이 된다.

캘리포니아대학 샌프란시스코 캠퍼스 심리학자 얼리샤 리버먼은 6장에서 이야기한 신생아행동관찰법을 사용해 새내기 부모들이 아기의 '진짜' 모습을 보도록 돕는다. 리버먼은 신생아행동관찰법을 부모들에게 갓 태어난 아이에 대한 호기심을 심어주는 관계 형성 도구로 보았다. "아기를 발견하는 이 과정은 엄마-아기 관계를 강화하는 데 유용하다."[5] 그의 설명에 따르면 자기 아이가 하는 특이한 행동들을 찬찬히 눈여겨보는 과정은 특히 다른 문제적 관계들에 감정이 쏠려 아이가 표현하는 바에 주의를 기울이기 어려운 부모들에게 도움이 된다.

부모의 신경이 다른 곳에 쏠려 있으면 아기를 알아가는 과정이 제대로 진행되지 않아 심각한 결과를 초래할 수 있다. 부모의 산후우울증이 아이의 발달에 어떤 영향을 미치는지는 이미 잘 알려져 있다.[6] 이 아이들에게는 다른 아이들에 비해 정서, 행동, 학습 면에서 훨씬 높은 비율로 문제가 생긴다. 어떻게 이런 일이 벌어지는 것일까? 이 연관관계의 메커니즘은 무엇일까? 우리는 비디오에 담긴 부모-아기 상호작용을 분석하여 이 질문에 대한 답을 찾았다.

우울에 시달리는 엄마들은 그렇지 않은 엄마들에 비해 전반적으로 딴 데 시선을 두는 빈도가 높으며 부정적 감정과 분노와 슬픔을 더 많이 표현하는 것으로 나타났다.[7] 아이와 놀아주는 시간도 적었고, 부모들이 흔히 아기에게 사용하는 과장된 억양의 말투도 덜 사용했다. 산후우울증에 시달리는 엄마의 아기들을 대상으로 한 연구 결과, 이 아기들은 이미 생후 6개월 차에 자기가 처한 환경에 대해 여느 아기들이 만드는 것과는 다른 의미를 만들어내는 것으로 밝혀졌다. 우울한 엄마와 아기 쌍의 전형적인 모습을 보여주는 한 영상 속 아기는 우리가 최초의 실험에서 보았던 아기와 달리 엄마를 끌어들이려고 적극적으로 노력하는 대신 재빨리 자기 내면을 향했다. 아기는 자기 손을 빨았고, 마치 무너져내린 듯 앉은자리에서 축 늘어졌다. 아기의 시선은 엄마보다 의자나 머리 위 조명 같은 사물들로 향했다.

엄마의 관심을 다시 끌어오기 위해 갖은 노력을 하는 아기들과 달리, 우울한 엄마의 아기들은 위축되어 있는 상대방에게 대처하는 방법을 일찌감치 터득한다. 손가락으로 뭘 가리키거나 울거나 애교를 부려도 통하지 않는다는 걸 경험으로 아는 것이다.

이런 관점에서 보면, 양육자의 위축된 행동에 대처하는

방법을 찾아내는 아기들은 뛰어난 지략을 발휘하는 셈이다. 이들은 자신을 다잡기 위해, 다시 말해 자기 조절을 위해 자기가 가진 도구들을 활용한다. 이런 종류의 대처에는 적응적 기능이 있다. 아기는 완전히 무너지는 대신, 우울증에 걸린 상호작용 상대에게 합류하는 방식을 찾아내는 것이다. 어떤 의미에서 이는 엄마가 위치한 그 자리로 가 엄마와 함께하는 행위다. 마치 아기가 이렇게 말하는 것 같다. "알았어요. 괜찮아요. 내가 알아서 할게요."

우울하고 위축된 엄마 앞에서 대처하지 못할 경우를 생각해보자. 그럴 때 아기는 자기 존재가 해체되는 듯한 감각을 느낄 것이다. 그러므로 아기의 대처 행동은 적응을 위한 상당한 노력의 결과라는 것을 이해할 수 있다. 정신분석학자 멜러니 클라인은 위니콧이 말한 존재의 연속성과 정반대되는 경험을 소멸이라는 강력한 단어로 표현했다. 만약 아이가 이러한 대처 행동을 하지 않는다면 더 끔찍한 결과가 생길 수 있다. 자기 감각을 완전히 상실해 생명 유지를 위한 음식 섭취의 동기까지 잃는 경우, 건강한 성장은 물론 잠재적으로는 목숨마저 위협받을 수 있기 때문이다.

애정 결핍이 목숨을 위협하는 수준일 때

생애 최초의 관계들이 우리를 단단히 붙잡아줄 뿐 아니라 생존마저 좌우한다는 놀라운 증거를 제시하는 대표적 연구가 있다.[8] 이 극단적인 상황은 그보다 일상적이고 평범하지만 그럼에도 여전히 파괴적인, 성인으로서 우리가 불가피하게 경험하는 감정적 고통의 순간들을 이해하는 데도 도움이 된다.

미국에도 아직 어린아이들을 위한 보육원이 존재했던 1940년대에는[9•] 보육원 아이들의 높은 사망률이 주로 전염병 탓이라고 여겼다. 그러나 오스트리아 정신분석학자 레네 슈피츠는 다른 가설을 제시했다. 보육원 아이들의 죽음은 양육자의 지속적인 부재 혹은 애정 결핍 때문이라는 것이다. 이 가설을 검증하기 위해 슈피츠는 서로 다른 두 시설에 수용된 아기들을 걸음마할 정도로 성장할 때까지 추적 관찰했다. 두 곳 모두 출생한 지 얼마 안 된 아기들에게 충분한 영양과 물리적 환경과 의학적 보살핌을 제공했으나, 한 가지 중요한 면에서 달랐다. 슈피츠가 '보육실'이라고 부른 한 곳은 수감된 엄마들이 감옥 내 탁아소에서 자기 아기를 보살피

• 오늘날 미국에서 보호자가 없는 아이는 집단 보육 시설 대신 위탁 가정 내지 입양 가정에 보내진다.

는 시설이었다. 또 다른 시설은 그가 '유기아 보호소'라 부른 병동으로, '과로에 시달리는' 유모 한 사람당 여덟 명에서 열두 명의 아기를 돌봐야 하는 곳이었다. 연구 결과를 요약한 글에서 슈피츠는 '보육실'의 아이들은 보통의 건강한 아이로 발달한 반면, '유기아 보호소'에서 정서적으로 굶주린 아이들은 제대로 성장하지 못했으며, 말하고 걷고 스스로 먹는 법을 배우지 못한 아이도 많았다고 썼다. 가장 충격적인 결과는 다음과 같은 사실이었다.

> 가장 인상적인 증거는 아마도 두 시설의 사망률 차이일 것이다. 우리가 한 아이당 1년 이상씩 총 239명의 아이를 관찰한 5년 동안, '보육실'에서는 단 한 명의 아이도 사망하지 않은 반면, '유기아 보호소'에서는 2년의 관찰 기간 동안 37퍼센트의 아이가 사망했다.

이런 극단적인 환경에서는 충분한 영양이 공급될 때조차 정서적 박탈이 육체적 결핍으로, 심지어 죽음으로 이어질 수 있다. 슈피츠에 따르면 "심리사회적 요인들로 야기된 이와 같은 차이는 글자 그대로 생사를 좌우할 수도 있다."

이 연구를 비판적으로 보는 사람들은 두 그룹의 유전적 위험 요인이 서로 달랐을 거라는 의견을 제시했다. 자기 자녀를 버린 부모라면 자녀에게 취약한 유전자를 물려주었을 것이고, 그로 인해 발달이 부진했으리라는 것이다. 이후 툴레인대학 아동정신의학자 찰스 지나는 설득력 있는 연구로 그 주장에 반박했다.[10] 그는 메릴랜드대학의 네이선 폭스와 하버드대학의 척 넬슨 등 동료들과 함께 루마니아에서 가정위탁 양육과 보육원의 기관 양육을 비교 연구했다.

1966년 루마니아의 공산당 지도자 니콜라에 차우셰스쿠는 1950년대의 출생률 감소에 대한 대책으로 낙태와 피임을 엄격히 제한하는 '770호 법령'을 승인했다. 가임기 여성은 매달 비밀경찰의 감시하에 의무적으로 산부인과 진료를 받아야 했다. 여자들은 아이를 양육할 형편이 안 되어도 무조건 아이를 낳아야 했고, 그 결과 많은 수의 아이들이 보육원에 보내졌다.

1989년 루마니아 혁명으로 차우셰스쿠 정권이 무너졌지만, 새로 들어선 정부는 보육원이 아이를 기르기에 그럭저럭 괜찮은 환경이며 따라서 위탁 양육은 불필요하다고 주장했다. 지나와 동료들은 정부의 주장을 검증하기로 하고, 두 집단의 아이들을 무작위로 위탁 가정 또는 보육원에 배치한 뒤 15년 이상 그 아이들을 연구했다.

저널리스트 마이아 샬라비츠는 '바보야, 문제는 보육원이야'라는 직설적인 제목으로 〈포브스〉에 기고한 글에서 그

연구에 대해 "눈이 번쩍 뜨이는" 결과라고 표현했다.[11]

> 슈피츠의 연구에서도 그랬듯이, 양부모의 사랑을 받은 아이들이 루마니아의 가장 좋은 보육원에 남아 있던 아이들보다 훨씬 잘 자랐다. 위탁 가정의 아이들은 성장도 더 빨랐고, (뇌 발달의 척도인) 머리 크기도 더 컸으며, IQ도 평균 9점 더 높았다. 이 아이들은 보육원에서 자란 아이들에 비해 행복도와 집중력도 더 높은 것으로 나타났다.

루마니아 보육원 연구의 결과는 정신과 진단이 필요할 정도의 감정적 고통은 관계에서 생겨난다는 사실을 한층 단단히 뒷받침한다. 샬라비츠에 따르면 "보육원에서 지낸 적이 있는 사람 중 52퍼센트에게 어떤 형태로든 정신질환이 생겼다. 그렇지 않은 사람 중에는 22퍼센트만 정신질환이 생겼다. 보육원에 계속 남아 있던 아이들은 위탁 가정에 배정된 아이들에 비해 불안증이나 우울증을 겪는 비율이 두 배였다."

정서적 방임 상황에서는 안전한 지지대 역할을 하는 양육자가 없기 때문에 아이들의 에너지가 자기 존재를 온전히 유지하는 일에 모조리 쓰인다. 이 아이들은 매우 제한적인 자기 조절 역량만을 사용해 스스로 신체 기능을 관리하려 애쓰느라 제대로 발달하지 못하며, 심지어 죽음에 이르는 경우도 있다. 샬라비츠는 돌봄이 비일관적이고 많은 경우 비인간적으로 이뤄지는 기관 양육의 문제점에 대해 이야기하며 브루스 페리의 연구를 언급했다. 다음은 샬라비츠가 인용한 페리의 말이다. "보통 여러 직원이 여러 조를 이루어 교대로 아기 돌봄을 분담하는데, 대체로 이들에게 돌봄은 자기에게 맡겨진 업무일 뿐이다. 이 경우 스트레스 반응 체계와 관계를 담당하는 신경 네트워크가 정상적으로 성장하고 기능하는데 필수적인 감각 신호들—미소, 신체 접촉, 노래, 흔들어주기 등—은 정상적인 발달에 필요한 패턴으로 제공되지 않으며 그 양도 매우 부족하다."

정신의학자 브루스 페리에 따르면, 아기가 세상 속에서 자기 자신에 대한 의미를 만들어갈 때 필요한 핵심적 요소는 리듬과 반복이다. 극단적인 예이기는 하지만 보육원의 상황은 자기 조절 능력을 키우는 과정에서 초기 관계가 결정적인 역할을 한다는 사실을 잘 보여준다. 그보다 일반적인 경우에도, 자신을 조절하고 타인과 친밀한 관계를 맺을 수 있는 능력이 위태로워졌을 때 우리가 관계 속에서 성장하고 변화하기 위해서는 '리듬과 반복'이 필요하다.

새 관계에 옛 의미를 끌고 올 때

감정적 괴로움을 반영하는 증상들은 관계의 맥락 속에서 살펴봐야 그 의미를 알 수 있다. 불안은 자기 감각이 취약하다는 느낌에서 생기는 것일 수 있고, 융통성 없는 행동은 일관성을 유지하기 위한 방법일 수 있다. 슬픔이나 절망은 복구 기회를 갖지 못한 초기 경험에 뿌리를 두며, 과민성과 사회적 위축은 보호 기능을 한다. 이런 초기의 관계 경험들은 새로운 관계들로도 이어져 발달 중인 자기 감각에 계속해서 영향을 미친다.

마이애미대학 연구자이자 우리의 동료 티퍼니 필드는 우울증을 앓는 엄마의 아기들을 관찰하다가 한 가지 사실을 발견했다. 이들은 우울증이 없고 주의를 잘 기울여주는 어른과 상호작용을 할 때도 부정적인 패턴을 보이며, 심지어 그 어른을 부정적인 감정 상태로 유도하기도 했다.[12] 엄마와의 관계 경험을 다른 관계로 가져가는 것이다. 실패한 관계들이 축적되면서 결국 이 아기들은 주로 슬픔과 분노가 두드러진 부정적인 정서적 근원을 형성한다. 늘 화가 나 있다는 말이 아니라, 다른 감정들을 촉발하는 사건들을 대할 때도 그 저변에 항상 슬픔이 깔려 있다는 뜻이다. 이들은 엄마를 반응이 없고 믿을 수 없는 존재로, 자기 자신은 무력하고 막막한 존재로 보게 된다. 그리고 이런 아기들이 엄마에게 적응하기 위해 습득한 행동들은 이후에도 자동적으로 나타난다.

필드의 연구는 우울증을 앓는 엄마의 아기들이 친절한 타인과도 다른 아이들에 비해 소극적이고 부정적인 상호작용을 한다는 우리의 관찰 내용을 잘 설명한다. 우리 연구 조교들이 우울증을 앓는 엄마의 아기들과 놀아주며 느낀 감정은 좌절감이었다.[13] 그들은 아기를 놀이에 참여시키려고 한참 애를 쓴 끝에 결국 자신들의 상호작용을 '실패'라고 표현했다. 흥미로운 사실은 조교들이 이 문제를 아기들이 아닌 자신들의 탓으로 돌렸다는 점이다. 조교들은 스스로 인지하지 못한 채 이 왜곡된 게임에서 하나의 역할을 떠맡았고, 이때 그들이 느낀 좌절감은 재미없음이라는 형태로 나타났다. 그로 인해 단절은 더욱 깊어졌다. 함께하는 시간이 길어질수록 조교들은 덜 웃고, 접촉을 줄이고, 점점 더 멀리 떨어져 앉았다. 이는 유아기의 문제적인 상호작용이 이후 다른 관계들로도 이어진다는 것을 보여주는 실례다. 사람들이 발달 초기의 경험을 평생에 걸쳐 다른 관계들로도 가져간다는 개념은 정신분석의 치유 행위에서 중심을 차지한다(이 주제에 대해서는 9장에서 더 자세히 다룰 것이다). 내담자들은 과거의 힘들었던 관계에서 느꼈던 감정들을 치료 관계로 끌어와 전이하는데, 이 관계에서는 통찰과 이해를 통해 문제 패턴의 장악력을 줄일 수 있다. 치료사들은 자신의 반응, 즉 역전이를 정확히 의식하고 이를 활용함으로써 내담자들이 더 넓은 바깥세상에서 하는 경험을 통찰한다.

연구 조교들과 함께한 아기들의 행동은 전이의 초기 형태로, 조교들의 행동은 일종의 역전이로 볼 수 있다. 아기들은 양육자와의 상호작용 패턴을 새로운 상호작용 파트너인 연구 조교들에게로 가져갔다. 많은 경우 성인이 부정적인 상호작용 패턴에 갇히는 이유도 비슷하다. 다른 관계들의 패턴을 자기 앞에 있는 사람에게 전이하여 그와 연결 맺기를 어렵게 만드는 것이다.

무표정 실험 가운데 특히 충격적이었던 한 사례에서, 우리는 아기들이 상호작용에 대한 일종의 '기억'을 몸속에 간직한다는 사실을 발견했다.[14] 먼저 우리는 한 그룹의 아기들을 이틀 간격으로 두 차례 무표정 패러다임에 노출시키고, 또 다른 그룹의 아기들은 두 번째 실험 날 한 번만 무표정 패러다임을 경험하게 했다. 두 번째 무표정 실험을 앞둔 놀이 시간에 두 그룹의 아기를 관찰해보니 첫째 그룹 아기들의 심박수가 더 높게 나타났는데, 이는 이들이 이틀 전과 동일한 환경에 처했다는 이유만으로 무표정의 스트레스를 예상하고 있음을 보여주는 현상이었다. 어른들의 방식, 그러니까 단어들과 생각으로 기억하는 것은 아니었지만, 아기들의 몸은 이를 기억하고 자신들이 무표정에 대해 만든 의미를 이틀 후의 놀이로까지 가져온 듯 보였다. 특정한 감각 인상들이 모여 있는 그 물리적 공간이 이들에게는 스트레스를 의미한 것이다. 이 아기들과 달리 무표정을 경험한 적 없는 두 번째 그룹의 아기들은 정상적인 심박수를 보이며 아무 스트레스 없이 놀았다.

만약 무표정이 아니라 따귀를 맞거나 갑작스레 정서적 부재를 경험하면 어떤 일이 일어날까? 6장에서 우리는 기저귀를 갈고 먹이고 재울 때 이루어지는 순간순간의 수많은 게임들이 아기가 세상에서 살아가는 방식의 일부가 된다고 설명했다. 만약 무시당하거나 맞거나 고함치며 싸우는 소리를 듣는 일이 이런 게임들에 포함된다면, 그 경험들 역시 아기의 생리 구조와 세계에 반응하는 방식의 일부가 될 것이다.

대처를 위한 증상

세상에서 존재하는 방식이 위축되거나 제한적이거나 경직된 채 지속되면, 이는 우리가 우울증이나 불안증이라고 부르는 일련의 행동들로 굳어질 수 있다. 아마도 목적 없는 세상 혹은 의미가 왜곡된 세상에 적응하려는 행동이겠지만, 단기적 대처를 위한 이 행동들은 장기적 적응에 악영향을 미친다. 건강한 성장과 발달을 촉진하는 자연스러운 혼란을 차단하고, 그럼으로써 단절의 악순환으로 우리를 이끌기 때문이다.

사람에게는 가장 열악한 상황에서조차 의미를 만들고자 하는 자연스러운 동기가 있다. 일관성의 감각을 유지하기 위해, 자기 감각 상실에 대한 참을 수 없는 불안을 회피하기 위해 무슨 일이든 하려 한다. 아기들은 다음 한 시간, 혹은 다음 하루로 넘어가는 데 필요한 에너지를 비축하는 일에 모든 노력을 기울이고, 그러기 위해 당장 쓸 수 있는 모든 자원을 동원한다. 그런 행동들이 장기적으로 문제를 일으킬 수 있다 해도 말이다.

정신분석가 로버트 퍼먼도 비슷한 이야기를 한다.[15] 퍼먼은 흔히 ADHD라 불리는 행동을 이해하는 또 다른 방식으로, 참을 수 없는 감정적 괴로움을 경험할 때 아이들이 선택하는 행동의 범위에 대해 설명한다. 우선 아이들은 공상의 세계로 후퇴할 수 있다. 겉보기에 이는 산만함과 주의력 부족으로 여겨지지만, 사실 공상은 이들에게 탈출의 통로다. 그런가 하면 아이들이 말보다 행동을 선택할 수도 있는데, 충동성이나 과잉행동 증상으로 나타나는 이런 행동은 아이들에게 언어로 표현할 수 없는 감정들을 드러내는 수단이 되어준다. 모두 압도적인 경험에 대한 아이들의 적응적 반응에 해당한다.

침대에 누운 채 부모가 서로에게 고함치는 소리를 듣고 있는 아이를 생각해보자. 아이는 둘 중 한 사람이 상대를 다치게 할 수도 있다는 것을 안다. 이럴 때 이건 내 탓이야라고 생각하는 것은 아이가 이해할 수 없는 상황에 대해 일관성의 감각을 어느 정도 부여할 수 있지만, 장기적으로는 내면화된 수치심이라는 부정적 결과를 초래한다. 아기와 우울증을 앓는 부모 사이의 상호작용은 아기가 일관적인 자기 감각을 유지하는 데 도움이 될지는 몰라도, 시간이 갈수록 다른 사람들과 사물들로부터 멀어지게끔 만들 수 있다. 퍼먼이 설명하고 다음 이야기도 보여주듯이, 과잉행동과 부주의는 아이들이 자기 경험을 잘 이해하기 어려울 때 채택하는 적응적 행동으로 설명할 수 있다.

열 살 마리아가 등교 준비를 마치고 문 앞에 나왔는데 가만 보니 신발을 한 짝밖에 신지 않은 데다 책가방도 메지 않았다. 마리아의 부모인 후안과 베로니카는 상담사에게 종종 산만해지는 딸의 이런 일화들을 이야기하며 웃었다. 후안도 어렸을 때 꼭 마리아 같았다고 했다. 그러나 시간이 지나며 마리아에 대한 그들의 걱정은 점점 깊어졌다. 조부모를 만나러 에콰도르로 가는 여행을 앞두고 마리아가 왜 자기 여권만 다르냐고 물은 것이다. 부모의 여권에는 비자 도장이 있었지만 마리아의 여권에는 없었고, 이 범상치 않은 질문은 마리아가 스스로 상황을 파악하기 시작했음을 의미했다. 후안과 베로니카는 자신들이 '이 나라에 비합법적으로' 머물고 있다는 것을 딸에게 어떻게 설명해야 할지 난감했다. 끊임없이 밀입국자들의 '문제'에 관해 이야기하는 뉴스로부터 마리아를 보호하려고 상당한 노력을 기울였건만, 마리아가 학교에서 무슨 이야기를 들을 게 틀림없었다. 부모는 그 난처한 상황에 관해 어떻게 설명해야 할지 알 수 없었다. 치료사에게 이 이야기를 들려준 뒤, 후안은 잠깐 생각하다가 또 다른 큰 걱정거리를 털어놓았다. 마리아가 2학년이 되고부터 학교에서 지속적으로 괴롭힘을 당해왔다는 것인데, 그 시기는 이민자를 배척하는 발언이 두드러진 정치적 변동기와 맞물려 있었다. 같은 반 아이가 마리아에게 "우리 대통령은 너 같은 피부색 사람들 싫어해"라는 말까지 했다. 최근 마리아의 담임은 소아과에 가서 ADHD 검사를 받아보라고 권했다. 진단이 나오면 마리아의 산만한 행동을 관리하는 데 도움이 될 서비스를 받을 수 있을 것이라고 했다. 그러나 후안은 단호했다. "내 딸은 잘못되지 않았어요."

이 이야기 속 마리아의 행동에서 우리는 여러 겹의 의미를 읽을 수 있다. 단정적 진단이나 행동 관리, 즉 '증상' 관리를 목표로 하는 치료법으로는 마리아의 복합적 경험을 온전히 이해할 수 없다. 마리아의 행동을 초래한 것은 산만해지기 쉬운 생물학적 성향, 괴롭힘당한 경험, 그리고 아직 표현할 단어는 몰라도 분명히 느끼고 있는 강제 추방 가능성에 대한 실질적 염려였다. 이 복잡성은 ADHD 평가를 위한 표준 설문이 아니라 호기심을 갖고 귀 기울이는 넉넉한 시간 속에서 드러났다. 마리아의 부주의한 행동에는 얽히고설킨 여러 의미가 스며들어 있었던 것이다.

충동적인 아이를 책상에 앉아 있게 하거나 우울증에 시달리는 성인을 아침마다 침대 밖으로 끌어내는 등 감정적 괴로움의 증상을 제거하는 것이 단기적인 해결책은 될 수 있을지 모른다. 그러나 이런 문제 행동들이 사실상 하나의 대처 방법이라면, 혹은 자기를 다잡기 위한 수단으로서 적응적 기능을 수행한다면 어떨까? 관계의 맥락과 발달상의 맥락을 해결하지 않은 채 방치할 경우 그 행동들이 다른 형태로, 때로는 더 심각한 문제 형태로 다시 나타난다 해도 전혀 놀랄 일이 아니다.

모든 것이 생물학이다

이를 두고 '유전의 문제' 또는 '뇌의 병'이라 말하는 사람들도 있을지 모른다. 그러나 유전자와 뇌와 몸이 관계를 이루며 의미를 만들어낸다는 점을 깨달으면 생물학과 경험, 본성과 양육을 가르는 잘못된 이분법은 쉽게 무너진다. 1장에서 보았듯이 후성유전학이라는 유망한 학문 분야는 본성과 양육을 양자택일의 문제로 보던 우리의 생각을 바꿔놓고 있다. 경험은 유전자 발현에 영향을 미치며 그렇게 영향을 받은 유전자들은 다시 뇌의 구조와 기능을 결정한다.

그중에서도 행동후성유전학은 환경 또는 삶의 경험이 유전자 발현에 영향을 미치고 그것이 다시 행동과 발달에 영향을 미치는 방식을 연구한다. 한 아이가 어떤 문제적 형질에 대한 정보를 담고 있는 특정 유전자를 가지고 태어날 수는 있지만, 유전자의 발현 여부와 그 유전자가 행동에 미치는 영향은 환경에 따라 결정된다. 특정 유전자의 발현 여부는 발달 중인 뇌의 구조와 생화학에 직접 영향을 미친다. 결국 경험은 유전 잠재력을 결정하며, 생애 초기 관계들이 뇌의 발달에 결정적인 영향력을 발휘한다고 할 수 있다.

예를 들어 5-HTT라는 유전자는 스트레스 반응에 작용하고, 더 구체적으로는 감정 조절에서 핵심 역할을 하는 뇌 부위들의 구조와 기능에 영향을 미친다.[16] 특히 이 유전자의 S(short) 변이는 우울증 증상과 연관이 있는데, 이 변이가 있다고 해도 그 발현 여부, 즉 변이가 행동에 영향을 미치는지 아닌지는 삶의 경험이 크게 좌우한다. 심각한 스트레스가 없으면 이 유전자는 켜지지 않고, 따라서 변이를 가진 개인에게도 유의미한 영향을 미치지 않는다. 반면 스트레스가 심한 삶의 사건들을 겪으면 유전자가 켜지고 뇌가 변화되면서 우울증을 경험할 가능성이 상당히 커진다. 우리 연구실에서는 5-HTT S 대립유전자를 지닌 아기들이(S 변이가 우성이므로 ss와 sl 모두 포함한다) L(long) 동종접합 유전자(ll)를 가진 아기들에 비해 무표정 실험의 스트레스에 더 강렬하게 부정적 반응을 보인다는 사실을 밝혀냈다.[17] 이는 5-HTT 유전자의 S 대립유전자 변이를 지닌 사람은 복구 경험이 결여된 환경에서 겪는 장기적 단절뿐 아니라 전형적인 상호작용에서 일어나는 불가피한 단절에도 더 취약하리라는 것을 암시한다.

유전이 고정되고 변하지 않는 것이라고 생각하는 사람들이 많다. 실제로 유전체는, 다시 말해 유전자들의 염기 서열은 환경에 따라 달라지지 않는다. 낭성섬유증이나 근육퇴행위축 같은 유전 질환은 유전체 중 한 염기쌍에 일어난 변화, 즉 돌연변이의 결과로 발생한다. 이와 대조적으로 후성유전체, 그러니까 메틸화 패턴과 유전자 발현의 정도는 환경에 신속히 반응하여 변화할 수 있다. 우리의 몸이 DNA 염기 서열 자체에는 아무 변화도 일으키지 않으면서 환경에 맞추어 유전자 발현에 지속적으로 관여하는 것이다. 예를 들어 한 연구에서는 매일 반복하는 마음챙김 수행이 유전자 발현에 변화를 일으키고, 이것이 다시 스트레스에서 회복하는 속도를 높인다는 것을 밝혀냈다.[18]

또 다른 연구는 5-HTT 유전자에 S 변이가 있는 사람들이 ADHD가 생길 확률이 높다는 것을 보여주었다.[19] 그러나 이 유전자 변이를 가진 아이들 중에서도 갈등이 많은 가정에서 살고 있는 아이들이 실제 ADHD 진단을 받을 가능성이 더 높았다. 긍정적으로 표현하자면 유전체에 해당 변이가 포함된 사람이라고 해서 반드시 ADHD 진단을 받을 만한 성격 특징이 나타나는 건 아니라는 말이다.

ADHD 관련 행동이 가족 구성원에게 공통적으로 나타나더라도 ADHD를 결정하는 단 하나의 유전자는 없다는 사실을 알아두는 것이 좋다. 'ADHD 유전자'가 있다는 생각은 부모들과 전문가들 모두 흔히 하는 오해다. ADHD는 보통 감정, 행동, 주의 조절과 관련한 문제를 드러내는 다양한 행동들로 나타난다. 이러한 행동들은 최초의 인간관계에서 시작해 발달기 내내 관계에서 의미를 만들어가는 과정을 통해 형성된다.

감정적 괴로움을 '뇌 장애'라고 단정해버리면 의미 만들기가 감정과 행동의 협력 조절에서 하는 역할은 배제되고 만다. 단순히 뇌를 들여다보기만 해서는 결코 뇌를 이해할 수 없다. 유전자들은 후성유전 과정을 통해 관계의 맥락 속에서 경험들에 대한 의미를 만들며 뇌의 구조와 기능을 변화시키기 때문이다.

반가운 사실은 뇌를 재배선하는 일이 평생 가능하다는 것이다. 어느 정도 성장한 어린이나 어른의 경우 아기들에 비해 재배선하는 데 시간이 더 많이 필요하기는 하지만, 새로운 상호작용을 시도할 기회가 반복적으로 주어지는 환경에서라면 우리가 아기들에게서 보았던 동일한 변화들이 모든 연령대에서 일어날 수 있다. 다양한 유형의 심리치료로 뇌가 변화한 증거를 제시하는 연구들도 많다.[20] 이를 통해 우리는 새로운 관계들에서 새로운 의미를 만듦으로써 뇌를 재배선할 수 있다는 사실을 다시금 확인할 수 있다.

하버드대학 아동발달센터에서 제작한 한 영상에서는 아기들과 어린아이들의 주 양육자를 '신경건축가'라고 표현한다. 어른인 우리에게도 길을 잃었다 느낄 때 새로운 의미들을 구축하도록 도와줄 신경건축가 팀이 있다.

무표정 연구에서 보았듯이, 인생의 초기에 문제를 겪는 경우 경험들은 우리의 마음과 몸에 고정된 의미들로 뿌리박혀 장기적인 영향력을 행사한다. 복구의 기회가 부족한 환경에서 자란 사람들에게는 그러한 문제들의 뿌리가 매우 깊이 뻗어 있을 수 있다. 우울증을 앓는 엄마나 아빠, 극도로 예민한 아기, 위기에 처한 결혼 생활, 최악의 경우에는 학대와 방임의 상황까지, 이 모두가 절망의 의미를 고정시켜버릴 수 있는 상황들이다.

사람들은 절망의 의미들을 삶의 다른 관계들로 가져가기도 한다. 이때 두려움은 그들이 성장과 변화를 가능케 하는 관계들 속으로 마음을 열고 들어가는 것을 방해한다. 의미들이 왜곡되었을 때 문제 행동과 감정을 규정하고 제거하는 것만으로는 충분치 않다. 그 행동과 감정이 발달과 관계에서 비롯했음을 인정해야 비로소 우리는 새로운 치유 모델로 나아갈 수 있다.

9장

수많은 순간들로 만들어가는 치유의 모자이크

세 아이 중 막내로 태어난 사이먼은 세상에 나온 날부터 적응을 힘들어했다. 끊임없이 울어대며 그때껏 차분하고 느긋하게 지내온 가족의 평온을 깼고, 아장아장 걷기 시작하면서는 주변 세상에 극적인 반응을 보이며 가족 나들이를 여러 번 망쳐놓았다. 엘리베이터 버튼도 자기가 제일 먼저 누르지 못하면 난리가 났다. 사이먼의 격한 행동은 연쇄반응을 일으켜 부모와 형제들에게서도 부정적 반응을 촉발했고, 그럴수록 사이먼의 상태는 더욱 악화되었다. 사이먼은 자신을 달래려는 가족의 노력을 받아들이지 못한 채 스스로 더욱 깊은 괴로움 속으로 빠져들었다. 그 초기 몇 년 동안 사이먼의 부모인 저신다와 로먼은 “사이먼은 무엇이 잘못된 걸까?”라는 질문의 답을 찾으려 애썼다. 많은 전문가들이 사이먼의 문제를 자폐장애나 ADHD라고, 심지어 우울증이라고 부르고 싶어 했지만, 부부는 한 가까운 친구의 신중한 충고를 받아들여 사이먼에게 스스로 문제를 해결하고 세상 속에서 자기 자신을 이해할 수 있게 시간을 주기로 했다. 쉬운 일은 결코 아니었다. 그들은 사려 깊게 귀를 기울이며 사이먼이 스스로 자기 경험의 강도를 관리할 수 있도록 다양한 방법들로 도왔다. 어떤 방법은 효과가 있었고 어떤 방법은 효과가 없었다. 그래도 부모는 노력을 이어갔다. 때로는 확고한 한계를 설정해 사이먼의 폭발적인 반발을 감당했고, 또 어떤 때는 사이먼의 굽힐 줄 모르는 완강함을 수용해주고자 최선을 다했다. 마침내 자기 감정을 말로 표현할 줄 알게 되면서 사이먼은 적응하고 소속되는 방법을 배워가기 시작했다. 물론 여전히 한 번씩 어둡고 음울한 순간들로 빠져들어 부모를 걱정시켰지만, 사이먼이 성장하고 발달하는 동안 저신다와 로먼은 가족과 친구들, 여러 치료사들의 도움을 받아 이런 어려운 과제들을 풀어나갔다.

대단히 총명하고 생각이 깊은 사이먼은 가족 중 유일하게 전액 장학금을 받고 사립고등학교 입학 허가를 받았다. 그러고는 그동안 전혀 경험이 없음에도 즉흥적으로 펜싱팀에 가입했는데, 이 결정이 큰 변화의 계기가 되었다. 스포츠에 대한 열정과 타고난 재능이 격동의 청소년기를 잘 통과하도록 그를 이끌어준 것이다. 펜싱에 필요한 육체와 정신의 활동, 코치와 팀원들과의 관계는 불일치에서 복구를 이끌어낼 수많은 기회를 제공했다. 사이먼의 유년기 내내 혼란스러운 상황을 참아주었을 뿐 아니라 일이 '제대로' 풀리지 않을 때도 기꺼이 실수를 감내하며 문제를 해결하려 노력해온 부모의 태도는 사이먼에게 긍정적인 자기 감각의 토대가 되었고, 이제 그 토대가 새로운 관계들을 더욱 공고히 다지고 있었다. 이따금 어둡고 음울한 순간들이 찾아오는가 하면 강렬하고 극적인 반응을 보이는 경향도 남아 있긴 했지만, 사이먼은 이러한 특징들까지 스스로 관리할 수 있는 방식으로 자기 감각 안에 통합해냈다. 어두운 순간들을 일시적인 것으로 인식하고 그러한 감정에서 벗어나는 길을 찾을 수 있었다. 사이먼은 대학에서도 펜싱을 했지만, 졸업한 뒤 분주한 직장생활 때문에 더 이상 참여할 수 없게 되자 대신 프리스비를 시작하여 얼티미트 프리스비 클럽에 가입했다. 자기 조절 능력이 커지면서 그는 새로운 관계들 속에서 새로운 의미들을 지속적으로 만들 수 있었다.

반대로 모나는 혼란을 견디지 못하는 가족 안에서 자랐다. 모나가 자야 할 시간에 안 자려고 버티는 등 아동기의 전형적인 행동을 보였을 때 모나의 아빠는 대뜸 모나의 얼굴을 때려 갑작스럽고도 폭력적인 방식으로 불일치를 처리해버렸다. 모나는 많은 경우 복구를 경험하지 못한 채 울다 잠이 들었다.

이제 엄마가 된 모나는 두 살 난 아들 라시드가 자기 안경을 잡아당겨 벗기거나 무심결에 장난감으로 자기를 때릴 때마다 온몸을 덮치는 강렬한 분노에 깜짝 놀랐다. 의식적으로는 모나도 그것이 어린아이들의 전형적 행동임을 알고 있었다. 그러나 막상 그런 일들이 벌어지면 도무지 의사들이나 양육 잡지 속 전문가들이 조언하는 대로 침착하게 한계를 설정해줄 수가 없었다. 손찌검은 자제할 수 있었지만, 그 대신 접시를 벽에 쳐서 깨뜨리거나 주저앉아 눈물을 터뜨리곤 했다. 전문가들이 내놓는 선의의 조언을 머리로 이해할 수는 있어도, 분노가 치솟는 그 순간에 멈춰서 자기 반응을 돌아보는 것은 불가능했다.

모나는 라시드가 자신과는 다른 아동기를 보내기 원했다. 아이에 대한 반응은 모나의 몸속에 뿌리박혀 있었고, 따라서 바꿀 방법은 새로운 의미들을 만드는 것뿐이었다. 물론 그 의미란 단어들과 생각들로만 이루어진 것이 아니다. 모나는 다양한 경험을 통해 변화에 필요한 새로운 의미들을 발견하기 시작했다. 그중에서도 대화 치료가 핵심적이었다. 에릭과 올즈의 관계에서도 그랬듯이, 아버지의 가학적인 태도가 모나의 양육 방식에 미친 영향에 관해 나눈 대화 못지않게, 혹은 그보다 더 중요한 역할을 한 것은 모나가 치료사와 나눈 순간순간의 상호작용이었다. 배우자와의 관계, 인테리어 디자이너라는 직업을 통한 창조적 표현, 합기도 훈련 역시 모나에게 불일치와 성장을 촉진하는 복구의 기회를 제공했다. 이 모든 혼란스러운 일들을 헤쳐나가면서 모나는 아들과의 관계에서 비폭력적인 의미들을 새롭게 쌓아나갈 수 있었다.

이 두 이야기에서 우리는 본성과 양육이 미치는 영향의 양극단을 보았다. 사이먼은 타고난 특성들 때문에 비교적 느긋한 형제자매들에 비해 복구되지 않은 불일치를 더 많이 경험하며 유년기를 보냈다. 모나의 경우 복구 경험의 결핍은 주로 부모의 문제에서 기인한 결과였다. 각각의 상황에서, 세상을 압도적이고 절망적인 장소로 보는 의미 왜곡은 이후의 새로운 관계들로도 이어지며 얽히고설킨 힘든 문제들을 만들어냈을 것이다. 앞에서도 보았듯 우리가 타인과 관계를 맺기 시작하는 최초의 순간부터 본성과 양육은 서로 긴밀하게 얽혀든다. 사이먼과 모나가 장기적인 변화를 만들어내는 데 필요했던 것은 다른 무언가, 즉 새로운 관계와 활동으로 이루어진 새로운 네트워크였다. 어떤 변화도 쉽고 빠르게 이루어지지는 않았지만 시간이 지나며 두 사람은 더욱 온전하고 복합적인 자기 감각을 쌓아나갈 수 있었다.

치유의 역설

내면의 고통스러운 감정 또는 관계에서 생긴 어려움으로 힘든 일을 겪을 때 우리는 자연스레 눈앞의 걸림돌을 재빨리 무마할 해결책을 찾곤 한다. 그러나 장기적인 관점으로 생각해보면 정확히 그 반대로 해야 한다는 것을 알 수 있다. 새로운 의미는 긴 시간에 걸쳐 새로운 종류의 상호작용에 몰두하고 혼란에 부딪혀 씨름하는 수십만 번의 순간들을 보내며 불일치에서 복구로 나아가는 과정을 통해 만들어지기 때문이다. 앞서도 보았듯이 사람이 자신에 대해 만드는 의미들은 단어와 생각으로만 이루어진 것이 아니다. 새로운 상호작용은 정신뿐 아니라 신체도 참여하는 것이어야 한다. 감정적으로 괴로운 문제에 직면했을 때 우리는 창의성을 발휘할 필요가 있다. 펜싱은 조직적이고 일관적이며 비폭력적인 겨루기로, 모든 스포츠가 그렇듯 실패를 잘 처리하고 극복하는 과제가 요구되는 종목이다. 사이먼이 펜싱을 하기로 마음먹은 것은 참으로 기발한 선택이었다.

미국 트라우마연구재단의 정신의학자 베셀 반 데어 콜크는 『몸은 기억한다』라는 책에서 스트레스가 몸속에 존재하는 방식에 대해, 또 몸을 활용해 극한의 스트레스나 트라우마를 치유하는 방법에 대해 포괄적으로 소개한다.[1] 반 데어 콜크는 '법정에 간 셰익스피어'라는, 매사추세츠주 레녹스의 혁신적인 연극 프로그램을 예로 든다.[2] 이 프로그램에 참여하는 이들은 다양한 죄목으로 유죄판결을 받은 10대들로, 한 주에 네 번씩 총 여섯 주에 걸쳐 오후 시간에 집중 연기 수업을 받는다. 상처에 유난히 취약한 이 청소년들은 연기 프로그램을 통해 자신의 감정을 언어로 표현할 기회를 얻고, 이는 사회적 관계 속에서 자기 관리 능력을 키워가는 여정의 중요한 한 걸음이 된다. 이들 중 다수는 혼란스러운 가정환경에서 자라며 양육자의 지속적인 보살핌을 받지 못한 탓에 그때껏 자신의 감정을 표현하는 방법조차 배우지 못했다. 그들을 법적 처벌로 이끈 충동적 행동, 문자 그대로 생각 없이 했던 행동도 그 결과 중 하나였다. 반 데어 콜크는 이 프로그램의 감독인 케빈 콜먼이 10대들과 작업하는 방식에 대해 이야기했다. 콜먼은 아이들이 자신의 감정을 언어로 표현하도록 돕는 일에 연기를 활용한다. 그는 아이들에게 어떤 감정을 느끼느냐고 묻지 않는다. 좋은 또는 나쁜 같은 단어들로 표현된 판단을 유도할 수 있기 때문이다. 그보다 콜먼은 아이들이 자신이 실제로 느끼는 바를 자유롭게 알아차리기 원한다. 어떤 의미에서 이 연극 프로그램은 10대들이 자기 자신에게 귀 기울이는 능력, 자신의 행동에서 의미를 발견하는 능력을 키우도록 지원하는 셈이다. 반 데어 콜크는 이렇게 셨다.

그 대신 콜먼은 묻는다. "그 장면을 연기할 때 네 안에서 분명하게 느껴지는 감정이 있었니?" 그러면 아이들은 "그가 그 말을 했을 때 화가 났어요" "그가 나를 쳐다볼 때 무서웠어요"라는 식으로 대답하며 감정적 경험에 이름을 붙이는 법을 배운다. 자기 몸으로 직접 인물의 경험을 구현하고 이를 (더 적당한 단어가 생각나지 않아 풀어서 말하자면) '구체적 언어로 표현'함으로써 아이들은 자신에게도 여러 다양한 감정이 있음을 깨닫게 되며, 그렇게 더 많은 감정을 알아차릴수록 이들의 호기심은 더 커진다.

조각이든 그림이든 책이든, 무언가를 만들 때 우리는 썩 들어맞지 않는 여러 재료를 이것저것 써보다가 마침내 자신이 정말로 전달하고 싶은 수단을 발견하곤 한다. 시작부터 완벽하게 형성된 아이디어를 끄집어내겠다고 무리하게 노력하다가는 제자리걸음만 할 뿐 아무것도 이루어내지 못하기 십상이다. 반대로 혼란스러움을 받아들이면 자신의 예술적 목소리를 발견할 수 있다. 마찬가지로, 왜곡되고 괴로운 의미들을 지닌 과거로부터 벗어나 새로운 관계에서 자신을 새롭게 만들어내고자 한다면 딱히 정답이라는 느낌이 들지 않는 불완전한 상호작용들을 수없이 겪어낼 필요가 있다.

'법정에 간 셰익스피어' 프로그램에 참여하는 소년범들은 모두 자기만의 공연을 준비한다. 그것이 처벌 내용 중 하나다. 여느 전문 배우들처럼 이 신인 배우들도 연기 연습을 하다가 대사를 잊어버리기도 하고 신호를 놓쳐 흐름을 망치기도 한다. 한 장면을 여러 번 연기하며 많은 실수를 하고, 그렇게 결코 완벽하지는 않을지언정 점점 자연스럽게 연기하는 법을 익힌다.

전쟁 트라우마에서 배우다

생애 초기의 관계들은 자기 조절뿐 아니라 타인과 가까이 지낼 능력의 토대를 세우며 이후로도 성인기에 이르기까지 모든 관계에 영향을 미친다. 성인이 되어 트라우마를 경험하게 되었을 때도 반응 방식과 치유 방식은 모두 생애 초기 경험들에서 영향을 받는다. 외상후스트레스장애(PTSD)라는, 오늘날 보편적으로 사용되는 용어의 기원이 된 전쟁 트라우마의 예를 생각해보자.

배우 스테판 울퍼트는 직접 제작한 공연 〈경고를 외쳐라!〉에서 강렬한 원맨쇼를 선보였다.[3] 처음에 그는 어떤 소리를 흉내 낸다. 관객은 곧 그의 몸동작을 통해 그 소리가 철로 위를 달리는 기차의 '칙칙' 소리임을 깨닫고, 그렇게 단어, 소리, 동작이 연결되면서 서사가 차츰 모습을 드러내기 시작한다.

울퍼트는 자기 인생에 대해, 그리고 기차가 멈춘 어느 작은 마을에서 셰익스피어 공연을 발견하면서 시작된 치유에 대해 흥미진진한 이야기를 들려준다. 유년기에 겪은 아버지의 학대, 가정 폭력, 뒤이은 부모의 이혼과 운동 중 부상으로 인한 마비, 수년간 시달린 전쟁 트라우마, 끔찍한 상실 등 온갖 역경을 겪은 그는 결국 군대에서 도망쳐 기차에 오른다. 몬태나주 한가운데를 가로지르던 중 그는 한 마을에서 충동적으로 내렸다가 운명처럼 그곳 지역 극장에서 〈리처드 3세〉를 보고 곧장 매료된다. 이 사건을 계기로 울퍼트는 셰익스피어 극을 활용해 트라우마와 싸우는 참전 군인들을 치유하는 프로그램을 개발하게 되었다.

울퍼트의 프로그램 웹사이트 Decruit.org에는 "셰익스피어와 과학을 활용한 트라우마 치료"라는 소개 문구가 적혀 있다. 울퍼트는 참전 군인들의 뇌가 훈련과 경험을 통해 전투에서 생존하는 데 적합하도록 배선되지만, 민간인의 삶에 적응하기 위한 재배선의 기회는 주어지지 않는다는 점에 주목했다. 그의 이야기는 아동기든 성인기든 우리의 삶에 뿌리를 내린 트라우마의 치유에 대해 더욱 풍성한 이해를 선사한다.

그는 우리 매사추세츠 보스턴대학 유아-부모 정신건강 프로그램의 연구원들을 위해 공연했을 때, 참전 군인들의 경우 기본적으로 셰익스피어의 대사 자체보다 그 대사를 읊는 리듬과 호흡에 의해 치유가 이루어진다고 설명했다. 어떤 의미에서 울퍼트의 연기는, 감각 경험과 동작을 통해 의식적 사고와 언어로 넘어가는 유아의 의미 만들기를 재현하는 것이라 볼 수 있다. 깊이 자리한 의미들이 의식되지 않은 상태로 남아 있을 때 그 의미들은 현재의 경험에 파괴적 문제를 일으킬 수 있다. 울퍼트는 연기를 보는 관객이 각자 자신의 몸에 내재된 더욱 근본적인 의미 만들기 시스템과 연결을 맺어 그 의미들을 의식적으로 인지하도록 만든다.

울퍼트가 처음 〈리처드 3세〉를 보았을 때 그랬던 것처럼, 관객은 울퍼트와 그의 여정을 함께하며 대리 체험을 하는 것만으로도 강력한 변화를 겪는다. 오늘날 극장에 가는 일은 일반적으로 치료가 아닌 여흥으로 여겨지지만, 울퍼트의 연극과 그의 이야기는 창의성으로 치유법을 찾아낸 하나의 예다.

생애 초기에 불일치와 복구 과정이 온전히 이뤄지지 않으면 신체의 스트레스 시스템에도 교란이 생긴다. 이러한 교란은 우리의 몸속에 남아 있어서, 성인이 되어서도 스트레스에 노출되면 초기 경험에 의해 형성된 방식으로 반응할 수 있다. 새로운 패턴을 학습하려면 마음과 몸 모두를 사용해야 한다. 언어와 의식적 사고에만 의존해서는 언어 발달 이전에 형성된 의미를 바꿀 수 없기 때문이다. 유년기의 불건전한 패턴을 깨줄 새로운 관계를 맺으려면, 울퍼트가 입증했듯이 새롭게 호흡하는 방식을 배워야 한다.

영화 〈흔적 없는 삶〉의 주인공인 참전 군인은 자신의 마음을 괴롭히는 것들로부터 달아나기 위해 딸과 함께 떠돌이 생활을 한다. 우리 관객은 그가 전통적 의미의 치료는 아니지만 치료 효과를 낼 수도 있는, 일견 평범해 보이는 여러 경험을 하는 걸 지켜본다. 모두 상호작용의 혼란스러움과 씨름하고 성장을 촉진하는 복구의 기회를 얻을 수 있는 경험이지만, 안타깝게도 이 참전 군인은 그런 것들에 가닿지 못한다.

사회복지국에 발각돼 숲속 은신처에서 쫓겨난 뒤 딸과 함께 어느 농장에서 머물게 되자 그는 농장 주인에게 말들을 다루는 일을 해도 되겠는지 묻는다. 하지만 농장 주인은 크리스마스트리로 쓸 나무를 베어야 한다고 말한다. 시끄러운 소리를 내는 기계를 가지고 해야 하는 일이다. 그가 잠시 혼자 마구간에서 시간을 보내며 말 한 마리와 시선을 맞출 때, 우리는 그의 표정이 부드러워지고 그의 몸에서 긴장이 풀리는 것을 본다. 그가 계속 찾아 헤매던 연결의 치유력을 느끼는 모습이다. 그러나 말과 함께할 기회가 허락되지 않자 그는 다시 딸을 데리고 그곳을 떠난다. 점점 더 위험해지는 여정 중 그는 또 다른 창조적 치유의 기회들을 만난다. 그가 만난 또 한 명의 참전 군인은 자신의 개를 너그럽게 빌려주고 주인공은 사람의 몸에서 긴장과 괴로움을 감지하는 이 개를 통해 위안을 얻는다. 이어 또 하나의 극적인 순간이 찾아온다. 양봉가의 도움으로 벌들의 신뢰를 얻은 딸이 아무 보호 장비도 없이 벌집을 다루는 모습을 그가 지켜보는 장면이다. 다른 참전 군인들, 말과 개, 벌과 양봉가. 이 모든 관계가 안전한 그물망을 만들어 전쟁 트라우마로 인해 그의 마음속에 자리한 왜곡된 의미들을 변화시킬 수 있지 않았을까? 이런 경험들의 모자이크가 어쩌면 그를 민간의 삶에 적응시키고 다시 사회에 합류할 수 있게 이끌어줄 수도 있지 않았을까? 하지만 결국 그는 숲에서 혼자 사는 삶만이 자신의 유일한 선택지라 여기고 다시 숲으로 들어간다.

〈흔적 없는 삶〉은 실화에 기초한 영화이며, 실제로 전쟁 트라우마를 치유할 수 있는 창조적 기회는 적지 않다. 그런 기회들의 공통점은 관계 속에서 안전하다는 감각을 쌓아갈 수 있는 혼란스러운 상호작용과 복구 기회가 풍부하다는 점이다. 그중에서도 참전 군인들이 방치되거나 학대당하거나 버려진 앵무새들, 거의 평생을 작은 새장에 갇혀 살아온 앵무새들과 관계를 맺으며 치유를 받은 사례는 특히 놀랍다. 로스앤젤레스 외곽의 조류 보호구역인 서레니티 파크에 가보면 앵무새들이 야생의 삶을 복제한 환경에서 살고 있다. 어떤 치료도 듣지 않는 심각한 외상후스트레스장애를 앓고 있던 참전 군인 릴리 러브는 〈뉴욕 타임스〉를 통해 서레니티 파크에서 경험한 특별한 치유를 이렇게 묘사했다. "구석으로 밀쳐지고 주변화되어 잊혔던 거대한 빛줄기들. 나는 그 트라우마를, 나와 그 새들 모두 시달려온 트라우마를 보았다. 나의 심장은 새들을 향해 달려나갔다. 그 새들을 키워주고 먹여주고 보살피고 싶었다. 그런 행동은 나의 트라우마를 해결하는 데도 도움이 되었다. 이 모든 일은 말 한마디 없이 이루어졌다."[4]

아이들이 어린 시절에 만드는 왜곡된 의미들은 성인이 된 후에 경험한 트라우마로 이어지며 얽히고설킨 그물망을 만든다. 최근의 한 연구에 따르면, 섬유근육통증후군에 시달리는 여성 참전 군인 중에는 군대에서 겪은 성적 트라우마와 아동기 트라우마 이력을 모두 가진 경우가 많았다.[5] 군대에서 성적 트라우마를 가장 많이 겪은 여성 참전 군인들은 어린 시절 방임과 학대도 가장 많이 겪은 이들에 속했다. 서글프게도 그들이 군인이 된 것은 어쩌면 고도로 조직화된 군대생활이 안전함을 제공해주리라 기대했기 때문일지 모른다.

이 연구는 아동기의 왜곡된 의미들이 이후 삶으로도 계속 이어진다는 것을 보여주는 한 예다. 아동기에 처음 생겨난 의미들이 전투의 트라우마와 전시 성폭력에 의해 더욱 심하게 왜곡되고, 그것이 이후의 삶에서도 만성통증의 형태로 몸속에 계속 남게 된 것이다.

어떤 형태로든 성인이 트라우마에 보이는 반응은 생애 초기의 역경에 뿌리내리고 있다. 트라우마는 발달기 전반에 걸쳐 이어지는 경험 속에서 지속적으로 메아리를 일으킨다. 전쟁 트라우마 때문이든 오랜 세월 이어진 잘못된 관계 때문이든 세상이 안전하지 않다는 의미, 사람들은 믿을 수 없다는 의미, 자신은 무능하고 무력하다는 의미를 만든 경우 단기 치료는 일시적 도움은 될지 몰라도 의미 자체를 바꿔주지는 못한다. 상호작용 패턴을 극적으로 변화시키지 않는다면 그 의미는 새로운 관계들까지 계속 왜곡하면서 또 다른 트라우마를 초래할 것이다. 더 직설적으로 표현하면 지금 우리를 망치고 있는 것이 단지 어렸을 때 일어난 일만은 아니라는 말이다. 우리는 성장하며 성인기에 접어들기까지 내내 자기 삶을 망치는 새로운 방식들을 지속적으로 만들어낸다. 완전히 새로운 종류의 상호작용들을 축적했을 때, 불가피한 단절의 순간들을 거쳐 다시금 연결을 맺게 되었을 때 비로소 우리는 성장하고 변화할 것이다.

심리치료를 위한 통제된 단절

심리치료는 새로운 의미를 만들 기회일 수 있다. 여러 연구들로 밝혀졌듯이 심리치료에서 얻을 수 있는 가치는 바로 내담자와 치료사의 관계에 있다.[6] 모든 심리치료의 중심을 차지하는 것은 내담자와 치료사 사이에 순간순간 일어나는 상호작용의 혼란스러움이며, 이 상호작용은 다층의 의미들을 붙잡고 씨름할 기회를 제공하는 심리치료라는 관계 경험 자체에서 이루어진다.

앞 장에서 이야기했듯, 정신분석의 기본 원리 중 전이라는 개념이 있다. 이는 과거 관계에서 느낀 강렬한 감정들이 성찰의 기회를 품은 새로운 관계로 옮겨오는 현상이다. 만약 생애 초기에 복구의 기회 없이 오랫동안 무표정만 경험했다면, 치료 관계에서 발생하는 단절의 순간은 불가피한 것일 뿐 아니라 치유를 위해 필수적인 요소가 된다.

심리치료 이외의 다른 관계에서 무표정 상황에 맞닥뜨릴 때는 자신을 그 상황에서 차단하거나 해리함으로써 반응할 수 있는데 이 경우 대개 본인은 자신의 반응을 의식적으로 인지하지 못한다. 대화 치료의 안전한 환경은 이러한 무의식적 반응들을 인지하는 데 도움이 된다. 내담자가 단절이 일어나는 순간 그 경험을 처리할 수 있는 것이다. 예컨대 감정적으로 몹시 괴로운 상태에서 중요한 생각을 들려주고 있을 때 치료사가 시계를 쳐다본다면, 내담자는 이 예기치 못한 단절이 자신의 몸과 마음에 어떤 영향을 미쳤는지 그 즉시 치료사와 함께 검토해볼 수 있다. 경험을 단어들과 연결하면 그 경험이 지니고 있던 힘은 사라진다.

3장에서 이야기했던 다미주 이론을 바탕으로 생각해보자. 만약 내담자가 복구 기회를 갖지 못했던 탓에 사회적 세계를 위협적인 것으로 경험했다면, 그의 원시 미주신경은 자신을 보호하기 위해 오랜 세월 과도하게 활성화되어 있었을 가능성이 크다. 그의 몸은 세상이 위험하다고 말하고, 이 해석은 모든 상황에서 그의 존재 방식 중 하나가 된다. 치료 환경에서는 상담실의 고요함, 정해진 시간이 주는 안도감, 심지어 치료사의 목소리에 담긴 리듬이나 운율도 스마트 미주신경을 작동시킬 수 있다. 그렇게 사회적 참여 시스템이 작동하면 내담자는 치료사와 관계를 맺으며 인간관계의 상호작용에 수반되는 정상적인 혼란을 안전하게 항해할 수 있다는 느낌을 받게 된다. '실수들'을 헤쳐나갈 때 생긴 성장 에너지는 다시 다른 새로운 복구 기회를 제공하는 여러 관계에 참여할 힘을 준다.

위니콧은 인생에 자연스럽게 존재하는 혼란을 직면하고 해결하는 일이 곧 건강이라는 점을 다음과 같이 아름다운

말로 표현했다. "우리 모두는 우리의 내담자들이 우리와 작업을 끝낸 후 우리를 잊고 살아가기를 바란다. 그들은 살아가는 일 자체가 이치에 맞는 치료임을 깨닫게 될 것이다."[7] 심리치료는 몸속에 자리한 문제적 의미들과 다른 새로운 의미들을 만들어줄 새로운 상호작용을 제공하는, 하나의 제한적인 개입이다. 이로써 얻어낸 새로운 의미들은 또 다른 새로운 경험과 관계들 속으로 계속 이어져갈 것이다.

새로운 관계 속에서 치유하다

새로운 관계는 치유로 나아가기 위한 창조적 참여의 정수가 된다. 물론 최초의 관계들이 핵심 재료이기는 하지만, 이 재료들이 '완성된 케이크' 속에 들어가 영원히 남는 것은 아니다. 새로운 관계라는 새 재료들이 자기 감각을 복잡하고 정교하게 만듦으로써 지속적 성장과 창조성의 여지를 제공하기 때문이다.

아닐은 성인기 대부분을 우울한 감정으로 힘들게 보냈다. 그의 부모는 이라크에서 공학자로 성공한 분들이었지만 전쟁으로 파괴된 나라에서 안전이 위태로워지자 미국으로 이주해 식료품점을 열었다. 아닐은 부모의 희망이었다. 그들은 아닐이 공학자가 되어 자신들이 이루지 못한 아메리칸드림을 실현하기를 기대했고, 아닐도 부모님의 환상을 따라 살아왔다. 외적인 모든 척도에서 아닐은 성공적인 삶을 살았다. 그가 깊은 불행 속에서 괴로워한다는 사실을 아는 이는 아내 라나뿐이었다.

어린 시절 아닐은 어려운 순간이 닥쳐올 때면 부모가 자신과, 심지어 그들끼리도 함께 해결하려는 노력을 전혀 하지 않는다는 느낌을 받았다. 수년간 안전함을 박탈당한 채 살아오다 보니 자연스레 불확실성을 회피하려는 욕구가 생겼기 때문이다. 직업을 선택할 시기가 왔을 때 아닐은 부모의 길을 따라 공학자가 되었다. 그를 움직인 동기는 욕망이 아니라 아무 결정도 내리지 못할 것 같다는 두려움과 가족을 실망시킬지 모른다는 걱정이었다. 그 시절 그에게 다른 직업을 찾아본다는 건 생각도 할 수 없는 일이었다. 아닐은 가족의 생계를 훌륭히 꾸려갔지만 일 때문에 마비되는 듯한 느낌이 들었고, 그렇게 감정적으로 힘들어하다가 우울증 진단을 받았다.

아닐은 마흔다섯의 나이에 라나의 격려를 받아 불확실성의 혼란한 공간으로 뛰어들었다. 그가 언제나 진정으로 열정을 느껴온 일은 작곡이었다. 그동안에도 딸의 무용 공연에서 쓸 반주곡을 만드는 등 가볍게 작곡을 시도해보긴 했지만, 이제 충분한 시간을 들여 그 일에 몰두하고 싶은 마음이 간절했다. 그는 공학자라는 직업적 정체성을 놓아버리는 일을 두고 깊이 고민했다. 부모와 달리 라나는 아닐의 고민을 회피하지 않고 곁에서 함께해주었다. 라나가 보건 관리사로 일하던 터라 경제적으로도 큰 부담이 없었다. 마침내 아닐은 공학 일을 그만두고 작곡에 인생을 바치기로 결심했다.

아닐이 자신을 재발견하고 더 복합적이면서도 일관된 자기 감각을 포용하는 과정에 따르는 혼란을 처리할 수 있었던 건 라나와의 관계 덕분이었다. 오랜 결혼 생활 동안 그들은 온갖 시련을 겪었고, 서로 다른 관점으로 자신과 주변 세계를 바라보는 각각의 개인으로서 함께 여러 일을 해결하며 수많은 경험을 쌓아온 터였다. 이런 경험이 아닐의 행위 주체성뿐 아니라 선택을 내리고 자기만의 의미를 발견해내는 능력에 대한 확신을 강화해주었다. 유년기의 불일치와 복구 경험 부족으로 그동안은 탐색을 거부한 채 초조한 마음으로 경직된 기대에 맞춰 살아왔지만, 라나와의 관계를 통해 중년에 이르러 절망에서 벗어나 희망적인 창조성으로 가는 길을 찾게 된 것이다. 아닐의 부모와 달리 라나는 성공의 형태가 아주 다양하다는 것을 알았고, 그래서 아닐이 선택하는 새로운 길의 불확실성을 충분히 포용할 수 있었다.

초기의 관계들이 우리를 형성하는 건 사실이다. 그러나

또한 우리는 전 생애에 걸쳐 새로운 관계 속에서 새로운 의미들을 만들며 변화할 수 있다. 아동기에 만들어낸 불안, 공포, 절망의 의미들을 이후 새로운 역경 속으로 가져간다 해도, 불일치와 복구를 위한 공간을 품고 있는 새로운 관계 속에서 일어나는 새로운 상호작용이 치유로 가는 길을 제시해줄 것이다.

무표정 연구를 통해 우리는 치료란 1차원이나 2차원의 해법이 아님을 깨닫는다. 성장과 치유로 가는 길이 순탄하리라는 기대는 버리는 게 좋다. 오히려 앞으로 나아가며 닦는 새로운 길이 울퉁불퉁하고 발길에 걸리는 돌들로 가득하다는 사실이야말로 우리에게 자신과 세계를 바라보는 새로운 관점을 갖춰줄 것이다. 심리치료를 받거나 무술을 배우거나 친구와 자연 속을 걷거나 다른 이들을 위해 요리를 하거나 사진을 배우는 등 온갖 다양한 일상의 활동도 연결과 소속의 가능성을 품은 무질서를 향해 자신을 활짝 열어줌으로써 마음과 몸을 치유하는 방법들이 된다.

10장

불확실성에서 희망 찾기

앞서 우리는 스티븐 호킹의 말을 통해 생명의 창조에서 착오가 담당한 역할을 살펴보았다. 철학자 사이먼 크리츨리도 「확실성의 위험」이라는 훌륭한 에세이에서 하이젠베르크의 불확정성 원리를 예로 들어 비슷한 이야기를 들려준다.[1] 한 입자의 위치가 정확히 결정될수록 운동량을 정확하게 알기는 어려워지며, 거꾸로 입자의 운동량이 정확히 측정될수록 그 위치는 부정확해진다는 것이다. 불확정성 원리는 물리 세계에서 절대적 지식의 한계를 보여준다. 크리츨리는 이를 사회적 세계에 적용하여 이렇게 썼다. "우리는 타협과 근사치라는 회색 지대를 가로질러 다른 이들을 만난다. 경청과 대화, 사회적 상호작용 모두 그러하다."

의사소통이 이루어지는 이 회색 지대의 불확실성을 받아들이는 것은 곧 착오의 여지를 허용하는 일이다. 착오가 없으면 아무것도 변하지 않으며 새로운 그 무엇도 창조되지 않는다. 물론 불확실성을 견디기란 쉽지 않다. 불확실성은 모두를 불안과 혼란에 빠뜨린다. 우리를 경직된 사고로 후퇴하게 만들기도 한다. 그러나 깔끔하고 단순한 해결책에 대한 환상은 성장을 제한하고 마비시킬 수 있다. 자신이 모르는 것이 무엇인지 인정하고 무한한 불확실성 속으로 뛰어들어 그 속에서 허우적거릴 때, 복잡한 문제들을 창의적으로 해결할 방법을 찾아낼 기회가 생긴다. 예측 불가능성을 계속 포용하면 치유와 성장의 가능성이 열린다.

과거 관계들의 상호작용에서 만든 의미를 다른 관계들로도 옮겨가는 경우, 확실성이 새로운 관계들을 방해할 수 있다. 어떤 관계에 대한 감정을 그 감정들의 근원지가 아닌 다른 곳으로 가져가면 연결을 맺기가 어려워진다. 예컨대 삶의 초기에 전형적인 오해와 곡해를 허용하지 못하는 관계를 경험한 사람은 자신이 옳고 그름을 모두 안다는 확신을 갖고 상대에게 반응할 수 있다.

확신의 압제

확신은 우리를 성장과 치유에서 멀어지게 하며, 나아가 잠재적인 위험과 해악으로 이끌 수도 있다. 확신과 권위주의는 함께 가는 경우가 많다. 아이다호 산속에서 생존주의자들의 딸로 힘겨운 성장기를 보낸 타라 웨스트오버는 회고록 『배움의 발견』에서 권위주의적 확신을 특징으로 하는 환경에서 자란다는 것이 어떤 것인지 들려준다.[2] 이를 잘 드러내는 일화가 있다. 어느 날 가족은 아버지의 고집으로 밤새 열두 시간 동안 차를 타고 이동하게 되었다. 그러다 이른 아침 교통사고가 일어나 어머니가 머리에 심한 부상을 입었다. 아버지는 병원의 해악에 대한 확신 때문에 어머니를 그냥 집에 있게 한다. 타라의 어머니는 빛을 견딜 수 없어 몇 주 내내 어두운 지하실에서 지냈고, 그 결과 만성적인 두통과 기억력 손상이 생겨 산파 일을 다시 할 수 없게 되었다. 우리는 이 책의 저자를 개인적으로 알지 못하지만, 아마도 회고록을 쓰는 창조적 과정이 그가 자신이 자라난 환경의 지배적 특징이었던 폭압적 확신에서 벗어나도록 도왔으리라 짐작할 수 있다.

어긋난 관계들에서는 놀라우리만치 호기심이 없는 사람들을 볼 수 있다. 한쪽 혹은 양쪽 파트너 모두 자기 생각이 확실하다는 태도를 절대적으로 고집하는 것이다. 그들은 어떤 의심의 여지도 허용하지 않으며, 더 논의하거나 질문하지 않아도 자신이 타인들의 경험을 알고, 이해하고, 이야기할 수 있다는 엄청난 확신을 갖고 있다.

나디아는 언니 올가와 같은 아파트 다섯 층 아랫집에 살았다. 그들의 가족은 1800년대 말 러시아의 집단 학살에서 살아남아 미국으로 이주했고, 그런 가족 안에서 두 자매는 아주 가까운 사이로 자랐다. 그러나 오빠 엔드레가 사망하면서 그의 재산을 두고 벌어진 다툼으로 자매 사이에 틈이 벌어졌다. 그 틈은 복구되지 않은 채 남아 둘은 90대에 세상을 떠날 때까지 서로 상대가 잘못했다는 확신을 갖고 살았다. 그들의 자녀들도 각각 어머니 편을 들었고, 그렇게 온 가족이 각자의 견고하게 확립된 입장을 고수한 채 갈등 속에 갇혀 지냈다.

밀턴과 그의 누이 델리아도 이와 비슷한 길을 가는 것 같았다. 가족 사업을 둘러싼 오해에서 비롯된 분노에 묶여 여러 해 동안 거의 말도 섞지 않고 지낸 것이다. 그들의 불화 역시 복구되지 않은 채로 남아 있었다. 그러던 중 청년이 된 밀턴의 아들이 불안증으로 힘들어하다가 도움을 받기로 했고, 그 과정에서 그가 배운 교훈들이 도미노처럼 여러 사건을 연달아 일으키며 가족 모두에게 치유의 계기가 되었다. 치료를 받으면서 그는 두려움에 압도될 때마다 멈춰서 심호흡을 하라고 배웠다. 아들에게 이 이야기를 들은 밀턴은 자신도 델리아에 대한 분노로 사고가 멈추는 듯 느껴질 때 그 방법을 적용했다. 이런 변화는 밀턴에게 델리아가 자기와는 다른 관점을 갖고 있음을 깨닫기에 딱 충분한 정도의 열린 공간을 마련해주었다. 델리아의 생각이 반드시 옳지는 않더라도 그런 관점을 갖게 된 그 나름의 이유가 있으리라 이해하게 된 것이다. 생각이 달라지자 그는 누이에게 다가가 그들 사이에 놓인 벽을 무너뜨리기로 했다. 남매는 어렸을 때 즐겨 했던 테니스를 다시 시작했다. 실수도 많았지만 아주 멋진 플레이도 나왔다. 공을 때릴 때 나는 '탕' 소리는 공격성의 배출구가 되어주었고, 여러 시간 리드미컬하게 공을 주고받는 동작은 두 사람을 다시금 함께 기쁨을 나눌 수 있는 사이로 만들어주었다. 그렇게 벌어진 틈이 치유되기 시작했다.

불확실성을 위한 공간 열어두기

두 편의 가족 이야기가 보여주듯, 사람들은 혼란과 불확실성을 위한 열린 공간을 허용하지 않을 때 그 자리에 갇혀 꼼짝 못 하게 된다. 브래즐턴은 동료 의사에게서 두 차례의 신생아 방문 진료 이야기를 들으며 불확실성의 가치를 다시금 확인했다. 처음 방문했을 때, 그곳은 차분하고 잘 정돈된 느낌이었다. 부모와 아기도 단정하게 잘 갖춰 입은 모습으로 단란한 인상을 주었다. 동료는 흐뭇한 마음으로 자신이 본 모습을 전했지만, 브래즐턴 박사는 조용히 듣기만 할 뿐 그의 흐뭇함에 동조하지는 않았다. 다음 주, 두 번째 방문 때는 상황이 엉망이 되어 있었다. 엄마는 완전히 흐트러진 모습이었고, 아빠는 몇 달 동안 잠을 못 잔 사람 같았다. 동료는 걱정스럽게 상황을 전했지만, 이번엔 브래즐턴 박사가 안도하며 말했다. "그들이 이제 아기를 위한 공간을 열어줬군요."

글자 그대로 '엉망진창'인 상태는 한 사람을 길러내는 일이 불가피하게 혼란스럽고 불확실한 과정임을 반영한다. 불확실성은 인생 최초의 시기부터 한 사람의 자기 감각 형성에 결정적인 역할을 한다. 위니콧이 '1차 모성 몰입'이라 부르는 시기, 즉 혼자서는 아무것도 할 수 없는 아기의 모든 필요를 엄마가 미리 예상하고 반응하는 단계가 지나면, 더 이상 엄마가 그렇게 할 수 없을뿐더러 그렇게 해서도 안 될 시기가 필연적으로 온다. 아이가 점점 능숙해지고 개별적인 한 사람으로 발달하기 시작함에 따라 엄마는 자연히 자기 아이가 무엇을 필요로 하는지 완전히 확신할 수 없게 된다. 그럭저럭 괜찮은 엄마는 완벽한 엄마가 아니며, 바로 이 불완전함이 아이에게는 자기 자신으로 성장할 수 있는 열린 공간이 된다.

확실성과 불확실성이라는 개념은 우리의 양육 방식에 대해 많은 것을 생각하게 한다. 무조건 자기 뜻대로 해야 한다는 식의 '권위적인' 양육은 아이가 감정 조절을 어려워하는 원인이 될 수 있다. 이와 대조적으로 '권위 있는' 양육은 감정 조절 능력이 뛰어나고 사고가 유연하며 사회적 능력을 갖춘 사람으로 아이를 키워낸다. 아이에 대한 존중과 호기심을 가지는 것, 아이의 강렬한 감정들이 너무 심해지지 않게 적절히 제한하고 행동에 한계를 설정해주는 것 모두 권위 있는 양육 태도에 포함된다.

부모의 권위란 이상적인 조건에서라면 부모 노릇에 자연스럽게 따라오기 마련이다. 책에 실린 전문가의 말에서 배워야만 권위가 생기는 게 아니다. 그렇다면 부모는 어쩌다가 본연의 권위를 상실하게 되는 걸까? 무엇보다 흔한 원흉은 바로 스트레스다. 아기가 유난히 '까다롭거나' 조절이 안 되는 경우처럼 아기 때문에 생기는 스트레스도 있다. 또한 빠르게 돌아가는 세상 속에서 대가족의 도움 없이 집안일과 직장 업무를 병행하는 대다수 부모들의 고단한 일상도 스트레스를 가한다. 그뿐 아니라 부모 사이, 형제자매 사이, 세대 사이의 더욱 복잡한 관계 문제에서 생기는 스트레스도 있다.

유아-부모 정신건강 치료사들은 어린 자녀가 있는 가족을 상담할 때 부모가 그들 본연의 권위와 다시 연결되게끔

하는 것을 목표로 삼는다. 부모들에게 그들 자신의 이야기를 털어놓을 시간과 공간을 제공하고, 그들 삶에서 발생하는 광범위한 스트레스를 해결함으로써 자녀의 행동을 이해하거나 그 행동에 담긴 의미를 발견하도록 돕는다.

소아과 의사나 기타 특정 분야의 전문가들을 만날 때 부모들은 대개 조언이나 판단을 기대한다. 유아-부모 정신건강프로그램의 연구원이었고 지금은 몽클레어 주립대학에서 일하는 유아-부모 정신건강 전문가 케이틀린 멀케히는 얼마 전 전문가들을 대상으로 한 강연에서, 정답을 기대하고 찾아오는 부모들과 도움을 주려는 선의를 갖고 찾아오는 전문가들 양쪽으로부터 느끼는 조언에 대한 압박을 털어놓으며 자신이 사용하는 단순한 방법을 설명했다. 아이의 부모가 주어진 상황에서 무엇을 해야 할지 물으면 그는 잠시 말을 멈추고 천천히 심호흡을 한다고 했다. 그러면 그렇게 잠깐 열린 작은 공간 속에서 질문했던 부모 자신이 그 나름의 의견과 창의적인 해법을 내놓는다는 것이다. 예를 들면 "내 어깨 위로 머리를 올려서 안아주면 아기가 더 긴장을 풀고 편안해한다는 걸 깨달았어요" 혹은 "음악을 틀어주면 아이가 더 안정감을 느끼는 데 도움이 될지도 모르겠어요" 하는 식으로 말이다. 전문가든 부모, 연인, 동료, 친구든 모든 가능성을 열어놓고 "그냥 듣는" 일이 불안하게 느껴질 때는 심호흡을 하는 것이 도움이 된다.

문제 해결에 대한 지침은 이처럼 대화 속으로 자연스레 스며들기도 한다. 상황의 복잡성을 완전히 이해하지 않고 건네는 설익은 조언이 종종 좌절과 실패로 이어지는 반면, 부모가 스스로 통찰의 깨달음을 얻는 순간이면 부모와 아이 모두 깨달음과 재연결에서 오는 엄청난 기쁨과 즐거움을 맛볼 수 있다.

살아가면서 마주하는 불화의 순간들을 허용하고 그것을 하나하나 해결해나갈 때 우리는 성장을 촉진하는 에너지가 솟아오르는 것을 경험한다. 엄마가 버둥거리는 아기를 마침내 가슴에 안고 젖을 먹이는 데 성공했을 때, 아이가 폭발적으로 떼를 쓰는 순간을 부모와 아이가 함께 효과적으로 헤쳐나갔을 때, 수년간 남처럼 지내던 자매가 극적으로 화해하고 서로의 결혼식에서 들러리를 설 때, 친구들, 배우자들, 동료들이 불화를 해결하고 새로운 수준의 친밀함에 도달했을 때 느낄 수 있는 기쁨이다. 4장에서 보았듯이 자기 감각과 타인에 대한 친밀감은 한 동전의 양면이다. 가장 친밀한 관계들이 불확실성을 위한 공간을 마련하고 복구를 이루어낼 때마다 당사자들은 새로운 수준의 복잡성과 일관성에 도달하며, 불가피하게 발생할 새로운 불확실함들에 대한 관용도 더욱 커진다.

불확실함은 감정이입과 희망을 키운다

"네 기분 알아"라는 말은 대개 공감을 표현하려는 선의에서 나오지만, 때로는 듣는 사람에게 몹시 거슬릴 수 있다. 자기가 확실히 모른다는 것을 전제하는 감정이입과는 다르기 때문이다. 레슬리 제이미슨은 『공감 연습』에서 감정이입에 내재된 불확실성에 대해 이야기했다. "감정이입에는 상상력 못지않게 탐구도 필요하다. 감정이입을 위해서는 자신이 아무것도 모른다는 것을 알아야 한다. 감정이입이란 자신이 볼 수 있는 범위를 넘어선 곳에 무한한 맥락의 지평이 펼쳐져 있음을 인정하는 것이다."[3] 상상력을 발휘해 다른 이의 경험 속으로 들어가보는 것을 목표로 하되 그 사람의 경험을 정확히 알 수는 없다는 점을 인정할 때, 우리는 상대와 함께할 수 있다.

불확실성에 대해 열린 태도를 유지하며 경청하는 방법은 어떻게 배울 수 있을까? 호기심을 지닌 채 귀 기울이고 불확실성을 견디는 능력은 남들이 자신의 이야기를 들어준 생애 초기의 경험에서 나온다. 오래전 브래즐턴 박사와 함께 회진을 돌 때, 동료들은 갓난아기들에 대한 그의 심층적인 감정이입에 경탄했다. 그는 관찰하고 귀 기울일 줄 알았다. 이 새롭고 작은 사람이 이제 자기가 알아갈 한 명의 개인이라는 점을 이해했고, 이들에게는 자신에게 들려줄 무언가가 있다는 것을 알았으며, 아직 자신은 그것이 뭔지 모른다는 점을 인정했다.

두 성인 사이에 막 시작된 로맨스에서는 부모와 갓난아이가 사랑에 빠질 때와 비슷한 특징들을 볼 수 있다. 성인들이 사랑에 빠지는 방식, 즉 열정이 마음과 생활을 가득 채우고 다른 모든 관심사는 배제되는 상태를 묘사할 땐 위니콧의 1차 모성 몰입 개념을 적용해도 무리가 없다. 그러나 엄마와 아기 사이가 그렇듯이 그 순수한 헌신의 단계 또한 필연적으로 일시적이며, 실제 삶이 재빨리 그 사이로 끼어들기 마련이다.

말리크는 힘든 시기를 보내던 중 테일러를 만났다. 낯선 도시에서 혼자 살며 고립감과 외로움을 느끼던 시기였다. 순간적 이끌림은 완전한 환희의 허니문 기간으로 이어졌지만, 둘이 더 가까워지면서 피할 수 없는 오해들이 생겨났다. 말리크는 갈등을 해결해본 경험이 거의 없었다. 알코올의존증인 할아버지에게 학대를 받으며 자란 아버지는 말리크에게 감정적 거리감과 유리된 느낌을 주는 사람이었다. 테일러와 추수감사절 휴가를 어디서 보낼지 의논하던 중 불화의 순간에 맞닥뜨렸을 때, 말리크는 본능적으로 도피의 충동을 느꼈다. 그러나 강렬하고 폭발적인 말리크와 달리 침착하고 중심이 잘 잡힌 테일러는 그에게 달아나지 말고 함께 해결해보자고 격려했다. 처음에 말리크는 자기 가족과 함께하고 싶다는 테일러의 바람을 말리크 자신의 가족에 대한 비판으로 해석했지만 테일러의 동기는 완전히 달랐다. 나이 들어가는 부모에 대한 걱정이 있었고, 그래서 부모와 함께 시간을 보내야 한다는 압박감을 느끼던 터였다. 서로의 의도를 경청하고 받아들이면서 비로소 두 사람은 이해에 다다를 수 있었다.

이렇게 불일치에서 복구로 옮겨간 경험을 하고 나서부터, 말리크는 테일러가 자신의 감정을 잘 이해하지 못하는 순간에도 잠시 멈춰 호흡하며 견뎌낼 줄 알게 되었다. 함께 불확실한 순간들을 겪어내며 깊은 연결감과 의미를 공유하자 서로에 대한 사랑 또한 더욱 크고 깊어졌다.

서른일곱의 나이에 전이성 폐암으로 세상을 떠난 신경외과 의사 폴 칼라니티는 통렬하고 아름다운 미완성 회고록 『숨결이 바람 될 때』에서 이렇게 이야기했다. "희망이라는 단어는 1000년 전쯤 처음 영어에 등장했으며, 확신과 욕망이 결합된 무언가를 가리키는 데 사용되었다."[4] 희망에 대한 이런 정의는 관계의 맥락에도 적용된다. 확신에는 불일치와 복구의 반복적인 경험이 반영되는데, 그 과정으로부터 관계가 유지되리라는 감각이, 우리는 이 일을 헤쳐나갈 것이라는 앎이 생겨나며, 욕망은 여기에 친밀함과 신뢰의 층을 더해준다.

말리크는 테일러와의 관계에서 희망을 발견했다고 할 수 있다. 불안과 격동에 대한 두려움이 지배했던 초기 경험들과 달리, 테일러와의 새로운 관계에서는 사람들 사이에 오해가 생겨도 모든 게 끝나지 않는다는 것을 배웠다. 실제로 오해는 성장과 변화를 위한 에너지를 제공하는 복구에 필수적인 요소다. 두 사람이 오해에서 이해로 나아갈 때, 그들은 서로 연결된다.

복구 경험의 부족으로 절망적인 감정이 들 때, 확신에 대한 집착은 경청을 방해하고 경직성과 절망이라는 악순환의 소용돌이로 우리를 끌어들인다. 하지만 불일치에서 복구로 옮겨가는 기쁨을 경험하면 일종의 긍정적 피드백 회로가 형성되어 희망과 호기심을 갖고 타인에게 귀 기울일 수 있게 되며, 이는 다시 더욱 깊은 연결과 성장으로 이어진다. 불일치와 복구의 공간을 품은 관계 속에서 자라나 마음의 중심에 자리 잡는 희망감은 확실성을 놓아버릴 용기를 준다. 희망이 있을 때는 감정이입을 위해 자신을 열고 서로의 말을 진심으로 경청할 수 있으며, 그럴 때 사람들은 크고 작은 모든 문제에 대한 창의적 해결책도 함께 마련할 수 있다.

새로운 길 닦기

최근 한 강연에서 흥미로운 질문을 들었다. 어느 젊은 여성이 심각한 정신질환을 앓는 어머니와 감정적으로 없는 존재나 다름없는 아버지에게 양육되었다고 설명한 뒤 던진 질문이다. "제가 그 문제들로 돌아가서 복구해야 할까요, 아니면 지금 여기서 새로운 의미들을 쌓아가기 시작해도 될까요?" 이 질문을 듣는 순간 갈라진 틈들과 푹 파인 구멍들이 가득한 막다른 골목을 돌아보는 이미지가 떠올랐다. 의식적으로 떠올리고 싶지 않거나 혹은 떠올릴 수조차 없는 과거의 일들을 해결해야 한다는 압박감도 충분히 짐작할 수 있었다.

이 질문에 대한 답은 그 자체로 혼란스럽다. 앞으로 나아가는 새로운 길들에도 각기 나름의 틈과 구멍이 생겨날 수밖에 없기 때문이다. 부정적 아동기 경험을 치유하기 위해서는 복구가 반드시 지금 현재 지속적으로 이루어져야 한다. 현재의 관계에 몰두함으로써 이루어지는 치유는 자기 자신에 대한 다른 의미들을 안겨주며, 그 새로운 의미들은 초기 삶의 경험을 세상 속 자신에 대한 새롭고 더욱 일관된 감각 속으로 통합하는 방식을 알려준다. 분노와 상처라는 고정된 의미만을 고수하기보다 그 경험들을 다른 방식으로 이해해보는 것도 도움이 된다. 문제가 많았던 생애 초기 경험들에 스스로 새로운 의미를 부여하면 현재 삶에서 진행되는 한층 깊고 혼란스러운 연결들을 통해 더 원활한 치유의 길이 열린다.

무표정 패러다임과 임상 실무를 통한 수십 년의 연구에서 우리가 배운 것은, 세상에 참여하고 혼란스러움에 대해 열린 태도를 취하는 일이 끝없이 새로운 복구의 기회들, 말하자면 새로운 도로망을 건설할 기회들을 제공한다는 점이다. 과거의 잘못된 관계들에서 받은 상처는 새로운 관계에서 새로운 의미들을 만들어낼 기회를 얻었을 때 비로소 치유된다. 불일치에서 복구까지 가는 시간이 너무 길었기 때문이든, 복구되지 않은 불일치의 경험이 너무 많았기 때문이든, 불일치를 겪을 기회가 너무 적었기 때문이든, 어떤 식으로든 생애 초기의 관계들에서 복구의 기회를 충분히 누리지 못했다 해도 세상 속에서 살아가는 새로운 방식들과 의미를 만들어갈 가능성은 늘 존재한다.

조언과 즉각적인 해결책, 복잡한 질문에 대한 단순한 해답으로 가득한 우리 문화는 불확실성을 용인하는 일과 균열에서 복구로 가는 일, 창의성으로 나아가는 길에 큰 가치를 두지 않는다. 발달상의 도약에 당연히 따라붙는 와해를 받아들이지 않으려 저항한다면, 경직된 채 공포에 사로잡혀버릴 수도 있다. 도약을 두려워하며 필사적으로 확실성에 매달리다가 성장의 기회를 놓치게 되는 것이다. 오늘날 특히 청년

층에서 불안증과 우울증이 유행병처럼 번지는 현상은 무슨 수를 써서라도 어려운 일을 피하려는 비현실적 기대 때문일지 모른다. 깔끔하고 예측 가능한 것이 더 낫다는 착각 때문에 힘든 상황에 처하게 되는 이들도 많다. 그러나 피할 수 없는 혼란에 저항하다 보면 변화와 발전, 새로운 발견은 불가능해지기 마련이다.

복잡한 문제에 대한 단순한 해답은 지금 당장 확실성이라는 위안을 줄지 몰라도 장기적으로는 건강한 성장을 방해한다. 절망에 계속 갇혀 있는 대신 불일치에서 복구로 옮겨가는 일에 몰두함으로써 그 속박에서 벗어나야 한다. 호기심을 갖고 다른 사람의 말에 귀를 기울인다면, 항상 답을 찾거나 항상 제대로 해결하지는 못할지언정 다시 연결을 맺고 희망을 재발견할 수 있을 것이다.

11장

불화를 통과해
연결과 소속으로

앤서니가 교육자 콘퍼런스에서 '호기심 갖고 경청하기'라는 주제로 발표하고 있을 때, 객석 앞줄에서 어린아이 하나가 한 여성의 무릎에 앉아 꼼지락대고 있는 모습이 눈에 들어왔다. 베이비시터를 구하지 못해 할 수 없이 딸을 데려온 모양이었다. 잠시 후 질의응답 시간이 되자 놀랍게도 그 아이는 작은 손을 들었고, 앤서니는 이 상황을 강연 주제에 관한 예시의 기회로 삼기로 했다. "나 크레용 좀 더 줄 수 있어요?" 아이의 질문에 앤서니는 잠시 멈춰 어떤 말을 할 수 있을지 생각한 뒤 대답 대신 이렇게 물었다. "지금 크레용을 얼마나 갖고 있는데요?" 어른들의 대화에 참여하게 되어 신이 난 아이는 두 팔을 활짝 벌리고 즐겁게 소리쳤다. "엄청 많아요!"

그러고는 하고 있던 색칠 놀이로 다시 돌아갔다. 질문에 대한 답을 듣는 것보다는 자기도 행사에 참여할 수 있게 된 것, 연사가 질문을 해 자기 생각에 관심을 보여주었다는 사실이 아이에게는 더 중요한 것 같았다.

다른 관객들에게 이 세 살짜리 아이의 말은, 연사가 도저히 답할 수 없는 엉뚱한 질문으로 들렸을지도 모른다. 그건 아이 엄마가 알아서 할 일 아니야? 어른들을 상대로 전문적인 내용을 발표하고 있는 사람이 크레용을 가졌을 리 없잖아? 그러나 앤서니는 질문을 무시하거나 제대로 된 대답을 찾아내야 한다는 부담을 느끼지 않고, 장난스러운 방식으로 이 알 수 없는 질문에 응답했다. 그는 아이의 생각뿐 아니라 그런 질문을 한 아이의 동기에도 호기심을 느꼈다. 정말 크레용이 더 갖고 싶은 걸까? 아니면 그냥 대화에 끼고 싶은 걸까? 그가 아이의 의도에 맞춰주었을 때 아이가 보여준 기쁨은 전체 관객에게 활기를 불어넣었고, 이에 모두가 감사의 박수와 웃음으로 화답했다. 그리고 많은 이들이 이 순간을 자신의 작업에 적용할 교훈으로서 앤서니가 그날 강연에서 이야기한 어떤 내용보다 더 확실히 기억에 새겼다.

브래즐턴 박사가 회진을 도는 내내 신생아들을 대하던 방식, 그러니까 넉넉한 시간을 가지고 부모와 함께 아기들이 최초로 표현하는 커뮤니케이션에 귀를 기울이던 방식은 우리에게 일상의 상호작용 속으로 장난스러운 불확실성을 불러들이는 방법을 알려준다. 부모와 갓난아기가 서로의 의도를 파악하는 과정은 저절로 이루어지지 않는다. 그래서 브래즐턴은 아기의 의도를, 우리 식으로 표현으로 하자면 아기가 하는 행동의 의미를 탐색하기 위한 공간을 만들었던 것이다. 그의 회진 방식에서 영감을 받은 우리는, 서로의 의도를 모를지라도 장난스러운 공간을 마련해 수많은 오독과 오해를 거치며 마침내 상호 이해에 도달하는 일이야말로 건강하고 탄탄한 관계를 형성한다는 사실을 거듭 확인했다.

상대방이 세운 확실성의 벽에 부딪힐 때 우리는 보이지 않는 존재가 된 듯한 기분을 느낀다. 이는 이유 없이 무표정한 얼굴을 보이는 엄마에게 느끼는 아기의 감정과 다르지 않다. 실험 상황에서는 이러한 순간이 금세 지나가지만, 실제 사회적 상호작용에서 확실성을 고수하는 태도는 불일치와 복구의 혼란스러운 과정을 차단해버린다. 문제가 있는 상호작용에 갇혀 있을 때는 멈춰서 시간을 갖고 상대방의 마음속 의도와 동기를 알아볼 필요가 있다. 혹시 직장에서 길고 힘든 하루를 보내서 피곤한 상태일까? 아픈 친구를 걱정하고 있나? 나의 관점과는 달라도 상대의 관점이 어떤 면에서는 옳을 수도 있지 않을까? 또한 자신의 의도를 생각해보는 일도 그 못지않게 중요하다. 나는 왜 특정한 관점을 고집하고 있을까? 지금 눈앞의 상호작용을 넘어 이 사안은 나에게 어떤 의미를 지닐까? 내가 다른 시기의 다른 관계들에서 이 일로 가져온 의미들은 무엇일까?

혹은 우리가 개인적 관계들과 더 넓은 사회적 세계 모두에서 놀이하는 능력을 잃어버린 것일지도 모른다. 상호작용 속으로 놀이를 불러오고, 다른 사람의 관점을 완전히 파악할 수 없다는 필연적인 불확실성을 인정할 때, 비로소 우리는 진정으로 타인을 보기 시작한다. 오늘날 세상의 많은 이들이 남들에게 자신의 모습이 보이지 않으며 목소리도 들리지 않는다고 느낀다. 태어나서부터 노년에 이르기까지 서로를 알아가는 일에 따르는 불확실성을 포용할 수 있다면, 모두가 자기 존재를 인정받는다고, 여기 소속되어 있다고 느끼는 사회를 건설할 수 있다.

아기에게 귀 기울이기

외부 세계에 적응하는 법을 배우는 동안, 아기의 뇌는 1초에 최대 100만 개의 연결을 만든다. 부모와 아이가 나누는 최초의 상호작용 속에서 아기의 자기 감각이 움트기 시작하고, 부모의 새로운 정체성도 형태를 갖추어간다. 관계가 형성되고 변화하는 것이다. 아기가 태어나고 처음 며칠 동안 일어나는 정상적인 무질서, 호르몬의 변화, 일반적이지만 대개 말로는 표현되지 않는 공포의 감정들, 이 모두가 특히 변화를 위한 열린 공간을 만들어낸다.

부모와 신생아에 대한 브래즐턴의 접근법은 신생아행동관찰법과 신생아집중치료실 네트워크의 신경행동척도 임상 사용에서도 볼 수 있다. 두 방법 모두 아기들의 의사 전달을 유도하는 도구로 브래즐턴의 빨간 공, 작은 딸랑이, 손전등 등을 사용한다. 브래즐턴의 접근법과 도구는 처음으로 아기를 알아가려 노력하는 부모에게 큰 도움이 된다. 부모와 아기 모두 함께 귀 기울이는 시간을 확보함으로써 '정답'이란 존재하지 않으며 앞으로 함께 문제를 풀어나가게 되리라는 점을 깨닫는다. 아기들은 각자 무엇이 옳은지에 대한 제 나름의 생각을 지닌 채 태어난다. 함께 혼란을 헤쳐나갈 때, 부모와 아기는 대개 전문가가 알려주는 그 어떤 답보다 나은 해결책을 찾아낸다.

연구자나 의사, 치료사가 도구를 사용해 잠자는 아기들을 관찰해보면, 아기들마다 소리에 대한 반응이 다름을 알게 된다. 어떤 아기들은 딸랑이 소리를 한두 번 들은 뒤로는 이를 차단하고 수면을 유지하는 반면, 어떤 아기들은 딸랑이 소리가 날 때마다, 심지어 열 번을 반복한 후에도 계속 깜짝

깜짝 놀라며 주변 세상에 대해 강렬한 반응을 표현하는 것이다. 이미 수면 박탈에 시달리는 부모들이 이런 상황을 자기 '잘못'이라 생각한다면 자칫 우울증에 빠질 수도 있다. 아기의 행동을 관찰하는 일은 그 행동의 의미를 재해석할 시간과 공간을 제공한다. 아기의 의도는 '엄마는 나쁜 엄마예요'라고 말하려는 게 아니라 '나는 조용한 공간이 더 좋아요'라고 알리려는 것이다. 이러한 새로운 의미들을 통해 부모는 불일치를 바로잡아간다. 부드러운 목소리, 어둑한 조명, 온화한 음악으로 아기를 충분히 진정시켜 잘 자게 해줄 수도 있다. 그러면 부모의 자신감도 커지고, 편안한 수면에서 얻은 에너지를 이용해 쉽게 불안정해지는 아기를 더욱 안정적으로 뒷받침해줄 수 있다. 이런 식으로 순간순간 더욱 견고한 관계로 가는 길이 닦여가는 것이다.

간호사와 의사, 그 밖의 임상 전문가들이 신생아의 부모와 함께 충분한 시간을 들여 아기가 전달하는 바에 귀 기울이는 일은, 새내기 엄마나 아빠에게 아이의 참 자기를 보는데 방해가 될 수 있는 불편한 감정들을 표현할 기회도 제공한다. 우리가 병원에 온 미케일라와 20분쯤 함께 시간을 보내며 그의 갓 태어난 아들 에런을 알아가는 동안, 미케일라는 아기가 자기에게 '낯선 사람'일 것 같다는 걱정을 털어놓았다. 탄생의 순간 곧바로 완벽한 유대가 이루어진다는 문화적 이미지에 사로잡혀 있던 미케일라에게 그러한 두려움을 표현할 기회가 찾아온 것은 행운이었다. 두려움을 밖으로 꺼내놓으니 그를 붙들고 있던 생각의 장악력이 많이 약해졌고, 그제야 비로소 미케일라는 자기 아기가 어떤 존재인지 바라볼 수 있는 여유를 가질 수 있었다. 에린에 관해 어떤 점을 알아차렸느냐는 질문에, 미케일라는 이렇게 대답했다. "에린은 내 어깨에 기대어 안기는 걸 좋아하고, 누워 있는 것보다는 돌아다니는 걸 더 좋아해요. 담요로 꼭 싸주는 건 좋아하지 않는 것 같아요." 그러고는 자기가 에린에 관해 벌써 그렇게 많이 알고 있다는 사실에 놀라워했다. 몇 주 뒤 병원을 다시 방문했을 때 미케일라는 눈물이 그렁그렁한 눈을 하고는 갈라지는 목소리로 이렇게 말했다. "난 이제 에린에게 '널 사랑해'라고 말할 수 있어요. 그리고 그게 정말 내 진심이란 걸 알아요."

미케일라가 느꼈던 양가적 감정은 새내기 부모들에게 드물지 않게 나타난다. 하지만 그런 감정을 표현해선 안 된다고 느낄 때 이들은 자기 회의와 죄책감으로 힘들어하게 되고, 이는 다시 놓친 신호와 단절의 악순환이라는 결과를 불러올 수 있다. 어둡지만 자연스러운 이 감정들을 문화적 금기에서 비롯한 수치심 때문에 숨겨야 하는 경우, 억눌린 감정들은 이후 계속되는 상호작용 속에서 왜곡된 의미를 만들어내며 영향력을 행사하게 된다.

우리가 세상 속 자신에 대해 만들어내는 의미가 최초의 관계들에서 만드는 것이라면, 건강한 사회를 건설하기 위해서는 처음부터 관계에 투자하는 것이 현명할 것이다.

처음 그 순간부터

보스턴 중심지에서 서쪽으로 멀리 떨어진 곳, 매사추세츠주 끝자락에 자리한 어느 지역에서는 불확실성을 위한 열린 공간을 보호한다는 개념을 지역사회 전체에 적용하는 창의적인 방법을 찾아냈다. 우리가 개발하고 여러 지역단체들이 자금을 지원한 한 기획에서, 부모와 아기들과 일하는 다양한 전문가들은 브래즐턴 박사의 장난스러운 관찰법을 활용해 아기들이 세상에 나올 때부터 지니고 있는 어마어마한 연결의 역량과 각자의 독특한 커뮤니케이션 방식을 집중적으로 관찰하는 방법을 배운다. 이 프로그램은 처음으로 부모가 되어 커다란 변화와 혼란의 시기에 들어선 엄마들과 아빠들의 타고난 기술을 이끌어내 활용하며, 그럼으로써 그들에 대한 지원의 필요성을 부각한다.

폭풍우가 몰아치던 2016년 11월 어느 저녁, 우리는 사우

스버크셔카운티의 지역 병원인 페어뷰에서 산부인과 간호사들을 만났다. 산부인과 간호사들과 여러 직종의 임상 전문가들이 팀을 이루어 신생아와 부모들을 지원하는 '안녕 나야 프로젝트'의 시작이었다.[1]

첫 모임 날, 한 해 평균 200여 건의 출산을 돕는 간호사 열 명이 작은 환자 대기실에 모였다. 그들은 힘겨워하는 가족들을 보면서도 자신들로서는 "별다른 대책도 없이" 이들을 돌려보낼 때마다 느끼는 무력감에 대해 열성적으로 이야기를 나누었고, 부모들과 신생아들을 지원할 새로운 방법을 배운다는 점에 큰 흥미를 느끼며 우리의 발표에 주의를 기울였다.

그로부터 여섯 달 뒤, 눈발 날리던 거리가 따스한 햇살로 뒤덮이며 극적인 변화를 맞이하던 봄날의 어느 주말, 그 열 명의 간호사들은 소아과 의사, 가정의학과 의사, 임상 전문 간호사, 초기 개입 전문가, 아동 보육사, 수유 상담사를 비롯한 다양한 사람들과 함께, 신생아행동관찰을 활용해 호기심과 불확실성을 위한 공간을 여는 방법을 배우는 이틀간의 연수에 참여했다. 의료 모델은 이들에게 각각의 전문적 역할을 부여하지만, 우리는 기존의 사고방식을 바꾸어 갓 태어난 아기에게 주파수를 맞추고 응답하는 부모들 특유의 능력을 활용하고 싶었다.

'안녕 나야 프로젝트'는 현재 북부로도 확장되어 피츠필드 주변 지역까지 뻗어나갔다. 버크셔카운티에서 가장 큰 도시인 피츠필드는 양면성을 지닌 곳이다. 문화적으로 풍요로운 공동체와 풍성한 자연의 아름다움이, 가난과 폭력, 갈수록 더 심각해지는 오피오이드 중독 문제와 나란히 존재한다. 한 해에 수백 명의 아기를 받아내는 버크셔메디컬센터는 위기 가정의 급격한 증가와 더불어 오피오이드 금단증상을 보이는 신생아•가 300퍼센트나 증가하는 현상을 목격해왔다. 각양각색의 사회경제적 배경을 지닌 가족들이 세대를 넘어 정신질환과 물질 남용, 그 밖의 부정적 아동기 경험들에 시달리고 있었다.

주말 연수 첫날, 수십 년 동안 그 병원 산부인과에서 일해온 간호사 패티는 문제가 있는 가족관계가 한 세대에서 다음 세대로 대물림되는 모습을 봐왔다고 말하며 이렇게 덧붙였다. "하지만 이제는 다음 세대가 다른 길을 갈 수도 있을 거라는 희망적인 생각이 들어요."

• 임신 중 아편 유사제를 복용한 산모의 신생아는 분만 후 호흡기계 문제, 떨림, 발열 등의 증상이 나타나는 경우가 많다.

희망의 씨앗 심기

우리가 세상 속 자신에 대해 희망적이고 공감 능력을 가진 사람이라는 의미를 만들든, 반대로 절망적이고 두려움 가득하며 폐쇄적인 사람이라는 의미를 만들든, 그 의미들은 수많은 순간순간의 상호작용들을 통해 변화해간다. 한 아기의 탄생을 둘러싼 일련의 짧은 관찰만으로는 당연히 아기와 가족의 삶의 경로를 바꾸기에 충분하지 않다. 그 경험은 우리 동료 루 샌더가 만남의 순간들이라 부른 여러 순간 중 첫 단계에 지나지 않을 것이다.

패티가 자신의 경험을 묘사하며 희망적이라는 단어를 사용했다는 점을 눈여겨보자. 우리가 산부인과의 덥고 비좁은 라운지에서 처음 만났을 때, 당시의 분위기는 암담하기 그지없었다. 그러나 그로부터 1년 뒤, 페어뷰 병원 간호사들은 다가오는 전국간호학회에서 자신들이 발표할 내용을 두고 신나게 토론을 벌였다. 암담함이라고는 찾아볼 수 없는 분위기였다. 이제 그들은 부모 혹은 다른 양육자들과 함께 충분한 시간을 두고 아기를 관찰할 수 있는 확실한 구조를 확립한 터였다.

그들은 임신 중기에 접어들 무렵 아기 아빠에게 버림받은 베서니의 이야기를 들려주었다. 혼자서 아이를 키우며 살아야 할 앞날에 대한 슬픔과 두려움 때문에 베서니는 배 속에서 자라고 있는 아기와 별로 유대감을 형성하지 못했다. 아기 찰리가 태어났을 땐 아기에게 젖을 먹이는 일에도 큰 관심을 보이지 않았다. 찰리는 자기 필요를 충족하기 위해 고래고래 울어대기보다는 그냥 잠들어버리는 조용한 아기였다. 자칫 심각한 결과로 이어질 불일치를 드러내는 상황이었다. 찰리가 제대로 성장하지 못할 수도 있다는 실질적인 위험을 감지한 간호사들은 충분한 시간을 들여 이들을 도왔다. 찰리가 엄마 목소리를 좇아 고개를 한껏 돌리는 모습을 보여주고, 엄마가 제 가슴에 손을 올리는 것만으로도 찰리의 불안한 동작이 진정되는 것을 베서니와 함께 관찰하기도 했다. '내 아기가 나를 안다'는 사실에 놀라움과 기쁨을 느낀 베서니는 밤에 깨서 젖을 먹이기 위해 알람을 맞춰두기 시작했다.

이렇게 만남의 순간을 이끌어내는 일, 특히 불안정하고 취약한 가족들에게 그런 도움을 주는 일이 지닌 큰 힘이 간호사들에게 새로운 활력과 희망을 가져다주었다. 이들은 전국간호학회에 참석해 모든 가능성을 열어놓은 놀이 시간을 마련한다는 불확실한 과정에 어떤 복잡한 의미가 있는지를 동료 간호사들에게 설명했다.[2] 그들은 실수가 새로운 아기를 돌보는 일에서 불가피하면서도 필수적인 부분이라 보았고, 자신들과 같은 제3자의 개입을 "부모에게 권한을 부여해주는 도구이자, 아기에 대한 전문가 역할을 간호사에서 부모에게로 옮길 수 있게 하는 도구"라고 묘사했다.

최초의 교육이 있고 1년 뒤, 페어뷰 산부인과의 간호사들은 우리가 발표한 또 다른 지역 콘퍼런스에서 무표정 실험 영상을 보았다. 그러고서 몇 달쯤 지나 우리가 병원을 방문했을 때, 간호사들은 무표정 패러다임이 자신들의 업무 방식에 또 하나의 극적인 변화를 일으켰다고 말해주었다. 아기가 지닌 어마어마한 연결 능력은 물론, 연결이 상실되었을 때의 잠재적인 파괴적 결과도 새롭게 깨달았다는 것이다.

브래즐턴 박사는 자신의 연구에 관한 강연을 이어가는 과정에서 전쟁으로 파괴된 여러 나라를 방문했고, 참상에 압도될 듯한 위기감을 느낄 때마다 해당 지역의 갓난아기와 산모를 방문했다. 시간을 들여 그들에게 귀를 기울이는 동안 새로운 희망을 발견할 수 있었기 때문이다. 이 소수의 간호사들이 그랬듯 모든 공동체에 속한 사람들이 부모와 갓난아기 사이의 의미 있는 연결로부터 희망과 감동을 얻는 모습을 상상해보라. 불일치에서 복구로 옮겨가는 한순간 한순간의 희망은 아주 작은 것일지 모르지만, 아기들과 부모들뿐 아니라 간호사 개개인과 간호사들의 공동체, 병원이라는 하나의 기관에 큰 의미를 전해준다. 이러한 의미 있는 상호작용들은 잠재적으로 공동체 전체에 파급력을 미칠 수 있다. 판단을 접어두고 경청하는 시간, 불일치에서 복구로 나아가는 과정을 뒷받침하는 일은 일종의 희망이 태어나는 장소이자 건강한 공동체로 자라날 씨앗이 된다.

갓난아이와 부모에 대한 브래즐턴의 접근법을 복잡한 문제에 대한 또 하나의 간단한 해법으로 여겨서는 안 된다. 그보다는 모든 관계의 불확실성과 혼란스러움을 포용하는 하나의 모범 사례로 보는 편이 적절할 것이다. 불일치에서 복구로 나아가며 쌓은 신뢰의 토대가 있다면, 우리는 다른 사람들의 경험 속으로 들어가는 길을 찾을 수 있다.

무표정 패러다임으로 연결 재발견하기

오늘날 우리는 사회적 상호작용에 대한 두려움에 사로잡혀 경직된 태도를 고수하는 많은 이들을 본다. 감정이입은 흩어져 사라지고, 사람들은 함께 어려운 순간들을 헤쳐나가며 복구하는 경험의 기회를 박탈당해 앞으로 나아갈 에너지의 근원마저 상실한다.

2020년 미 대선 후보 중 한 사람이 살사 소스와 랜치 소스를 섞어 먹는 어느 지역 사람들의 취향과 관련한 논란에 휩싸였다. 이 이야기를 다룬 기사에 따르면 "응답자 중 무려

43퍼센트가 그렇게 섞어서 먹어본 적이 없으며 앞으로도 절대 먹지 않을 것이라고 답했다."[3] 거의 절반이 자기의 확신을 고수한다는 뜻이다. 이 우스꽝스러운 이야기가 스마트 미주신경을 자극해 사람들을 연결할지도 모르겠다. 그러나 여기 실린 메시지의 심각성을 생각하면 정신이 번쩍 든다. 오늘날 세계에는 '다름'에 대한 공포가 위험할 정도로 만연해 있다는 뜻이기 때문이다. 사실 미국은 다양한 인종, 민족, 젠더, 성적 지향으로 이루어진 사회이며, 다양성에서 오는 혼란함이야말로 미국이라는 국가가 지닌 힘의 핵심이다. 사람들이 서로에게 귀를 기울이고, 차이들이 불가피하게 만들어내는 불일치를 헤쳐나갈 때, 우리는 복구의 힘에서 위대한 잠재력을 얻는다.

〈뉴욕 타임스〉 칼럼니스트 데이비드 브룩스는 「이 나라의 결혼을 수리하는 법」이라는 칼럼에서, 우리 사회를 사로잡고 있는 양극화된 관점을 부부 갈등과 유사한 것으로 보고[4] 결혼에 관한 최근의 여러 책을 참고하여 현재 상황에 대한 해결책을 찾으려 했다. 브룩스가 내린 결론은 지금쯤 이 책의 독자들에게는 아주 익숙한 말일 것이다. "자고로 혼란에서 벗어나는 유일한 길은 그 혼란 속으로 들어가는 것이다."

이 기사에 달린 700여 개의 댓글 중 다수는 서로의 말에 귀 기울이지 못하는 사람들의 실태를 보여준다. 모두 브룩스의 은유를 정치 상황에 적용하지 못한 채 자기가 하고 싶은 이야기를 할 뿐이었다. 성인들 사이의 분열은 너무 거대해졌다. 연습 삼아 다들 아기를 상대한다고 상상해보면 어떨까? 아기 때 어떤 이들에게는 귀 기울여주던 누군가가 있었을 것이고, 그런 사람이 전혀 없었던 이들도 있을 것이다. 무표정 실험을 담은 동영상은 단어들은 할 수 없는 방식으로 우리를 부모와 아기의 경험 속으로 데려간다. 세계 곳곳에서 다양한 계층의 사람들이 무표정 실험을 통해 연결과 단절의 본질에 관한 자신들의 이해가 어떻게 바뀌었는지 꾸준히 들려주고 있다. 부모들만이 아니라 정신건강진료소 아동보호센터, 심지어 법 집행기관에서 일하는 다양한 전문가들을 위해서도 그 영상을 사용하게 해달라는 요청이 들어온다.

사람들이 점점 더 단절되어가는 이 시점에, 무표정 패러다임은 우리가 연결을 재발견하도록 도울 수 있다. 엄마와 아기는 각자의 의미와 의도와 동기를 지닌 채 불일치에서 복구로 나아가려 노력하며 함께 새로운 의미를 찾아간다. 그 과정에서 연결은 더욱 강해지고 깊어진다. 우리도 그들에게서 배우고 그들처럼 할 필요가 있다. 살아가면서 마주하는 이들이 자신과 같은 의도와 동기와 의미를 공유하지 않더라도, 반대쪽으로 달아날 것이 아니라 아기와 엄마처럼 함께 복구할 방법을 찾아내야 한다. 그럴 때 우리는 하나의 사회로서 성장할 것이다.

무표정 패러다임에 담긴 의미들을 더 넓은 범위로 확장할수록, 우리는 아이들을 키우는 방식과 배우자와의 관계를 유연하게 이끌어가는 방식, 사적인 삶과 직장 생활, 또는 시민의 삶에서 서로 관계 맺는 방식에 대해 더 많이 깨달아갈 것이다. 그 의미들은 트라우마와 회복 탄력성의 본질에 관한, 그리고 심리치료의 치유 과정에 관한 우리의 이해를 바꿔놓는다. 무표정 패러다임은 아기들과 부모들에 대한 투자가 얼마나 결정적인 역할을 하는지 강조함으로써 사회정책의 바탕이 되는 정보도 제공한다.

〈존재에 관하여〉라는 팟캐스트의 한 에피소드에서 진행자 크리스타 티펫은 역사학자 린지 스톤브리지와 '용서의 문화'에 관해 이야기를 나누었다.[5] 스톤브리지는 이렇게 설명했다. "성숙한 정치 공동체라면 잘못된 상황을 받아들일 수 있는 용서의 역량이 필요합니다. 사람들은 실수를 하기 마련이니까요." 스톤브리지의 말에 티펫은 그 개념을 확장해 이렇게 덧붙인다. "현실의 복잡성이 들어오도록 허용해야겠죠. 그리고 현실이란 언제나 뒤죽박죽 혼란스러운 것이고요."

소속감은 경직된 하나의 입장을 고수하는 태도가 아니라 인간 상호관계의 혼란 속에서 자라난다. 어떤 문제에 대한 정해진 답을 고수하지 않으면서 호기심을 갖고 서로의 말에 귀 기울일 때 우리는 연결의 공동체를 만들 수 있다. 우리 각자는 고유한 개인이므로 언제나 서로 다른 동기와 의도를 지닐 수밖에 없다. 함께 성장하고 변화하려면 서로 머리를 맞대고 해결책을 모색해야 한다. 그로써 피할 수 없는 다음번의 단절과 복구의 순간들에도 더 잘 대비할 수 있을 것이다. 부모와 어린 자녀, 성인 자녀와 부모, 배우자, 형제자매, 친구, 동료 등 이 모든 관계에 전하는 메시지는 이것이다. 다른 의견을 두려워하지 말 것. 실수할 것. 발을 쿵쿵 울리고 걸으며 화를 표현할 것. 격동이 일어나도록 허용할 것. 하지만 복구하고 재연결할 방법을 생각해내고, 그 격동을 헤쳐나갈 길을 찾을 것.

새로운 의미를 만들려면 인내와 시간과 더듬거리는 시도들이 필요하다. 영문을 알 수 없는 어려운 순간들이 닥칠 때, 우리는 스스로 그 순간 속에 있도록 허용할 필요가 있다. 그 상태는 불쾌할 수 있고 때로는 고통스러울 수도 있다. 불안하게 붙들고 있던 확실성에서 벗어날 때 서로를 신뢰하는 법을 배우고, 일이 잘못될 때도 그 문제를 복구할 수 있으리라는 신뢰를 가지는 능력. 인간이 지닌 이 놀라운 능력을 발휘할 때 우리는 비로소 양극화된 갈등을 넘어서고, 유연한 사고를 하며, 더 건강한 세계를 건설하는 일에 창의적으로 함께 참여하는 능력을 기를 수 있을 것이다.

한 권의 책을 함께 쓴다는 건 그 자체로 관계의 혼란을 연습하는 일이다. 똑똑하고 친절하며 무한한 인내심을 지닌 에이전트 리사 애덤스는 우리 각자의 개별적 연구와 작업 결과물을 일관된 하나의 전체로 변모시키는 혼란스러운 과정 내내 우리 두 사람을 잘 붙잡아주었다. 그가 제안서를 수없이 다듬어 우리를 '리틀, 브라운 스파크' 출판사와 연결해주었고, 그곳에서는 경이로운 편집자이자 지칠 줄 모르는 지원군인 마리사 비질란티가 우리의 작업에 대한 너무나 귀한 관점을 제공해주었다. 우리가 하려는 말이 무엇인지 언제나 정확히 이해하는 프리랜서 편집자 조앤 베넘의 훌륭한 편집은 우리의 언어를 명료하고도 읽기 쉬운 형식으로 옮기는 데 큰 도움이 되었다.

오랜 세월 우리에게 영향을 준 학문적 지도자들에게도 큰 은혜를 입었다. 밥 파일스와 제리 프롬은 수많은 불일치와 복구의 순간들을 거치며 우리에게 귀를 기울여주었으며 T. 베리 브래즐턴은 무질서의 가치를, 제롬 브루너는 의미가 만들어지는 방식을 가르쳐주었다. 두 사람의 목소리가 지금도 귓가에 생생하다. 베아트리스 비비, 마조리 비글리, 제프 콘, 피터 포나기, 앤디 지아니노, 브루스 페리, 스티븐 포저스, 루 샌더, 아리에타 슬레이드, 낸시 스니드먼, 캐서린 와인버그 등 많은 동료들 또한 우리의 생각을 형성하고 확립하는 데 중요한 기여를 했다.

매사추세츠 보스턴대학 유아-부모 정신건강프로그램의 교직원인 도러시 리처드슨, 매릴린 데빌리어, 앨릭스 해리슨, 실비아 후아레스마라소, 크리스티 브랜트를 비롯해 보스턴과 나파의 연구원들 모두가 지난 16년간 강인함과 창의성, 우정으로 영감과 도움을 주었다. 그들과 함께 시간을 보낼 때면 언제나 큰 에너지를 얻을 수 있었다.

우리가 임상과 연구를 통해 만났던 이들, 너그럽게 우리를 자신들의 삶 속에 기꺼이 받아들여주고 우리의 가장 위대한 스승이 되어준 수많은 가족들에게 감사하는 마음이 가득하다.

마지막으로 그 모든 혼란스러움을 겪어내는 동안 지혜로 우리를 안내하고 끝없는 유쾌함을 전해준 우리 각자의 반려자 매릴린과 조에게 감사를 전한다. 두 사람 다 복구의 대가들이다.

주

서문

1 이 절차에서는 밴더빌트 주의력결핍과잉행동장애 평정 척도 Vanderbilt ADHD diagnostic ratings scales를 사용한다. 다음을 보라. *Caring for Children with ADHD: A Resource Toolkit for Clinicians* (Itasca, IL: American Academy of Pediatrics, 2011).

2 D. W. Winnicott, *The Maturational Processes and the Facilitating Environment: Studies in the Theory of Emotional Development* (New York, NY: International Universities Press, 1965), 140~152쪽.

3 Claudia M. Gold, *Keeping Your Child in Mind: Overcoming Defiance, Tantrums, and Other Everyday Behavior Problems by Seeing the World Through Your Child's Eyes* (Boston: Da Capo, 2011).

4 https://www.umb.edu/academics/cla/psychology/professional_development/infant-parent-mental-health

5 https://www.youtube.com/watch?v=apzXGEbZht0

6 연구의 대다수가 엄마를 대상으로 한 것이었기에, 모든 관계 유형에 대한 의미를 내포한 연구였음에도 실험 자체를 묘사할 때는 일반적으로 '엄마'라는 단어를 주어로 사용했다.

7 E. Tronick et al., "The Infant's Response to Entrapment Between Contradictory Messages in Face-to-Face Interaction," *Journal of the American Academy of Child Psychiatry* 17, no. 1 (1978).

8 E. Z. Tronick, "Why Is Connection with Others So Critical?," in *Emotional Development*, ed. J. Nadel and D. Muir (Oxford: Oxford University Press, 2005), 293~315쪽.

9 Harry Harlow, "The Nature of Love," *American Psychologist* 13 (1958): 673~685쪽.

10 G. C. Ruppenthal et al., "A Ten-Year Perspective of Motherless Mother Monkey Behavior," *Journal of Abnormal Psychology* 85 (1976): 341~349쪽.

11 W. Ball and E. Tronick, "Infant Responses to Impending Collision: Optical and Real," *Science* 171 (February 1971): 818~820쪽.

12 Jerome Bruner, *Acts of Meaning* (Cambridge, MA: Harvard University Press, 1990).

1장 복구는 영혼의 자양분

1 J.Cohn and E. Tronick, "Mother-Infant Face-to-Face Interaction: The Sequence of Dyadic States at Three, Six, and Nine Months," *Developmental Psychology* 23 (1987): 68~77쪽.

2 E. Tronick and A. Gianino, "Interactive Mismatch and Repair: Challenges to the Coping Infant," *Zero to Three* 6, no 3. (February 1986): 1~6쪽.

3 F. E. Banella and E. Tronick, "Mutual Regulation and Unique Forms of Implicit Relational Knowing," in *Early Interaction and Developmental Psychopathology*, ed. G. Apter and E. Devouche (Cham, Switzerland: Springer, 2017).

4 Jerome Bruner, *Acts of Meaning* (Cambridge, MA: Harvard University Press, 1990).

5 E. Tronick, *The Neurobehavioral and Social-Emotional Development of Infants and Children* (New York: W. W. Norton, 2007), 274~292쪽; 322~338쪽.

6 Louis Sander, "Regulation of Exchange in the Infant Caretaker System: A Viewpoint on the Ontogeny of 'Structures', " in *Communicative Structures and Psychic Structures*, ed. N. Freedman and S. Grand (Boston: Springer, 1977), 1~34쪽; Louis Sander, "Thinking Differently: Principles of Process in

Living Systems and the Specificity of Being Known," *Psychoanalytic Dialogues* 12 (2002): 11~42쪽; https://doi.org/10.1080/10481881209348652
7 Sander, "Thinking Differently," 38쪽.
8 A. Gianino and E. Tronick, "The Mutual Regulation Model: The Infant's Self and Interactive Regulation and Coping and Defensive Capacities," in *Stress and Coping*, ed. T. Field, P. McCabe, and N. Schneiderman (Hillsdale, NJ: Lawrence Erlbaum Associates, 1988), 47~68쪽.
9 C. Reck et al., "The Interactive Coordination of Currently Depressed Inpatient Mothers and Their Infants During the Postpartum Period," *Infant Mental Health Journal* 32, no. 5 (2011): 542~562쪽; E. Tronick and M. Beeghly, "Infants' Meaning-Making and the Development of Mental Health Problems," *American Psychologist* 66, no. 2 (2011): 114~115쪽.
10 Sander, "Regulation of Exchange," 15쪽.
11 Tronick and Beeghly, "Infants' Meaning-Making," 107~119쪽.
12 Stephen Hawking, *A Brief History of Time* (New York: Bantam, 1988), 124~125쪽.
13 M. Potiriadis et al., "Serotonin Transporter Polymorphism (5HTTLPR), Severe Childhood Abuse, and Depressive Symptom Trajectories in Adulthood," *British Journal of Psychiatry Open* 1, no. 1 (September 2015): 104~109쪽.
14 T. Roseboom et al., "Hungry in the Womb: What Are the Consequences? Lessons from the Dutch Famine," *Maturitas* 70, no. 2 (2011): 141~145쪽; https://linkinghub.elsevier.com/retrieve/pii/S0378512211002337
15 P. Ekamper et al., "Independent and Additive Association of Prenatal Famine Exposure and Intermediary Life Conditions with Adult Mortality Between Age 18-63 Years," *Social Science and Medicine* 119 (2014): 232~239쪽.
16 R. Yehuda et al., "Vulnerability to Posttraumatic Stress Disorder in Adult Offspring of Holocaust Survivors," *American Journal of Psychiatry* 155, no. 9 (September 1998): 1163~1172쪽.
17 D. W. Winnicott, *The Maturational Processes and the Facilitating Environment:*

Studies in the Theory of Emotional Development (New York: International Universities Press, 1965), 141쪽.

18 J. D. Safran, J. C. Muran, and C. Eubanks-Carter, "Repairing Alliance Ruptures," *Psychotherapy* 48, no. 1 (2011): 80~87쪽; http://dx.doi.org/10.1037/a0022140

19 Leston Havens, "The Best Kept Secret: How to Form an Effective Alliance," *Harvard Review of Psychiatry* 12, no. 1 (2004): 56~62쪽.

20 E. Tronick and B. D. Perry, "The Multiple Levels of Meaning Making: The First Principles of Changing Meanings in Development and Therapy," in *Handbook of Body Therapy and Somatic Psychology*, ed. G. Marlock et al. (Berkeley, CA: North Atlantic Books, 2015), 345~355쪽.

21 Letter to Marie Bonaparte, quoted in Ernest Jones, *The Life and Work of Sigmund Freud*, vol. 2 (New York: Basic Books, 1955).

2장 그럭저럭 괜찮게

1 M. Weinberg et al., "A Still-Face Paradigm for Young Children: 2½-Year-Olds' Reactions to Maternal Unavailability During the Still-Face," *Journal of Developmental Processes* 3, no.1 (2008): 4~20쪽.

2 D. W. Winnicott, *The Collected Works of D. W. Winnicott*, vol. 3, ed. L. Caldwell and H. Taylor Robinson (Oxford: Oxford University Press, 2017), 45쪽.

3 Steven H. Cooper, "An Elegant Mess: Reflections on the Research of Edward Z. Tronick," *Psychoanalytic Inquiry* 35, no. 4 (2015): 337~354쪽; https://doi.org/10.1080/07351690.2015.1022477

4 *Into the Universe with Stephen Hawking*, documentary, Discovery Channel, released April 25, 2010.

5 Kate Wong, "Why Humans Give Birth to Helpless Babies," *Observations* (blog), *Scientific American*, August 28, 2012; https://blogs.scientificamerican.com/observations/why-humans-give-birth-to-helpless-babies/

6 D. W. Winnicott, *Winnicott on the Child* (Cambridge, MA: Perseus, 2002),

12~18쪽.
7 D. W. Winnicott, *Playing and Reality* (New York: Routledge Classics, 2005), 14쪽. (D. W. 위니캇, 『놀이와 현실』, 한국심리치료연구소, 1997.)
8 같은 책, 187쪽.
9 Winnicott, *Winnicott on the Child*, 102쪽.
10 T. B. Brazelton and J. Sparrow, *Touchpoints: Birth to Three*, 2nd ed. (Cambridge, MA: Da Capo, 2006), xx쪽. (T. 베리 브래즐턴, 『베이비 터치포인트』, 김희진 옮김, 세종서적, 2006.)
11 S. Sherry and M. Smith, "Young People Drowning in a Rising Tide of Perfectionism," MedicalXpress.com, February 6, 2019; https://medicalxpress.com/news/2019-02-young-people-tide-perfectionism.html
12 P. L. Hewitt et al., "The Multidimensional Perfectionism Scale: Reliability, Validity, and Psychometric Properties in Psychiatric Samples," *Psychological Assessment* 3, no. 3 (1991): 464~468쪽; http://doi.org/10.1037/1040-3590.3.3.464
13 T. Curran and P. Andrew, "Perfectionism Is Increasing over Time: A Meta-Analysis of Birth Cohort Differences from 1989 to 2016," *Psychological Bulletin*, December 28, 2017.
14 Jane Adams, "More College Students Seem to Be Majoring in Perfection," *New York Times*, January 18, 2018. https://www.nytimes.com/2018/01/18/well/family/more-college-students-seem-to-be-majoring-in-perfectionism.html
15 Katie Hurley, *No More Mean Girls: The Secret to Raising Strong, Confident, and Compassionate Girls* (New York: Penguin Random House, 2018), 97쪽.
16 P. L. Hewitt and G. L. Flett, "Perfectionism in the Self and Social Contexts: Conceptualization, Assessment, and Association with Psychopathology," *Journal of Personality and Social Psychology* 60 (1991): 456~470쪽; http://doi.org/10.1037/0022-3514.60.3.45
17 D. W. Winnicott, *The Maturational Processes and the Facilitating Environment: Studies in the Theory of Emotional Development* (New York: International

Universities Press, 1965), 49쪽.

3장 엉망이어도 괜찮다는 느낌

1 E. Tronick and M. Beeghly, "Infants' Meaning-Making and the Development of Mental Health Problems," *American Psychologist* 66, no. 2 (2011): 109~110쪽.

2 Stephen Porges, *The Polyvagal Theory: Neurophysiologic Foundations of Emotions, Attachment, Communication, and Self-Regulation* (New York: Norton, 2011).

3 Stephen Porges, *The Pocket Guide to the Polyvagal Theory* (New York: Norton, 2017), 147쪽. (스티븐 W. 포저스, 『다미주 이론: 트라우마를 치유하는 애착과 소통의 신경생물학』, 노경선 옮김, 위즈덤하우스, 2020.)

4 J. House, K. Landis, and D. Umberson, "Social Relationships and Health," *Science* 241, no. 4865 (1988): 540~545쪽.

5 Hannah Furness, "Prince Harry: I Sought Counselling After 20 Years of Not Thinking About the Death of My Mother, Diana, and Two Years of Total Chaos in My Life," *Daily Telegraph*, April 19, 2017; https://www.telegraph.co.uk/news/2017/04/16/prince-harry-sought-counselling-death-mother-led-two-years-total

6 https://www.headstogether.org.uk

7 J. Kagan et al., "The Preservation of Two Infant Temperaments into Adolescence," *Monographs for the Society for Research in Child Development* 72, no. 2 (2007): 1~75쪽.

8 Porges, *The Polyvagal Theory*, 253쪽.

9 https://www.circleofsecurityinternational.com

10 A. J. Willingham, "Baby Shark Has Taken over the World. Here's Who's Responsible," CNN.com, January 15, 2019; https://www.cnn.com/2019/01/15/entertainment/baby-shark-pinkfong-song-trnd/index.html

11 Porges, *Pocket Guide to the Polyvagal Theory*, 25쪽.

4장 비난 게임은 이제 그만

1 D. W. Winnicott, *The Maturational Processes and the Facilitating Environment: Studies in the Theory of Emotional Development* (New York: International Universities Press, 1965), 30~33쪽. (D. W. 위니콧, 『성숙 과정과 촉진적 환경』, 한국심리치료연구소, 2000.)

2 M. K. Weinberg et al., "Gender Differences in Emotional Expressivity and Self-Regulation During Early Infancy," *Developmental Psychology* 35 (1999): 175~188쪽.

3 Sue Johnson and E. Tronick, "Love Sense: From Infant to Adult," DrSueJohnson.com, February 5, 2016; http://drsuejohnson.com/videos/ https://youtu.be/OyCHT9AbD_Y

4 J. Ronald Lally, "The Human Brain's Need for a 'Social Womb' During Infancy," For Our Babies Campaign, April 2014; https://forourbabies.org/wp-content/uploads/2014/04/The-Human-Brains-Need-for-a-Social-WombFINAApril2014.pdf

5 E. Tronick, "Emotions and Emotional Communication in Infants," *American Psychologist* 44, no. 2 (1989): 113쪽.

6 E. Tronick, "An Acute Maternal Stress Paradigm"(집필 중).

7 M. Nikolas et al., "Gene×Environment Interactions for ADHD: Synergistic Effect of 5HTTLPR Genotype and Youth Appraisals of Inter-Parental Conflict," *Behavioral and Brain Functions* 6 (2010): 23쪽; https://behavioralandbrainfunctions.biomedcentral.com/articles/10.1186/1744-9081-6-23

8 E. Netsi et al., "Association of Persistent and Severe Postnatal Depression with Child Outcomes," *JAMA Psychiatry* 75, no. 3 (2018): 247~253쪽; doi: 10.1001/jamapsychiatry.2017.4363; L. Murray and P. Cooper, "The Role of Infant and Maternal Factors in Postpartum Depression, Mother-Infant Interactions, and Infant Outcome," in *Postpartum Depression and Child Development*, ed. Lynne Murray and Peter Cooper (New York: Guilford, 1997), 129~130쪽.

9 Richard Powers, *The Overstory* (New York: W. W. Norton, 2018). (리처드 파워스, 『오버스토리』, 김지원 옮김, 은행나무, 2019.)

10 Daniela Cabrera, "How to Become a Plant Parent," *New York Times*, May 14, 2018; https://www.nytimes.com/2018/05/14/smarter-living/indoor-plant-garden.html

5장 회복 탄력성 다시 생각하기

1 J. DiCorcia and E. Tronick, "Quotidian Resilience: Exploring Mechanisms That Drive Resilience from a Perspective of Everyday Stress and Coping," *Neuroscience and Biobehavioral Reviews* 35 (2011): 1593~1602쪽.

2 E. Erikson, *Childhood and Society* (New York: W. W. Norton, 1993), 268~269쪽. (에릭 에릭슨, 『유년기와 사회』, 송제훈 옮김, 연암서가, 2014.)

3 J. Shonkoff and A. Garner, "The Lifelong Effects of Early Childhood Adversity and Toxic Stress," *Pediatrics* 129, no. 1 (2012): 232~246쪽.

4 Centers for Disease Control and Prevention, "Adverse Childhood Experiences (ACEs)," May 13, 2014; http://www.cdc.gov/violenceprevention/acestudy

5 Oprah Winfrey, "Treating Childhood Trauma," *60 Minutes*, CBS, aired March 11, 2018; https://www.cbsnews.com/news/oprah-winfrey-treating-childhood-trauma

6 B. Perry, "Applying Principles of Neurodevelopment to Clinical Work with Maltreated and Traumatized Children," in *Working with Traumatized Youth in Child Welfare*, ed. N. B. Webb (New York: Guilford, 2006), 46쪽; B. Perry, "Examining Child Maltreatment Through a Neurodevelopmental Lens: Clinical Applications of the Neurosequential Model of Therapeutics," *Journal of Trauma and Loss* 14 (2009): 240~255쪽.

7 F. R. Rodman, ed., *The Spontaneous Gesture: Selected Letters of D. W. Winnicott* (Cambridge, MA: Harvard University Press, 1987), 17~19쪽.

8 D. W. Winnicott, *Playing and Reality* (New York: Routledge Classics, 2005), 131쪽. (D. W. 위니콧, 『놀이와 현실』, 한국심리치료연구소, 1997.)

9 M. Muller et al., "What Dyadic Reparation Is Meant to Do: An Association with Infant Cortisol Reactivity," *Psychopathology* 48 (2015): 386~399쪽.

10 B. S. McEwen, "Central Effects of Stress Hormones in Health and Disease: Understanding the Protective and Damaging Effects of Stress and Stress Mediators," *European Journal of Pharmacology* 583 (2008): 174~185쪽; http://doi.org/10.1016/j.ejphar.2007.11.071

6장 게임으로 소속감을 배우다

1 D. W. Winnicott, *Playing and Reality* (New York: Routledge Classics, 2005), 73쪽. (D. W. 위니콧, 『놀이와 현실』, 한국심리치료연구소, 1997.)

2 F. E. Banella and E. Tronick, "Mutual Regulation and Unique Forms of Implicit Relational Knowing," in *Early Interaction and Developmental Psychopathology*, ed. G. Apter and E. Devouche (Cham, Switzerland: Springer, 2017).

3 E. Tronick, *The Neurobehavioral and Social-Emotional Development of Infants and Children* (New York: W. W. Norton, 2007), 134~152쪽; E. Tronick and M. Beeghly, "Infants' Meaning-Making and the Development of Mental Health Problems," *American Psychologist* 66, no. 2 (2011): 112~113쪽.

4 Duality's End: Computational Psychiatry and the Cognitive Science of Representation (Stockbridge, MA, September 2018); https://kripalu.org/presenters-programs/duality-s-end-computational-psychiatry-and-cognitive-science-representation

5 Jerome Bruner, 개인적으로 나눈 대화, 1971.

6 T. Berry Brazelton, interview with Ellen Galinsky, 2010 Families and Work Institute's Work Life Legacy Award, Mind in the Making, https://www.facebook.com/Mindinthemaking/videos/fwi-2010-legacy-award-berry-brazelton/10156310019352958

7 T. B. Brazelton and J. K. Nugent, *Neonatal Behavioral Assessment Scale*, 4th ed. (London: Mac Keith, 2011).

8 J. K. Nugent et al., *Understanding Newborn Behavior and Early*

Relationships: The Newborn Behavioral Observation (NBO) System Handbook (Baltimore: Paul H. Brookes, 2007).

7장 테크놀로지와 무표정 패러다임

1 T. Haynes, "Dopamine, Smartphones, and You: A Battle for Your Time," *Science in the News* (blog), Harvard University Graduate School of Arts and Sciences, May 1, 2018; http://sitn.hms.harvard.edu/flash/2018/dopamine-smartphones-battle-time

2 Sherry Turkle, *Reclaiming Conversation: The Power of Talk in a Digital Age* (New York: Penguin, 2015), 107~108쪽. (셰리 터클, 『대화를 잃어버린 사람들』, 황소연 옮김, 민음사, 2018.)

3 Herve Morin, "L'exposition des jeunes enfants aux ecrans est devenue un enjeu de sante publique majeur," *Le Monde*, May 31, 2017.

4 Turkle, *Reclaiming Conversation*, 108~109쪽.

5 J. Elhai et al., "Problematic Smartphone Use: A Conceptual Overview and Systematic Review of Relations with Anxiety and Depression Psychopathology," *Journal of Affective Disorders* 207 (2017): 251~259쪽.

6 Tracy Dennis-Tiwary, "Taking Away the Phones Won't Solve Our Teenagers' Problems," *New York Times*, July 14, 2018; https://www.nytimes.com/2018/07/14/opinion/sunday/smartphone-addiction-teenagers-stress.html

7 Erin Vogel et al., "Social Comparison, Social Media, and Self-Esteem," *Psychology of Popular Media Culture* 3, no. 4 (October 2014): 206~222쪽.

8 Danielle Knafo and Rocco Lo Bosco, *The Age of Perversion: Desire and Technology in Psychoanalysis and Culture* (New York: Routledge), 62~80쪽.

9 같은 책, 121쪽.

8장 의미가 왜곡될 때

1 R. Norman, "Avoiding the Trap of the Present but Absent Parent"; https://amotherfarfromhome.com/present-but-absent-parent

2 D. W. Winnicott, *Playing and Reality* (New York: Routledge Classics, 2005), 131쪽.

3 Richard Friedman, "Suicide Rates Are Rising: What Should We Do About It?," *New York Times*, June 11, 2018; https://www.nytimes.com/2018/06/11/opinion/suicide-rates-increase-anthony-bourdain-kate-spade.html

4 Robert Whitaker, "Suicide in the Age of Prozac," *Mad in America* (blog), August 6, 2018; https://www.madinamerica.com/2018/08/suicide-in-the-age-of-prozac

5 A. F. Lieberman, M. A. Diaz, and P. Van Horn, "Perinatal Child-Parent Psychotherapy: Adaptation of an Evidence-Based Treatment for Pregnant Women and Babies Exposed to Intimate Partner Violence," in *How Intimate Partner Violence Affects Children*, ed. S. A. Graham-Bermann and A. A. Levendosky, (Washington, DC: American Psychological Association, 2011), 47~68쪽.

6 E. Netsi et al., "Association of Persistent and Severe Postnatal Depression with Child Outcomes," *JAMA Psychiatry* 75, no. 3 (2018): 247~253쪽; http://doi.org/10.1001/jamapsychiatry.2017.4363

7 M. K. Weinberg and E. Z. Tronick, "Emotional Characteristics of Infants Associated with Maternal Depression and Anxiety," *Pediatrics* 102 (1998): 1298~1304쪽.

8 Rene Spitz, "The Role of Ecological Factors in Emotional Development of Infancy," *Child Development* 20, no. 3 (1949): 149쪽.

9 더 나이 많은 아이들과 청소년을 위한 그룹홈과 거주치료센터는 오늘날에도 존재한다.

10 C. Zeanah et al., "Institutional Rearing and Psychiatric Disorders in Romanian Preschool Children," *American Journal of Psychiatry* 166, no. 7 (2009): 777~785쪽.

11 Maia Szalavitz, "It's the Orphanages, Stupid!," *Forbes*, April 20, 2010. https://www.forbes.com/2010/04/20/russia-orphanage-adopt-children-opinions-columnists-medialand.html?sh=7376225521e6

12 E. Tronick and M. Beeghly, "Infants' Meaning-Making and the Development of Mental Health Problems," *American Psychologist* 66, no. 2 (2011): 114쪽.

13 E. Tronick and T. Field, eds., *Maternal Depression and Infant Disturbance* (San Francisco: Jossey-Bass, 1987).

14 I. Mueller et al., "In a Heartbeat: Physiological and Behavioral Correlates of Event Memory at 4 Months," *Frontiers in Psychology* (심사 중).

15 Robert Furman, "Attention Deficit Hyperactivity Disorder: An Alternative Viewpoint," *Journal of Infant*, Child, and Adolescent Psychotherapy 2, no. 1 (2002).

16 A. Caspi et al., "Genetic Sensitivity to the Environment: The Case of the Serotonin Transporter Gene and Its Implications for Studying Complex Diseases and Traits," *American Journal of Psychiatry* 167, no. 5 (2010): 509~527쪽.

17 R. Montirosso et al., "Social Stress Regulation in 4-Month-Old Infants: Contribution of Maternal Social Engagement and Infants' 5-TTLPR Genotype," *Early Human Development* 91, no. 3 (2015): 173~179쪽.

18 R. Davidson and B. S. McEwen, "Social Influences on Neuroplasticity: Stress and Interventions to Promote Well-Being," *Nature Neuroscience* 15 (2012): 689~695쪽.

19 M. Nikolas et al., "Gene×Environment Interactions for ADHD: Synergistic Effect of 5HTTLPR Genotype and Youth Appraisals of Inter-Parental Conflict," *Behavioral and Brain Functions* 6 (2010): 23쪽; https://behavioralandbrainfunctions.biomedcentral.com/articles/10.1186/1744-9081-6-23

20 D. Linden, "How Psychotherapy Changes the Brain-the Contribution of Functional Neuroimaging," *Molecular Psychiatry* 11 (2006): 528~538쪽.

9장 수많은 순간들로 만들어가는 치유의 모자이크

1 Bessel van der Kolk, *The Body Keeps Score: Brain, Mind, and Body in the*

Healing of Trauma (New York: Viking, 2014) (베셀 반 데어 콜크, 『몸은 기억한다』, 제효영 옮김, 을유문화사, 2016).
2 같은 책, 342~344쪽.
3 https://www.decruit.org/cry-havoc.
4 Charles Siebert, "What Does a Parrot Know About PTSD?," *New York Times*, January 28, 2016; https://www.nytimes.com/2016/01/31/magazine/what-does-a-parrot-know-about-ptsd.html
5 Boston University School of Medicine, "Screening Women Veterans with Fibromyalgia for Childhood Abuse May Improve Treatment," *ScienceDaily*, August 8, 2018; www.sciencedaily.com/releases/2018/08/180808134211.html
6 A. Horvath, "The Therapeutic Relationship: From Transference to Alliance," *Journal of Clinical Psychology* 56, no. 2 (2000).
7 D. W. Winnicott, *Playing and Reality* (New York: Routledge Classics, 2005).

10장 불확실성에서 희망 찾기

1 Simon Critchley, "The Dangers of Certainty: A Lesson from Auschwitz," *New York Times*, February 12, 2014; https://opinionator.blogs.nytimes.com/2014/02/02/the-dangers-of-certainty
2 Tara Westover, *Educated* (New York: Penguin Random House, 2018). (타라 웨스트오버, 『배움의 발견』, 김희정 옮김, 열린책들, 2020.)
3 Leslie Jamison, *The Empathy Exams* (Minneapolis: Graywolf, 2014), 5쪽. (레슬리 제이미슨, 『공감 연습』, 오숙은 옮김, 문학과지성사, 2019.)
4 Paul Kalanithi, *When Breath Becomes Air* (New York: Random House, 2016), 133쪽. (폴 칼라니티, 『숨결이 바람 될 때』, 이종인 옮김, 흐름출판, 2016.)

11장 불화를 통과해 연결과 소속으로

1 https://www.helloitsmeproject.org
2 D. Lyle and J. Dallmeyer, "Using the Newborn Behavioral Observations (NBO) System to Promote Healthy Relationships Between Parents and

Infants" (presentation, Association of Women's Health, Obstetric and Neonatal Nurses Conference, Atlanta, GA, 2019).

3 T. Carman, "We Hear You, Pete Buttigieg. Salsa and Ranch Really Do Taste Great Together," *Washington Post*, August 2, 2019; https://www.washingtonpost.com/news/voraciously/wp/2019/08/02/we-hear-you-pete-buttigieg-salsa-and-ranch-really-do-taste-great-together/

4 David Brooks, "How to Repair the National Marriage," *New York Times*, June 4, 2018; https://www.nytimes.com/2018/06/04/opinion/partisanship-tribalism-marriage-bipartisan-debate.html

5 K. Tippett, "The Moral World in Dark Times: Hannah Arendt for Now," *On Being*, May 18, 2017; https://onbeing.org/programs/lyndsey-stonebridge-the-moral-world-in-dark-times-hannah-arendt-for-now-jun2018

찾아보기

ㄷ

ㄹ

ㅁ

ㅈ

ㅊ

ㅋ

ㅎ

숫자

옮긴이 **정지인**

번역하는 사람. 『욕구들』 『물고기는 존재하지 않는다』 『자연에 이름 붙이기』 『불행은 어떻게 질병으로 이어지는가』 『경험은 어떻게 유전자에 새겨지는가』 『우울할 땐 뇌과학』 『내 아들은 조현병입니다』 『공부의 고전』 『혐오사회』 『무신론자의 시대』 등의 책을 번역했다.

관계의 불안은 우리를 어떻게 성장시키는가

1판 1쇄 2022년 5월 27일
1판 3쇄 2024년 4월 5일

지은이 에드 트로닉, 클로디아 M. 골드
옮긴이 정지인
펴낸이 김정순
편집 허정은 허영수 홍상희
디자인 이강효
마케팅 이보민 양혜림 손아영

펴낸곳 (주)북하우스 퍼블리셔스
출판등록 1997년 9월 23일 제406-2003-055호
주소 04043 서울시 마포구 양화로 12길 16-9(서교동 북앤빌딩)
전자우편 editor@bookhouse.co.kr
홈페이지 www.bookhouse.co.kr
전화번호 02-3144-3123
팩스 02-3144-3121

ISBN 979-11-6405-159-5 03180